Kohlhammer

Judentum und Christentum

herausgegeben von Ekkehard W. Stegemann

Band 19

Peter Pitzele

Die Brunnen unserer Väter

Midraschim und Bibliologe über Bereschit – Genesis

Aus dem Englischen ins Deutsche übertragen
und bearbeitet von Frank Lorenz

Verlag W. Kohlhammer

Umschlagabbildung: Aert de Gelder (1645–1727),
Abraham en de engelen, 1680–1685.
Museum Boijmans Van Beuningen, Rotterdam.

Titel der englischen Originalausgabe:
Peter Pitzele, Our Fathers' Wells: A Personal Encounter
with the Myths of Genesis. 1995: Harper Collins, San Francisco

Reproduktionsvorlage: Andrea Siebert, Neuendettelsau
Umschlag: Gestaltungskonzept Peter Horlacher
Gesamtherstellung:
W. Kohlhammer Druckerei GmbH + Co. KG, Stuttgart
Printed in Germany

ISBN 978-3-17-021935-9

„Die Brunnen unserer Väter" – auf Deutsch

Dieses Buch handelt von den Anfängen. Von den Anfängen (Bereschit/Genesis) des wohl wichtigsten Textkorpus der Literatur- und Religionsgeschichte und von den Anfängen einer Bewegung, des Bibliolog.

Dieses Buch wurde auf der Basis des englischsprachigen Originals auf Deutsch neu geschrieben. Es ist keine reine Übersetzung, sondern eine Bearbeitung für den deutschen Sprachraum und für heute, durch mich, einen Theologen und Journalisten. Ich habe es unternommen, Peter Pitzeles Buch von 1995 neu vorzustellen und in engem Kontakt mit ihm fünfzehn Jahre später ein eigenständiges deutschsprachiges Buch zu schreiben.

Dieses Buch ist der Versuch eines Brückenschlages zwischen 1995 und heute, zwischen jüdischen und christlichen Lesenden und Suchenden und zwischen verschiedenen Begrifflichkeiten, die doch das Gleiche ausdrücken wollen.

Peter Pitzele hat „Our Fathers' Wells" in den frühen 1990er Jahren als erstes Resümee der noch jungen Bewegung für einen zeitgenössischen Midrasch, für ein Psychodrama mit Thora und Bibel geschrieben. Heute heißt diese Bewegung Bibliolog und ist ein breiter, lebendiger Strom, der aus den Brunnen unserer Väter fliesst und viel Boden fruchtbar macht. Ein Strom, der seinen Weg in immer neuen Flussbetten findet. Darum wird man in diesem deutschen Buch manchmal verschiedene Bezeichnungen für die Methode finden, immer jedoch in synonymem Sinn, nie konkurrierend.

Peter Pitzele hat „Our Fathers' Wells" auch auf dem Hintergrund der feministischen Kritik an patriarchalen Paradigmen und als Zeugnis seiner eigenen spirituellen Suchbewegungen geschrieben. „Die Brunnen unserer Väter" ist in ein postfeministisches, beidseitig selbstbewusstes Gendergespräch eingebettet.

Ich habe aus mehreren Gründen für das erste Buch aus Tanach oder Bibel dessen jüdische und christliche Bezeichnung wechselnd und synonym verwendet: Bereschit und Genesis, manchmal auch „Genesis im Anfang“ oder „die Anfänge“. Peter Pitzele konnte im US-amerikanischen Original „Our Fathers' Wells“ ausschliesslich den Begriff „Genesis“ verwenden. Im deutschen Sprach- und Diskussionsraum hätte ein ausschliesslicher Gebrauch „christlicher“ Begriffe aus bekannten Gründen andere Konnotationen. Aus den gleichen Gründen verboten sich mir die Bezeichnungen „Altes“ und „Neues Testament“. Ich habe mich im Unterschied zu Thora oder Tanach für das Wort Bibel entschieden, wenn ich das gesamte, um die christlichen heiligen Schriften erweiterte Korpus meine.

Peter Pitzele zitierte in „Our Fathers' Wells“ die Stellen aus den Schriften ausschliesslich nach der von ihm hochgeschätzten King-James-Version. Ganz offensichtlich hat die Englisch sprechende jüdische Gemeinschaft ein weitgehend positives Verhältnis zu dieser Übersetzung[1]. Die im Deutschen gebräuchlichste Übersetzung mit ähnlicher Breitenwirkung, die Luther-Bibel, ist leider nicht so unbelastet. Ich habe mich daher in diesem Buch für die Übersetzung von *Naftali Herz Tur-Sinai*[2] entschieden und sie dort verändert, wo Pitzele für den Lauf des Textes wichtige eigene Worte schuf[3]. Bei Unsicherheiten habe ich für den hebräischen Text auch die BHS eingesehen und dazuhin eine Interlinearübersetzung[4]. Entsprechend der Bibelübersetzung von Tur-Sinaj stehen Namen und Ortsbezeichnungen in einer phonetischen Transkription des Hebräischen.

Ich bin mir bewusst, dass die Sprache und die Nomenklatur von Tur-Sinai (wiederum im Unterschied zu Pitzeles durchgängig traditioneller Nomenklatur im Original) zuerst etwas befremdlich wirken mag. Vielleicht kann dieses Befremden aber auch eine frische Herangehensweise an die scheinbar so gut bekannten Texte erleichtern.

---

1 Vgl. z.B. Leonard Greenspoon „The King-James-Version and the Jews“ in „Society of Biblical Literature“-Forum 1.9/2003: „Thus it can be argued that the English-speaking Jewish community was being quite true to its multiple roots in its positive attitude towards the King-James-Version.“

2 Herz Tur-Sinai, Naftali (Hrsg.) „Die Heilige Schrift. Ins Deutsche übertragen“ Holzgerlingen [5]2008.

3 Beispielsweise nutzt er oft Synonyme für den Gottesnamen, wie „Geheimnis“ oder „Imagination“.

4 Steurer, Rita Maria „Das Alte Testament. Interlinearübersetzung Hebräisch-Deutsch und Transkription des hebräischen Grundtextes nach der Biblia Hebraica Stuttgartensia 1986“, Neuhausen-Stuttgart [2]1989.

Ein herzlicher, persönlicher Dank an Martin Schilling, Nico Rubeli und an Ekkehard Stegemann als Herausgeber der Reihe „Judentum und Christentum“. Ohne sie wäre dieses Buch nie zustande gekommen und fertig geworden.

Ein grosses Dankeschön geht an jene Institutionen, die dieses Buch durch ihre grosszügigen Druckkostenzuschüsse möglich gemacht haben: Die Evangelisch-reformierte Kirche des Kantons Basellandschaft und vor allem die Bollag-Herzheimer-Stiftung und die Ruth- und Paul-Wallach-Stiftung in Basel.

Es ist verheissungsvoll, dass eine christliche und zwei jüdische Institutionen ein Buch ermöglicht haben, das von einem Juden geschrieben und von einem Christen redigiert und ins Deutsche übertragen wurde.

Frank Lorenz

Reinach, 21. Oktober 2011, 23 Tischri 5772 Simchat Thora

Inhalt

Geleitwort zur deutschen Ausgabe

Mit grosser Freude habe ich einer Übersetzung und Bearbeitung meines ersten Buches „Our Fathers' Wells" zum vorliegenden „Die Brunnen unserer Väter" durch Frank Lorenz zugestimmt. Er hat Bibliolog bei mir gelernt. Durch die gemeinsame Arbeit an dieser deutschen Ausgabe wurden wir zu Freunden und Brüdern an den Brunnen. Ich weiss, er hat den Geist der Methode erfasst und sieht deren Möglichkeiten in verschiedenen Bereichen. So kreierte er unter anderem innovative Gefässe für Bibliolog in der Schweiz, und besonders im jüdisch-christlichen Dialog. Es ist meine Hoffnung, dass dieses Buch es möglich macht, besonders jene zu erreichen, aus deren Glaubenstradition der Bibliolog als eine Form zeitgenössischen Midraschs einst entstanden ist. Dieses deutsche Buch ist mehr als eine Übersetzung aus dem Englischen: Es bietet den Deutsch Lesenden (in der Intention des Originals und der Bibliolog-Methode) eine Vertiefung ihrer Einsichten und ihres Verständnisses in Bereschit/ Genesis, in die Bibel als Ganze.

Lassen Sie mich an dieser Stelle etwas über das ursprüngliche Buch „Our Fathers' Wells" erklären: Meine Eltern waren beide jüdisch, doch wuchs ich in einem nicht-religiösen Haushalt auf, weil meine Eltern mit der Lebensgefahr in ihren Herkunftsländern auch den scheinbaren Grund dafür, ihre Judesein, hinter sich lassen wollten. Die USA des zwanzigsten Jahrhunderts war für sie die Möglichkeit, ohne Weltanschauung, Dogmatismus und auch ohne irgendein veraltetes Stammes- und Herkunftsbewusstsein zu leben. Jene intellektuelle und kulturelle Freiheit Amerikas wollten meine Eltern auch mir zuteil werden lassen. Nur meine Wissbegier sollte meine Erkenntnis leiten. Als Menschen mit säkularem Selbstverständnis waren sie höchst erstaunt festzustellen, welch eine Affinität zu Spiritualität ich bereits in jungen Jahren entwickelte. Diese Sehnsucht liess mich ferne Welten entdecken und Ende Vierzig dann auch mein ureigenes Erbe, das Judentum.

Ich entdeckte mein Judesein indirekt wieder, durch die Psychodrama-Methode, die ich im klinisch-psychiatrischen Umfeld praktizierte. Irgendwann wendete ich sie auf biblische Erzählungen und Figuren an. Ich verband meine Leidenschaft für Literatur mit meinen Fähigkeiten als Moderator und Leiter von Psychodramen. Nach und nach eröffnete sich mir eine zweite Karriere im Bereich „Psychodrama mit der Bibel“, was ich später „Bibliodrama“ und noch später „Bibliolog“ genannt habe. Aus den ersten zehn Arbeitsjahren mit dieser Form und Haltung entstand das englische Original dieses Buches.

Eines der wichtigsten Gefühle in mir angesichts dieses Buches ist Staunen: Dass die Gedanken eines US-amerikanischen Juden, Jahrgang 1941, über die Thora einem deutschsprachigen Publikum in Europa 2012 zugänglich werden, das ist Heilung. Heilung einer historischen Wunde, denn wiewohl ich nicht persönlich durch den Holocaust betroffen war, hat er mich von Kind auf traumatisiert. „Germanophobie“ wurde zur Grundkonstante jüdischen Lebens im vergangenen Jahrhundert. Doch seitdem ich durch die Bibliolog-Arbeit professionelle Kontakte und persönliche Freundschaften mit Deutschen habe, erlebe ich, wie viele auch dort vom Zweiten Weltkrieg verwundet sind. Was der Bibliolog als kulturelle Brücke da bewirken kann, hinterlässt in mir den Eindruck eines Wunders, an dem ich mitwirken durfte.

Dieses Buch ist auch untraditionell. Das möchte ich ebenso betonen. Von der Gattung gehört es zum weiteren Umfeld eines Kommentars zu Thora und Bibel, in der jüdischen Tradition des Midrasch. Kommentare jedoch nähern sich den Geschichten, der Weisheit und der Spiritualität auf dem Hintergrund religiöser Institutionen. Ich ringe mit diesen Institutionen, weil die religiösen Erfahrungen in Synagoge und Kirche zumeist so wortorientiert sind, so entkörpert, so ernsthaft, so konventionell. Dogmen reduzieren zu oft und unsachgemäss die Komplexität biblischer Geschichten. Glauben wurde zu Rechtschaffenheit und persönliches geistliches Erleben wurde in gemeindlichen Abläufen domestiziert. Und die Rabbiner und Pfarrer wurden zu professionellen Bewahrern von alten Normen und repressiven Strukuturen; dabei sollten sie Wegbereiter sein für die geistlichen Reisen der Gemeindemitglieder.

„Bibliolog“ soll ein Werkzeug sein, damit unsere alten Erzählungen aus Tanach und Bibel einige dieser Beschränkungen durchbrechen und uns Spiegel der Seele und Fenster zum Himmel werden.

In den letzten Jahrzehnten habe ich festgestellt, dass ich mit dieser Absicht in den USA und in Europa zu einer grossen Bewegung von Menschen gehöre, die religiöses Leben erneuern wollen. Überall verlangen sie heutzutage mehr von seiner religiösen Herkunftsinstitution als Predigt und Gebete. Gleichzeitig aber suchen sie nicht die Extreme und die geschlossenen Weltbilder. Religion ist für mich ein Forum, in dem wir gemeinsam die zutiefst persönliche Form unserer spirituellen Erfahrung in Gebet, Ritual und Gemeinschaft erleben können. Darin spielen Lebensenergie und -freude, Träume und Sorgen. Der Prophet Ezechiel fragt „Sollen diese Knochen leben? Diese dürren Knochen?" Zum Teil werden die Knochen wieder belebt, aus den Brunnen unserer Vorfahren, aus der Kraft dieser uralten Geschichten.

Ich danke Frank Lorenz für die riesige Arbeit, „Die Brunnen unserer Väter" einem deutschsprachigen Publikum neu vorzustellen. Es kommt mir vor wie die Arbeit Jizchaks, der die Brunnen seines Vaters Avraham neu grub. Sie waren zugedeckt worden und brauchten nun Reparatur und Instandstellung. Es ist die heilige Arbeit jeder Generation zu bewahren, was von der vorhergehenden wertvoll ist und dies durch die Zeiten weiterzugeben. In unserem Fall: Das Wasser weiterzugeben, von einem Volk zum anderen.

Peter Pitzele

Bay Shore NY, 19. Dezember 2011, 23 Kislew 5771 (vor Hanukkah)

Einführung

Im Anfang ist mein Ende

Literaturwissenschaft und Theologien der jüngeren Zeit haben klargemacht, dass es keinen neutralen Zugang zur Bibel geben kann. Als Mann, der sich mit einem antiken Textkorpus aus Mythen und Theologien beschäftigt, und damit auch seine eigene Verbundenheit damit eingesteht, musste ich alles von mir einbringen:

Meine Leidenschaft, meinen Protest, meine Poesie und meine Bereitschaft, mich wirklich auf die Legenden und Traditionen der jüdisch-christlichen Tradition einzulassen.

Das Patriarchat als gesellschaftliches Konstrukt ist inzwischen weithin als System identifiziert, das Frauen marginalisiert und diskriminiert, das Kriege provoziert und führt, Unschuldige unterjocht, und sich durch Gehirnwäschen jene Strukturen und Formen schafft, die es braucht um weiterzuexistieren.

Für den Grossteil meines bewussten Lebens habe ich diese Polemik gegen das Patriarchat gehört. Die feministische Kritik hat sich mir eingeprägt und mir die Augen geöffnet für die offensichtlichen und für die verborgenen Strukturen, die weisse und männliche Vorherrschaft in unserer Kultur bevorzugten. Ich war und bin beeinflusst von der feministischen Kritik des Patriarchats und weiss inzwischen aber auch genau, dass sie nur ein Teil der Wahrheit sind.

In den späten Achtzigern begann ich mich wieder mit der Herrschaft von Männern in Geschichte und Geschichten zu beschäftigen, dieses Mal wegen der Männerbewegung. Ich begann mich zu fragen, ob es denn an der Männer-Väter-Tradition auch gute, helle Seiten, zumindest aber bedenkenswerte, wahre Einsichten zum Mann- und Menschsein gebe.

Die Männerbewegung dieser Zeit wollte neue Bilder vom Mannsein zeigen, einen sicheren Hafen schaffen, in dem Männer ihre eigenen Fragen stellen und Unterstützung in einem neuen Kreis von Brüdern finden konnten.

Die Vordenker dieser Bewegung vermieden dabei peinlich alles, was zu tief mit dem traditionellen Männerbild verbunden war. So zogen sie Volksmärchen den griechisch-römischen Heldensagen oder den Geschichten der jüdisch-christlichen Tradition vor, und die Gebräuche von Ureinwohnern den Riten der Kolonisatoren. An anderer Stelle sollten Männer gar ihre ganz eigenen Mythen schreiben – wenig bewusst der Tatsache, dass diese zumeist in eigenen unhinterfragten Voraussetzungen wurzelten.

Meine eigene Arbeit mit der Genesis begann an einem anderen Punkt: Ich machte mir Bereschit zu eigen, las, schrieb und arbeitete damit als Lehrer und Therapeut. Mit wurde klar, dass bei aller Rede über Väter und Söhne sich niemand mit den Vätern und Söhnen unserer eigenen Kultur und Religion beschäftigte: mit Avraham, Jizchak und Jaakov, später Jisrael genannt. Und niemand sprach bei Brüderlichkeit über Kajin. In dieser sogenannten Bewegung hielt man es für nicht notwendig, diese reichhaltigen und verunsichernden Geschichten überhaupt anzuschauen. Männer schienen zu fliehen vor dieser Männlichkeit und dem Buch, aus dem sie kam.

Ich wollte herausfinden, was diese Männergeschichten und das Patriarchat bedeutete: Nicht als Plattitüde, nicht als Polemik sondern als Mytheologie[5], als Teil meines eigenen spirituellen und intellektuellen Erbes. Obwohl dieses Erbe bisher nur weissen, gebildeten Männer zuzufallen schien, war es darum schon diskreditiert? War dieses Erbe dermassen tot und tödlich, wie viele behaupteten? Konnte ich mir gar einiges davon bewusst aneignen? Wo sollten Männer wie ich ihre Wurzeln überhaupt

[5] Pitzele benutzt im Originaltext die Wortschöpfung „Myth-Theology“ als Zusammenziehung der Worte „Myth“ (Mythos, Sage) und „Theology“.

finden? Was an der Männer- und Vätertradition müssen wir uns bewusst machen und vor Augen führen, damit wir nicht mehr Gefahr laufen, uns in seinem Schatten oder seiner Verleugnung zu verlieren? Kurz: Habe ich als Mann eine jüdisch-christliche Tradition, auf die ich bauen kann?

Als meine Reise in diese Tradition etwas ‚öffentlicher' wurde, fragten mich Freunde: Warum gerade dieses Buch? Zuerst antwortete ich mit Gegenfragen und Verteidigungen. Dann merkte ich, wie nah mich diese Fragen an mein wirkliches Interesse an der Genesis heranführten. Ganz tief in mir fand ich ein Gewimmel von Antworten, die alle aus verschiedenen Aspekten meiner Persönlichkeit stammten. Wie alle Antworten auf den Koan „Wer bist Du?" waren sie alle gleichzeitig richtig und gleichzeitig unvollständig.

Warum also Bereschit, warum die Genesis? Weil ich trachte herauszufinden, was es für mich heisst, Jude zu sein. Ohne ein Jota jüdischer Erziehung ging ich durch christliche Internate und setzte bis in meine späten Vierziger keinen Fuss in eine Synagoge. Als wäre mein Judesein durch das Anti-Jüdische meines Vaters tief in mir verschlossen und – in Teilen auch – durch die Schatten des Holocaust. Ich war schlicht nicht sicher, wenn ich mich als Jude zu erkennen gab. Aber ich konnte mir unter dem intellektuellen Vorwand erlauben, dem auf die Spur zu kommen, was mit der Zeit eine eigene, jüdische Identität wurde.

Meine Beschäftigung mit der Genesis war auch die Beschäftigung mit meinem eigenen, strengen Vater. Ich weiss, wie viel von meiner Identität durch seine Träume und seine Hoffnungen für mich geformt wurde. Ich weiss auch, wie stark ich mit ihm gekämpft habe. Obwohl er kein Avraham war und ich kein Jizchak, fand ich in diesem Vater-Sohn-Paar ein kraftvolles Bild für meinen Vater und mich. Ich fand in der Akedah ein Bild für das Eingebundensein in die Abhängigkeiten des Vaters, und fand in der Genesis einen Strauss von Geschichten darüber, wie Generationen von Vätern und Söhnen miteinander verknüpft sind. Mit diesen Geschichten habe ich mich selbst gefragt, was ich von meinem Vater erhalten habe und was ich meinem Sohn und meiner Tochter weitergebe.

Bereschit anzunehmen gibt mir Identität als ein Wanderer in einer wandernden Kultur. Das Gefühl, von der Vergangenheit losgelöst zu sein als Fremder in einem fremden Land, hat mich seit meiner Kindheit verfolgt, im Irrsinn des Krieges und seiner Nachwehen. Meine Familie zog alle paar Jahre um, und als ich sieben war, trennten sich meine Eltern.

Die Gebrochenheit meiner eigenen Familie entsprach der sozialen Wirklichkeit einer Welt von Flüchtlingen und Entwurzelten, in der ich aufwuchs. Ich fühlte mich, mit Paul Cowan gesprochen, als „Waisenkind der Geschichte".

Ich fand in der Genesis Figuren, Männer und Frauen, die ebenso Migranten und Wanderer waren. Sie haben eine befremdliche Beziehung zu ihrer Vergangenheit, gleichzeitig verbunden und getrennt, und schaffen im Aufbrechen und Ankommen eine eigene, neue Tradition – ringen um Sinn aus einer Lebenserfahrung der Einsamkeit in einem Universum, das weder Verstand noch Vorstellungskraft ganz erfasst. Und doch bestehen sie. Sie sind hoch empfänglich für Rufe, die sie erreichen, und fragen sich doch jedes Mal, ob es die Stimme Gottes, die Stimme des Teufels oder schlicht jene des Wahnsinns ist, die sie hören. Und sie finden eine Berufung, die sie alles kostet.

Auch in meinem Leben haben solche unbestreitbaren geistlichen Erlebnisse mein Leben bezeichnet. Warum Genesis? Nun, weil ich dort mythische Vorfahren fand, die aus ihren seltsamen und radikalen spirituellen Erfahrungen Sinn konstruierten. Und weiter, weil diese Vorfahren vor den beiden Traditionen Judentum und Christentum waren, deren Bekenntnisse erst noch geschrieben werden mussten. Die grässliche und zerstörerische Geschichte kanonisierter Texte und rigider Orthodoxien bestimmen die Welt der Väterherrschaft nicht; ihre Geschichten brauchen nicht die Dogmen nachträglicher Erklärer.

All das also kann ich sagen und noch viel mehr, und in allem ist Wahrheit, aber in der Summe gibt es noch kein Ganzes. Irgendetwas entzieht sich, irgendetwas kann ich nicht auf den Punkt bringen. Ich glaube, es liegt im Primitiven, mit meinem Bedürfnis mit dem Irrationalen in Kontakt zu sein, dem Wilden, dem Grausamen gar, auch in mir. Wenn Religion etwas ist, das aus Menschen eine Glaubensgemeinschaft macht, dann war ich auf der Suche nach einer Glaubensgemeinschaft, die die Genesis las, wie ich sie las: als ursprüngliche Schrift, deren raue, vortheologische Kraft mich aus meiner dogmatischen Sicherheit rüttelt und mich aussendet in die immense spekulative Sicht auf die Herrschaft der Väter.

So ist meine Sicht auf „Patriarchat" jetzt nicht mehr jene der Feministinnen. „Patriarchat" ist nun eine höhere Mytheologie, gebildet auf schlichter und manchmal tragischer Verarbeitung der Grenz- und Einsamkeitserfahrungen des Menschseins in der Welt, auf der Erfahrung des Getrenntseins von der ursprünglichen Schaffenskraft der Natur und auf unserer Suche nach Zusammenhang: etwas Sinnhaftigkeit, die unsere wandernde Seele in einer Welt schöpferischen Zwecks zu verankern vermag. Vielleicht mögen Männer diese Geschichten zusammengestellt und kanonisiert haben, doch scheinen sie mir – zuzeiten – über alle Geschlechter hinaus zu sprechen; sie tasten sich an eine gemeinsame Psychologie der Seele heran. Anstelle eines Instinkts bei Wesen der Natur haben Menschen ... ja, was eigentlich? Ihre Vorstellungskraft, ihre Imagination. Sie ist unser Gott. Die Mytheologie der Väterherrschaft stellt uns eine Welt aus Legenden vor Augen, in der Männer und Frauen, belastet und begabt mit jener Imagination, nach Wegen suchen, ihren Schöpfungswillen auszudrücken. Diese Männer und Frauen sind verwickelt in eine Beziehung zum schöpferischen Gott. Dieser Gott ist der Grenzenlose und der auf den Grenzen, in der persönlichen Imagination und über sie hinaus. Mit diesem „Gott" schmieden diese Männer und Frauen einen Bund mit dem Universum und damit finden sie eine Möglichkeit, in der Welt zu sein, die ihnen eine Ahnung von Zweck, Sinnhaftigkeit und Bedeutung geben.

Ich sehe diese Väter-Geschichten als unsystematischen Versuch unserer entferntesten Ahnen, eine Weltgeschichte zu entwerfen, in der Frauen und Männer sich selbst verstehen und eines Geistes sind. Gleichzeitig müssen diese Welt-Geschichten, sollen sie kongruent sein mit der Wirklichkeit menschlichen Lebens, die komplexen und widerstreitenden Kräfte widerspiegeln, die in unserer Seele fest verankert zu sein scheinen. Die Mythen der Väterherrschaft sind kraftvolle Konstrukte einer geistlichen Psychologie, vielleicht gar vollere und fruchtbarere als jene, mit denen wir heute in der wissenschaftlichen Psychologie arbeiten. Diese Psychologie beschäftigt sich mit Irrsinn und Träumen, Visionen und Offenbarungen, mit dem Dämonischen und dem Erlösenden, mit dem opfernden und den mörderische Impulsen in unseren Herzen. Diese Erzählstränge machen aus Bereschit eine Geschichte von Männern und Frauen, die nicht nur gewalttätige Eindringlinge sind, sondern einfach auch Wesen aus Ton und Geist, die verstehen wollen, wie man in so etwas wie ernsthafter und liebevoller Beziehung zum Leben existieren kann. Und Genesis erzählt, auf welch wackligen Beinen diese Beziehung immer wieder steht, wenn wir sie überhaupt zustande bekommen.

Es geht auch um den Tod. Tod gibt der menschlichen Seele einen Berührungspunkt zur Notwendigkeit; aus unserer Beziehung zum Tod erringen wir unsere höchsten Berufungen. Hier sind die Geschichten mit Dunkelheit verbunden. Der Gott der Väter braucht keinen Teufel, hat er doch sein eigenes dämonisches, rätselhaftes Antlitz. Wenn er denn gerecht ist, hat Seine Gerechtigkeit oft wenig zu tun mit unseren Vorstellungen von Fairness und Moralität. Die Menschen erringen durch ihre spirituellen Initiationen ein Wissen um gut und böse und darum, dass Gott ausserhalb ihrer Kontrolle ist. Durch sie und mit ihnen lernen wir, dass wir zwei Naturen haben, die stetig in uns miteinander im Kampf liegen. Mit einer Vorstellung, die sich verdichtet um Licht und Finsternis, sind wir frei, unsere Wirklichkeit zu wählen und – in Teilen auch – zu erschaffen. Hier werden diese Geschichten in rätselhaften Mythen erzählt.

Und schliesslich wird die Frage voll und ganz durch dieses Buch beantwortet. Lasst uns diese Mythen und Geschichten wieder neu und frisch lesen, in ihre Irrgärten eintreten. Dort treffen wir auf die Spektralenergie der Vätergeschichten.

Wir werden dabei uns selbst begegnen und vielem, was in uns lebt.

Ich bin mir völlig bewusst, dass mein Zugang zu Genesis – Bereschit ungewöhnlich ist. Als Amateur versuche ich es und riskiere damit Fehler, die ein professioneller Gelehrter nie machen würde, und riskiere, zu „grundlegenden" Einsichten zu gelangen, die jener Profi als banal abtut. So nehme ich mir das Diktum des US-amerikanischen Lyrikers Wallace Stevens zu Herzen: „Für jegliche Originalität ist der Mut nötig, ein Amateur zu sein."

Was aber sicher am ungewöhnlichsten ist an meinem Zugang, ist die Tatsache, dass ich vom Psychodrama her komme. Dies ist eine klinische Methode, in der eine Gruppe spontan eine persönliche Geschichte darstellt, einen Traum oder eine Fantasie, und dies unter Anleitung eines dafür ausgebildeten Profis. Unter dem allgemeineren Namen „Rollenspiel" bekannt, hat es den Zweck, die Beteiligten zu spontanerer oder kreativerer Art zu befähigen, ihr Leben zu gestalten. Jeder aus der Gruppe kann dabei Rollen von wichtigen anderen spielen, aus der Vergangenheit oder vorgestellten Zukunft, oder verlorene oder abgespaltene Teile der Persönlichkeit eines Anwesenden. Kein Drehbuch ist dafür nötig. Als Gruppenarbeit ist das Psychodrama eine Art gemeinschaftliche Therapie; das dabei entstehende „Drama" kann man weder verbessern noch wiederholen. Einmal nur blüht es auf, berührt alle Anwesenden und kann nie wieder geschaffen werden.

Über ein Jahrzehntlang habe ich Psychodrama klinisch betrieben, in der Privatstation der Psychiatrischen Abteilung des Four-Winds-Hospitals im Norden von New York City. Während meiner Arbeit dort fand ich in dem Arzt und Klinikgründer Dr. Sam Klagsburn einen Freund und Mentor. Eine seiner vielfältigen Aktivitäten war die eines Lektors am Jewish Theological Seminary (JTS) in New York.

Im März 1984 bat er mich, für ihn eine Doppelstunde zu übernehmen. Thema waren Führungsqualitäten. Ich fühlte mich, um es vorsichtig auszudrücken, sehr unwohl. Ich kam mir vor wie ein Ersatzspieler in einer Profimannschaft für einen Sport, den ich nicht beherrsche und vom dem ich nicht mal Ahnung habe. Wahrscheinlich, so dachte ich, würde ich mich nicht nur zum Narren machen, sondern auch noch eine derartige Unkenntnis der eigenen jüdischen Herkunft beweisen, die schon fast als Missachtung gelten müsste. Aber ‚Nein' sagen ging einfach nicht. So erklomm ich an jenem Morgen (ich rede mir immer ein, es muss ein 1. April gewesen sein) die vier Stockwerke des JTS, um in das Klassenzimmer von Dr. Klagsburn zu kommen, wo fünfzehn Männer auf mich, nicht Dr. Klagsburn, warteten. Ich begann mit einigen Präliminarien und Entschuldigungen und begann dann mit folgenden Sätzen: „Ich weiss, dass Sie sich bisher mit Führen und Gemeindeleiten beschäftigen. Darum möchte ich Ihnen heute morgen vorschlagen, sich in die Figur von Mosche hineinzuversetzen, in seinen Schuhen zu gehen, und mir, als der Mosche, der Sie sind, einige Dinge über Führungsqualitäten, über Leiterschaft zu erzählen, die Ihnen besonders wichtig scheinen." Diese Idee kam mir, da es am nächsten zu jener Methode kam, die ich im FourWinds praktizierte, das Rollenspiel, wobei ich niemals zuvor jemanden zu einem Spiel mit einem biblischen Text eingeladen hatte.

Zuerst blieb es ruhig. Meine Gedanken rasten: Ich hatte keine andere Idee, kein weiteres Konzept. Wenn sie darauf nicht ansprängen, hätte ich's vermasselt. Es würden dann die längsten 90 Minuten meines Lebens werden. Dann ging eine Hand nach oben. Das wird jetzt der Klassensprecher sein, dachte ich, der den stellvertretenden Dozenten informiert, dass dies nicht die Art und Weise sei, wie man Studenten auf das Rabbiner-Amt vorbereitet. Doch es kam anders:

„Also, ich weiss nicht, was sagen."

„Sie sind jetzt Mosche", erinnerte ich den Studenten.

„Also gut", sagte er, „ich bin Mosche und als Mosche weiss ich nicht, was sagen. Ich bin kein guter Redner, schon gar nicht vor so vielen Menschen, ist stottere und wenn ich vor so vielen Leuten reden muss, dann ergreift mich das schiere ...“

„Entsetzen?“, soufflierte ich.

„Ja, Entsetzen. Aaron redete immer für mich, aber heute war er nicht da.“

„Danke“, sagte ich. Ruhe. Dann eine weitere Hand:

„Ich bin Mosche und muss diese Leute irgendwo hinführen, nur weiss ich nicht, wohin. Ich habe keine Landkarte und sie streiten sich ständig.“

„Danke“, sagte ich. Die sich anschliessende Stille war schon etwas kürzer. Eine weitere Hand ging nach oben. Es schien etwas zu passieren. Ich rief einen weiteren Mosche auf.

„Ich bin Mosche und muss die Thora bringen. Ich muss den Leuten etwas von den Weisungen erzählen, die davon keine Ahnung haben, die nicht wissen, wie sich verhalten, was recht und was falsch ist und wie man einen Gemeinschaft aufbaut. Wer bin ich, ihnen das zu sagen. Und warum sollten sie auf mich hören.“

Nun stiegen die Hände in die Luft. Es ging die ganze restliche Stunde so weiter.

Als die Studenten das Klassenzimmer verliessen, bekundeten sie weiteres Interesse an diesem, ich nannte es, Psychodrama mit der Bibel. Ich habe zum ersten Mal erlebt, wie Menschen, unter der Maske einer biblischen Figur, über ihre eigenen Zweifel, Hoffnungen und Ängste redeten. Vielleicht ernsthafter und ehrlicher, als sie es ohne diese Maske hätten können. Ein Student schien noch bleiben zu wollen und kam zu mir, als alle schon gegangen waren. Er habe es sehr interessant gefunden, habe vorher noch nie so etwas gemacht und finde, das sei eine Form von Midrasch gewesen.

„Midrasch?“ fragte ich. Er schrieb die Buchstaben auf die Tafel und schaute mich mit einem „Das-solltest-du-doch-kennen“-Blick an. In Wirklichkeit hatte ich das Wort zum ersten Mal in meinem Leben gehört.

„Midrasch kommt von diesem hebräischen Verb“ und schrieb drei damals für mich unentzifferbare hebräische Zeichen an die Wandtafel, „was so viel heisst wie fragen, suchen, untersuchen.“ Ich starrte die Zeichen an.

„Ich muss in die nächste Stunde“, rief er im Hinausgehen, „aber war wirklich spannend.“ Und allein war ich.

Ich erinnere mich, wie befremdlich das alles auf mich wirkte: Ich hatte aus blanker Verzweiflung eine meiner klinischen Psychodramamethoden mit meinem Interesse an literarischen Texten zusammengeworfen und plötzlich hatte diese Konstellation sogar noch einen alten hebräischen Namen. Ich musste irgendwie lächeln, war aber vor allem froh, dass die Stunde vorbei war.

Sam berichtete mir dann einige Tage nachher, dass die Klasse meine Stunde sehr genossen habe, und ich freute mich, dass er sich freute. „Sie wollen, dass Du wiederkommst und das nochmal mit ihnen machst.“

So wurde das geboren, was heute Bibliolog heisst. 1992 brachte der deutschstämmige Philosophieprofessor Björn Krondorfer von der Uni Maryland ein Buch heraus, das auf Deutsch unter dem Titel „Der Text im Körper“ erschien: Beiträge zu erfahrungsbezogenen Zugängen zu biblischen Texten, besonders auch zur Methode des Bibliodrama, die Anfang der Neunziger einen grossen Aufschwung hatte. Mir fiel es wie Schuppen von den Augen, dass ich gerade im jüdischen Kontext US-Amerikas etwas ähnliches tat, was Christen in Europa zeitgleich entdeckten. Ich schrieb an Krondorfer und wir trafen uns, und 1997 lud er mich als Hauptreferent auf eine Bibliodrama-Tagung in Deutschland ein, nach Bad Segeberg. Meine Frau Susan und ich gingen hin und trafen auf dieser Tagung auf eine ganz neue Art theologisch Denkender und Lehrender, auf Pfarrpersonen, Kunstschaffende oder Erwachsenenbildende, die Menschen die Bibel auf verkörperte, imaginative, seelenvolle Art nahebringen wollten.

Am wichtigsten war uns die Begegnung mit Frank Muchlinsky und Uta Pohl-Patalong. Sie erkannten als erste den eigenen Beitrag des Midrasch für diese erfahrungsbezogene Bibelauslegung, und merkten als erste, dass sie damit für ihre Arbeit als Pfarrer bzw. Dozentin ein Modell erhielten, mit dem sie auf einmal mit einer ganzen Gemeinde statt nur mit einer Gruppe arbeiten konnten.

Ein Jahr später kam ich erneut nach Deutschland, um Uta, Frank und anderen Interessierten diese Form von „Midrasch-Bibliodrama“ zu vermitteln. Fünf Tage dauerte diese allererste „Ausbildung“, die nach dem Vorbild von Rikvah Waltons Ausbildung am „Bibliodrama Training Institute“ 1993 entwickelt wurde. Dieses Institut benannte sich später um in „Institut für zeitgenössischen Midrasch“.

In den kommenden Jahren kamen Susan und ich oft nach Deutschland, um Aufbau- und Vertiefungsformen zu lehren. Wir taten das dann auch noch in Finnland und Norwegen, Israel und Kanada und setzten natürlich unsere Arbeit in den USA fort. In keinem Land aber entwickelte sich eine so starke Gemeinschaft mit so klaren Ausbildungsstrukturen wie in Deutschland.

Ein Grund dafür ist sicher, dass eine gewisse erfahrungsorientierte Methodik bereits existierte und breit angenommen wurde. Mit unserer neuen Methode schien sich dieser Zugang zu erleichtern, man hatte einen einfacheren und schnelleren Zugang dazu. Zusätzlich half es, dass Uta die Methode systematisierte und daraus zwei Bücher machte (s. letzte Seite).

Sechs Jahre später, 2006, wurde klar, dass diese Methode sich stetig verselbständigte und – um nicht mit „Bibliodrama“ verwechselt zu werden – einen eigenen Namen brauchte, der beide unterschied. Ich kam auf den Begriff „Bibliolog“, der schnell akzeptiert wurde. Kurz darauf wurde das „Internationale Netzwerk Bibliolog“ gegründet. Meine Frau Susan und ich beauftragten die ersten Trainerinnen und Trainer. Inzwischen gibt es über 30 solche zertifizierten Trainer, die bisher über 3000 Personen in der Anleitung dieser Erfahrung ausgebildet haben.

Dieses Buch ist ein frischer Blick auf Bereschit, zwar ungewöhnlich, aber doch in einer alten, erneuerten Tradition, wie ich heute weiss: *Midrasch*. Inzwischen habe ich mich auch eingehender mit dieser Methode beschäftigt.

Midrasch heisst auf Deutsch so viel wie untersuchen, es ist die Bewegung des Herausfindens. *Midraschim* (so die Mehrzahl) geschahen in vielen Formen, von der Analyse bis zu der Schaffung von Fabeln und Geschichten, die die niedergeschriebenen verstärkten und ergänzten. Midrasch klärte strittige Passagen oder Widersprüche innerhalb der Texte, diente der Erhellung der Texte, der Erklärung, dem Verständnis, der Vergegenwärtigung seiner Absicht und impliziten Verhaltensregeln, ihrer Leitgedanken und Mitzwot. Midraschim füllen dicke Bücher und existieren bis heute zu zahllosen Gelegenheiten – mündlich, volkstümlich und rabbinisch – in den Familien zu Hause, in den Synagogen und den Battei Midrasch (Studienhäuser).

Der in diesem Buch vorgestellte Ansatz „Bibliolog" steht in der Tradition des Midrasch, er ist dessen zeitgenössische Interpretation. Die Freiheit dieser – ja, poetischen – Form befreit den Geist, der in jenen alten Worten wohnt, zu unserer Freude und unserer Einsicht. Auf eine Art bringe ich zurück ins Mündliche, was dem Mündlichen gehört, und weiter: zurück zu den Quellen, die Spiel und Zeremonien und Rituale und Vergegenwärtigungen waren.

Im Kern aller jüdischen Bemühung, die Thora recht zu lesen, könnte ein Satz von Jochanaan Ben Bag Bag aus dem Mischna-Traktat Pirqe Avot stehen: „Wende die Tora hin und her (...) Denn alles ist in ihr; sie enthält alles."[6] Was meint dieses „wenden" und was das „alles"?

Nun, zuerst einmal die Bewegung der Hände um die Handgelenke, beim Auf- und wieder Zurollen der Schriftrollen. Diese Bewegung entspricht dem, was andere Religionen beim Durchblättern ihrer heiligen Bücher erleben: Leserinnen und Leser kommen dadurch an eine andere Stelle des Textes. Der Unterschied zur Schriftrolle liegt aber auch im Text selbst: Es ist ein Text ohne Vokale, Interpunktion oder Einrückungen. Der Text fliesst wie ein ewiger Fluss von Buchstaben am Leser vorbei und die Worte können tatsächlich hin und her gewendet werden.

Diese Beobachtung, der Text sei wie Ebbe und Flut, führt in der rabbinischen Tradition zu folgendem Grundsatz: „Es gibt in der Tora kein vorher und nachher." Wenn man sie „wendet und wendet", bekommt sie eine non-lineare Zirkularität. An jedem beliebigen Ort können wir beginnen; an jedem können wir enden. Dieses zirkuläre Prinzip spiegelt sich in der Tradition wider, am Ende des (oder der) Lesejahre/s, zum Fest Simchat Tora, mit der letzten Parasha aus Devarim (Deuteronomium) zu schliessen und sofort wieder mit der ersten Zeile von Bereschit, der Genesis, neu zu beginnen: Jedes Ende ist ein Anfang. Alles lesen geschieht in konzentrischen Kreisen.

Metaphorisch interpretiert, entspricht dieses Wort dem hebräischen Wort *„teschuwa"*, *sich wenden, kehren* und wird oft im Sinne einer religiös-moralischen Umkehr benutzt. Die Thora also mit Umkehrbewusstsein zu lesen, würde heissen, stets bereit für eine Umkehr zu sein. Unter diesem Aspekt bedeutet „die Thora wenden" immer bereit zu sein, alte Interpretationen zu vergessen, neu und frisch zu lesen und zu entdecken. Eine solche Einstellung lässt ein warmes Bewusstsein aufsteigen dafür, dass die

---

6 S. Bamberger: Avot Kommentar, Basel 2003, S. 122.

Thora (vielleicht auch das Neue Testament) ständig neue Einsichten und Offenbarungen für uns bereit hält. Eine solche Achtsamkeit einzuüben, könnte uns dazu führen, dass dieser Text eigentlich endlos ist. Vielleicht sogar zu einem neuen Wissen um die Heiligkeit der Texte: Nicht die Weisungen sind ihre Heiligkeit, sondern die Fähigkeit, uns – wieder und wieder – vom Kopf auf die Füsse zu stellen, zu wenden und zu (be-)kehren.

In unserem Wunsch nach Sicherheit mag es sein, dass wir diese Kraft vielleicht als destabilisierend erleben. Wir sollten uns aber klar darüber sein, dass – wenn wir der Thora und vielleicht in ihrem Gefolge auch den neutestamentlichen Schriften eine alles verändernde Kraft zutrauen – wir auch jedes Mal die Begrenztheit unserer Einsicht in sie gestehen müssen. Wir wenden uns ab, be-kehren uns von alten Sicherheiten und wenden uns neuen zu.

Ben Bag Bags Aufforderung heisst also auch, die Schrift(en) als Weg und Hilfsmittel zu nehmen, die scheinbaren Wahrheiten unseres Lebens immer wieder zu überprüfen. Schliesslich müssen wir uns von Ben Bag Bags Anweisung fragen lassen: Wenn „alles in ihr enthalten" ist, welche Findung würde unsere Überzeugung vom „Alles" am meisten bestätigen oder herausfordern, oder anders gesagt: Was würden wir am wenigsten erwarten, in ihr zu finden? Schlichte Antwort: Uns selbst.

Dieses Buch ist die Beschreibung einer zweifachen Entdeckungsreise: Zur Thora und zu mir selbst. Auch andere werden beschrieben, die den gleichen Weg gemacht haben, mit Thora und Schriften des Neuen Testaments. Wir fragen und antworten: Wie finde ich mich dort? Und wer ist dieses Ich, dieses Selbst, dem ich begegne?

Dieses Buch ist dreiteilig, obwohl die Genesis das nicht ist. Meine Erfahrung aber hat diese drei Teile ergeben: Der erste Teil ist überschrieben „Sagen von einem einsamen Gott", der zweite mit „Sagen von der Urfamilie" und der dritte Teil heisst „Sagen von Geschwisterstämmen".

Im ersten Teil hören wir die Geschichten der Scherben der wahrscheinlich ältesten Traditionen, lange bevor eine Schriftkultur die Geschichten zu Texten machte und viel später daraus ein Kanon wurde. Jene Geschichten eines einsamen Gottes sind älteste Mytheologie, mündlich und aus nomadischer Zeit, erzählen sie von einer einzelgängerischen maskulinen Gottheit, seiner Art zu schaffen und seiner Schöpfung menschlicher

Wesen, von deren ursprünglicher Freiheit und deren frühem Schicksal und wie er sich in diese Welt einmischte. Es wird ein patriarchales Weltbild entworfen mit den grossen Würfen aus Ordnung und Geheimnis und den grundlegenden Skizzen menschlicher Mühe. Winzig im riesigen Kosmos, erinnert die Seele ihren Gott: Genius und Geheimnis, einzig und einsam ruhend über allem Geschaffenen, jenseits von Zeit und Ewigkeit, entfernt, unerforschlich, zornig und ängstigend; einen Gott, der darauf wartet, mit seiner Schöpfung in Beziehung zu treten.

Der zweite Teil beginnt mit Avram, später Avraham, der ersten Figur, die jenem Gott etwas Neues beibringt; Er ist Gegenwart und himmlischer Vater. Er ruft Avram aus seinem Leben heraus hinein in eine mühsame geistliche Zusammenarbeit. Als Ehemann und Vater trägt er nun die Bürde eines Auftrages mit jenen, die er liebt und die ihn lieben; aus ihnen wird durch manche Prüfung die „erste Familie“, deren Geschichten wir im zweiten Teil lesen.

Der dritte Teil zeigt, wie sich Gott als Geheimnis und Gegenwart je und je zurückzieht aus der Handlung; in der Josefs-Geschichte erscheint er beispielsweise nie. Im dritten Teil fragen wir in den „Sagen von Geschwisterstämmen“, wie es sich anfühlt für Männer und Frauen, miteinander Bünde und Beziehungen einzugehen und ohne göttliche Einmischung ein Gleichgewicht der Kräfte zu entwerfen und zu erhalten. Zu Anfang steht dort eine Antwort auf die Frage „Bin ich meines Bruders Hüter?“. Die Geschwister-Spiritualität bedarf der allerhöchsten Fähigkeit, in Verschiedenheit, Vergebung und Vertrauen zu leben.

Es ist schwierig, in diese drei Teile nicht etwa Entwicklungsstufen hineinzulesen, doch scheint mir, als seien die Teile wirklich nicht fortschreitend. Nein, ich bin überzeugt, wir leben in allen drei Zonen gleichzeitig: Wir sind manchmal mit einem einsamen Gott allein, sind zuzeiten verwickelt in die Träume und Tragik unserer Familien und Vorfahren; und wir ringen um Vergebung und Anerkennung in den verschwisterten Gesellschaften unserer Welt. Diese drei Dimensionen der Genesis im Anfang sind eingeschrieben in unsere westeuropäische Vorstellungswelt; jede ist auch in unser Leben eingeschrieben; jede ist auch eine Facette unserer Seelen.

Dieses Buch und die seitherige Bibliolog-Arbeit hat mich verändert: Alle die Spiele, die ich seitdem mit Gruppen spielte, alle die Geschichten, die ich hörte, wurden zu lebendiger Erfahrung durch die physische Darstellung. Jede und jeder nahm den Subtext der emotionalen und physischen Dimension der Geschichten in sich auf.

Um es ganz persönlich zu sagen: Ich war wirklich *in* diesen Geschichten und liess die Projektionen und Spekulationen hinter mir, die normalerweise aufkommen, wenn man sie genau liest. Als Adam küsste ich Chawa, die erste Frau. Als Kajin ermordete ich meinen Bruder. Ich war der betrunkene Noach in seinem Zelt und sah durch die weitaufgerissen Augen von Ham, der ihn fand. Ich hörte, wie Gott mich als Avraham rief und als Jizchak sah ich, wie mein Vater das Messer über mir erhob; ich sah, wie es in der Sonne blinkte und sah den Blick in seinen Augen. Ich wurde mit Jischmael verstossen und weinte mit meinem Bruder an der Höhle von Machpelah. Und auch die Frauen habe ich gespielt: Chawa, Sara, Lots Frau und Rivka, Rachel, Lea und Dina. Ich habe auch schon für die Schlange gesprochen, für den Garten und für den Bock, der anstelle von Jizchak geopfert wurde. Ich war Jaakov und der namenlose dunkle Gegner am Fluss war ich auch; und vieles werde ich noch sein.

Teil I

Sagen von einem einsamen Gott

1

Gott vorstellen

Bevor ich Genesis als Buch im Anfang öffne, möchte ich zwei Geschichten über meine eigenen Anfänge erzählen. Jede steht für einen Aspekt meines Lebens, den ich weder vergessen noch erklären kann. Beide sind für immer, fast kosmisch, uneins miteinander. Ich erwähne sie als quasi magnetische Pole, zwischen denen mein Unternehmen der Interpretation sich erstreckt, fast wie ruhelose Versuche, Sinn aus den tiefsten Rätseln meines eigenen Lebens zu erschaffen.

Die erste Geschichte, mehr oder weniger ein Fragment, führt mich geradewegs in die zweite Klasse meiner Primarschulzeit. Ich war sieben. Man schrieb das Jahr 1948. Mein Vater war gerade von zu Hause ausgezogen und um ihn zu sehen, musste ich acht frostige und zugige Blocks weit zu seiner kleinen Wohnung laufen. Nach und nach wurde mir klar, dass sich meine Eltern trennen würden. Und ich begann, folgenden Wachtraum zu haben, immer wieder.

Ich „schlafe" zu Hause in meinem Bett, erwache vom Poltern an eine Tür. Plötzlich merke ich, dass unsere Haustür aufgebrochen wird. Ich höre meine Mutter schreien. Vor meinem geistigen Auge sehe ich ein Rollkommando der SS in unser Haus eindringen. Sie tragen jene typischen SS-Helme, die eng anliegen über den Ohren. Hakenkreuze hocken wie fette schwarze Spinnen auf ihren Kragen. Alle mit Maschinengewehren. Und das nächste, was ich „sehe", ist, wie sie meinen Vater und meine Mutter an die Wand stellen, und der Anführer schreit mich an: „Wen soll ich töten? Wen? Entscheide!" Und ich weiss, dass ich antworten muss. Ich schaue auf beide, Mutter und Vater, und sie schauen mich an. Kein Ausweg! Und dann erwache ich immer aus dem Tagtraum, dessen Erinnerung mich nie mehr losgelassen hat.

Jahre später wurde mir klar, dass ich beide war: Die SS und der kleine Junge. Meine Wut auf meine Eltern war auf beiden Seiten, genauso wie meine Verlustangst.

Mit wem würde ich leben? Wen würde ich lieben? Wem würde ich Vorwürfe machen? Wessen Fehler war es? Ich musste mich entscheiden. Meine Kindheit drehte sich gleichsam um die Achsen dieses Alptraumes. Mein lebenslanges Selbstgefühl, zerrissen zu sein und aufgeteilt: Es stammt aus diese Zeit, genauso wie mein Selbstbild eines Wanderers zwischen den Welten.

Ich stellte jedoch fest, dass dies nicht nur meine eigene Grundbedingung war. 1948 war auch die Welt zerbrochen. Die Kernspaltung war nicht nur eine familiäre, sondern auch eine schreckliche äussere Wirklichkeit. Wie alles zerbrach, sah man auch in der Wochenschau: Pilzwolken sah ich in den Himmel steigen, dazu Bilder aus den befreiten Konzentrationslagern; unermesslich hohe Berge aus Knochen und Schuhen, ausgemergelte Körper, leere Augen starrten aus ihren Höhlen.

Viele meiner Fragen wurden lebendig, unbewusst und surreal, in der Aussenwelt. Diese Kräfte – das Böse und die Unschuld, die Gewalt und die Hilflosigkeit, die Wut und der Verlust, Tod und Überleben – waren die Ideogramme der Mitte des zwanzigsten Jahrhunderts. Jeder meiner Generation hörte die Schreie des Zweiten Weltkrieges als Hintergrundgeräusche seiner Kindheit.

Dieses Erbe des zwanzigsten Jahrhunderts hat sich eingeschrieben in mein kleines Leben und in das grosse Leben meiner Kultur als Erbe von Flüchtlingen, Ermordeten und Gefolterten. Grausamkeit unvorstellbarer Grösse. Zu meiner Zeit spürte ich die SS-Kommandos vor jeder Tür. Ich wuchs auf mit der Wirklichkeit des Bösen.

Schneller Vorlauf auf 1956 – dazwischen und darin die Wege eines unglücklichen Einzelkindes hin und her zwischen seinen Eltern. Vergessen die Geschichte, wie der Vater sich wieder verheiratete und die Mutter dies nie tat. Nicht dran denken, wie sie nach Kalifornien gezogen war und den Zwölfjährigen dem liebevollen Griff des Kontrollvaters überliess.

1955 gab mich mein Vater ins Internat. Obwohl vollkommen in meines Vaters ehrenwerte Absichten passte, mir die beste Erziehung zu erkaufen, um so „meine Zukunftsmöglichkeiten zu maximieren“, ging es doch auch darum, mich aus einer Familie zu nehmen, in der ich – zusehends – Schwierigkeiten hatte.

Ich bewegte mich im ersten Jahr Internat in einer Welt aus Jungs und Regeln, fand aber nach und nach Tritt in den sanften Hügeln des westlichen Connecticut. Mit der Zeit begann ich die Schule zu tolerieren und gar einigen Erfolg zu haben. Dann passierte ganz früh in meinem zweiten Jahr etwas, das damals und heute für mich mit nichts vergleichbar war.

Ich sass bei Herrn Wittemore, meinem Französischlehrer in der 2A. Draussen war es Mitte Oktober in Neuengland – eine Jahreszeit, gemischt aus Frühnebeln und Nachmittagsfussballspielen. Herr Wittemore schloss die Stunde. Sein perfekter Krawattenknoten senkte und hob sich mit seinem Adamsapfel, als er sprach, was ich langsam als Französisch zu verstehen begann. Von meinem Platz am Fenster konnte ich, mit einer fast unmerklichen Drehung nach links, über die Bäume und Hügel blicken: Ein Indian-Summer-Morgen.

Herr Wittemore raunte weiter und ich begann in einen ziellosen Tagtraum zu schlittern. Ich wäre gar weitergeschlittert, in einen Schlummer, hätte da nicht der summende Ton auf der Fensterbank meine Aufmerksamkeit erregt.

Eine Fliege lag auf dem Rücken, die dünnen Beine in der Luft. Ich sah, wie sie sich wieder aufrichtete, aber statt zu fliegen, begann sie zu klettern, langsam und steil den Fensterrahmen hinauf. Ich sah, wo sie hinwollte: zum geöffneten Oberfenster. Schritt für Schritt kletterte sie nach oben. Als sie jedoch das Ende des hölzernen Rahmens erreicht hatte, von wo aus sie dann hätte kopfüber weiterkrabbeln müssen, konnte sie ihr eigenes Gewicht nicht mehr halten und rutschte am Glas herunter bis zur Fensterbank, wo sie aufschlug, um wieder auf dem Rücken zu landen und mit ihren sechs Beinen aufgeregt in der Luft zu zappeln, mit dem entsprechenden Summen.

Nochmals dreht sie sich. Nochmals begann sie ihren steilen Aufstieg. Nochmals kam sie oben an, wo sie sich drehen sollte und kopfüber weiterkrabbeln dem schräg geschnittenen Fensterrahmen entlang. Sie kam zum Knackpunkt, klammerte sich und fiel erneut schwindlig tief nach unten. Dieses Mal zuckte ich zusammen, als sie mit dem Rücken auf dem Fenstersims aufschlug.

Wieder und wieder der gleiche Ablauf, mit jedem Mal wurde meine Aufmerksamkeit grösser. Mit jedem Mal wurde dieses Unternehmen mein eigenes, wurde es heroischer, wurde es aberwitziger und fesselnder. Ich fühlte mit der Fliege und rief ihr gleichzeitig innerlich zu „Du Idiotin: Fliege!“ anstatt in die Freiheit zu krabbeln. Hatte sie vergessen, wie man fliegt? War sie verletzt? Benommen von der Schönheit des Indian Summer?

Ich sah ihre schillernden Flügel, die sechs abgewinkelten Beinchen, die grossen glitzernden Augen. Und nochmal rauf auf dem senkrechten Grund. Und noch mal kam sie oben an, ich vergass zum wievielten Mal. Nochmal hievte sie ihren Körper über die Unterseite, bis sie einen Fuss über den Rand hatte – nie war sie näher am Ziel. Aber sie konnte ihren Panzer nicht über den letzten Millimeter schwingen, verlor den Griff, schwankte und fiel, schlug auf den Sims, nur um dieses Mal endlich – ihre Flügel auszubreiten: Erhob sich endlich in einem einzigen graziösen Schwung und flog davon in die offene Grenzenlosigkeit. Und ich, der ich jede Bewegung mit mikroskopischer Genauigkeit verfolgt hatte, flog mit ihr in die Freiheit, klebte an dem kleinen Körper, so lange, bis ihn meine Augen im Licht verloren.

Und die Landschaft hinter dem Fenster verschwamm: Die Bäume und die Hügel wurden golden. Schimmernde Blasen in wirbelndem Tanz rund und rund um einen fernen Punkt. In einen Strudel gezogen, der unendlich weit gründete. Ich reise mit Lichtgeschwindigkeit. In einem Augenblick erreiche ich den Mittelpunkt, bebend und schmelzend. Ein Teil meines Verstandes konnte jene Ekstase noch immer beobachten und bemerkte, erstaunt nach Luft schnappend, dass er soeben Gott erreicht hatte. Es musste Gott sein, denn alles fand hier seine Antwort. Alles machte Sinn. Ich weiss es ohne jeden Zweifel, wie ich nie etwas gewusst hatte bisher. Und die Antwort war denn auch klar. Ich konnte sie vermitteln.

Da läutete die Schulglocke und ich fiel aus der Trance. Schule aus. Ich sauste aus dem Klassenzimmer und flitzte über den Hof in mein Zimmer. Ich musste dies aufschreiben, solange ich noch genügend Erinnerung daran hatte: Ganz und wundervoll war mein Herz. Ich eilte zu meinem Pult und griff einen Stift und Papier. Einige Wörter kamen. Doch Wörter, meine Wörter: Sie waren so dürftig! Das Feuer verlosch schon, das Licht verging bereits. Nur noch Erinnerung hatte ich, wenngleich lebendig, so doch nicht mehr die Sache selbst, nur ein Nachglimmen noch in meinem Verstand. Der Stift fiel aus meiner Hand. Es gibt keine Worte, nur ein Gefühl, ein Wissen, immer tiefer und tiefer einsinkend in mich, wie eine

Truhe mit Juwelen langsam auf den Grund des Meeres sinkt, wo sie mein Leben lang ruhen wird.

In meinem Ringen mit der Genesis ist jene gottberührte Jugendzeit wach in mir. Ich lese die Mythen, zumindest in Teilen, mit jenen vertrauensseligen und wundergläubigen Augen. Jenes Kind ist der Vater dieses Mann, genauso wie jener Bub – ich mit sieben –, der seine Unschuld verlor, als die Türen in seinem Verstand zerbarsten.

Die Fenster, durch die ich ekstatisch flog in jenem Oktober meines fünfzehnten Jahres, waren offen seitdem. Mit dieser Fliege wurde ich eingeführt in eine lebenslange Neugier darauf, wie Männer und Frauen sich Gott vorstellen. In langen, kreisförmigen Bewegungen führte mich mein Weg zum Ringen mit dem Gott meiner Herkunft, jener Kultur, in die ich geboren wurde.

Die Erfahrung mit der Fliege (welch demütigeren Engel gäbe es sonst?) regte mich an. Beim Morgengebet, als der Schulleiter sagte „Lasset uns beten!“ und das Licht durch die Kirchenscheiben drang, senkte auch ich mein Haupt: „Lobet den Herren! Lasst uns mit Freuden seinen Namen singen!“ Der Bub, der diese Worte mitsang, wusste nicht um die Gedankenwelt dahinter. Der wässrige Protestantismus seines neuenglischen Internats berührte ihn nicht und bekehrte ihn auch nicht. Der Junge hatte keine Ahnung von der leidigen und tragischen Geschichte zwischen Juden und Christen. Er war Lichtjahre entfernt von seinem Ringen mit der Genesis und seinem Versuch, eine Sprache zu finden für seine eigene geistliche Erfahrung. Das alles war ohne Bedeutung für ihn. Sein Herz war einfach und voller Dankbarkeit.

Wegen dieses Jungen kann ich, wenn ich im Anfang der Genesis bin, mich immer wieder bezaubern lassen. Seine einfache Gottesvorstellung ist noch immer meine, und unbeachtet allen Traras weiss ich, dass der Gott der Genesis der gleiche Gott ist in meinem eigenen Anfang. Mein flüchtiger Blick ins Licht ist ein Bruchteil der anhaltenden Enthüllungen, die durch die ersten Kapitel dieses Buches strahlen. Ohne Verzerrung klingt meine eigene Offenbarung zusammen mit dieser anderen.

Als erwachsener Mann habe ich diese Offenbarungen auch auf dem Hintergrund anderer Weisen gelesen, Gott zu denken. Ich war in meinem Leben unterwegs mit einer wechselnden Gemeinschaft von Frauen und Männern, lebendig und tot, die mich bereit machten, diese Offenbarung als eine wundervolle Metapher zu sehen, nicht als alleingültige Wahrheit.

Hindu-Priester waren dabei und Zen-Meister, tanzende Rabbis und christliche Mystiker, verrückte Poeten und eine Handvoll geistbewegter Freunde. Durch sie alle lernte ich, dass Offenbarung keine Sache von Geschlecht, Klasse, Rasse, Herkunft oder Überzeugung ist. Von ihnen lernte ich, dass Offenbarung zugleich absolute und relativ ist. Jeder Augenblick einer Offenbarung scheint dem Empfänger als gewaltiges Geschenk; es zerbricht alle vorherigen Formen des Wissens und eröffnet den Blick in eine Wahrheit jenseits von allem Bisherigen. Solche Offenbarung scheint rein, scheint die Sache selbst zu sein. Doch wird sie durch eine Folge von Bildern und Sprüchen vermittelt. Sie wird aufgenommen im Prisma einer Kultur und wird gebrochen in deren Sprache, bekommt Gestalt.

Der Junge in mir, der immer noch durch das Fenster der Verzückung blickt, weiss, dass jener Gott im Anfang sein Gott ist. Und der Skeptiker blickt durch meine Augen und weiss, dass all die Mythen Brechungen sind der Offenbarung, aus der sie kommen. Worte sind schäbig. Sie nähern sich nur. Sie überliefern Bedeutung nur dem Intellekt, nicht in jenem Sinn, der der Erfahrung selbst entspricht: Körper und Geist. Und selbst jene Erfahrung der Begeisterung ist schon verdorben durch unbewusste Faktoren. Es gibt keine reine Offenbarung. Am Ende werden wir Gott nie von Angesicht zu Angesicht sehen. Also beginnt mein Ringen mit der Genesis im Anfang, mit jener Vorstellung von Gott, mit Unschuld und Skepsis, zwei Seiten meiner Persönlichkeit.

Es steht ausser Zweifel, dass der Tanach, später die christliche Bibel, mit ihrem ersten Buch und Eckstein Menschenwerk ist. Wir wissen nichts über diese frühesten aller Geschichtenerzähler, die die allerersten Mythen erhielten und bewahrten in mündlicher Tradition. Wir wissen, dass diese Geschichten die frühesten Zeugnisse sind eines Volkes, das man später Hebräer nannte und das, als Nation, den Namen eines seiner Stammesfürsten annahm: Sie nannten sich die Kinder Israels. Für viele hunderte von Jahren bewohnten sie ein kleines umkämpftes Reich in den Gebieten, die heute von Israelis und Palästinensern beansprucht werden.

Wir besitzen keine historischen Einsichten über die wirkliche Beschaffenheit dieser – im Wortsinn – Elite, dieser Ausgewählten, die die weltbewegende Geschichte dieses Volkes ausmachten. Aus den folgenden Büchern dieser Sammlung jedoch erfahren wir, dass es fast ausschliesslich Männer waren, an die das geistliche Vorrecht erging. Männer wurden zu Priestern und trugen die Gewänder der Vollmacht, das Wort Gottes zu über-tragen. Ihre Arbeit, politisch und geistlich, schuf, was wir heute als mytheologisches Grundgerüst des Patriarchats erkennen; diesem legten sie die Genesis zugrunde.

Aus einem bestimmten Blickwinkel also muss das erste Buch des Tanach als Propaganda gesehen werden. Wie alle Mytheologie in der ganzen Welt stützt diese die Vorstellung des Schicksals einer Nation, die von einer Gottheit gestützt wird, um einst die Welt zu beherrschen. Zeichen dieser Pläne finden sich überall in den Schriften. Es sind Pläne von Männern, von Vätern und Fürsten, von Priestern und später Religionen und Kirchen. Väter vererben dies ihren Söhnen, die wiederum – berufen und auserwählt von Gott und voneinander – diesen Traum in Ewigkeit fortführen.

Dieser Traum ist ein patriarchales Projekt, das im Anfang beginnt. Die Einsicht der Väter erklärt die Offenbarung als Gott-vor-Geschichte und als Abfolge göttlicher Absichten und Eingriffe. Dieser Gott soll unser Gott sein. Er gibt unserem Leben Sinn und unserer Geschichte eine Richtung. Dieser Gott weiss nichts von anderen Göttern oder eine weiblichen Gottheit. Wenn ER zum Gott einer Frau wird, dann allein, weil er diese Frau ergriffen hat und sie diese männliche Darstellung annimmt. Sein ist die Kraft aller Vorstellung, die Welt schafft – alle Struktur unserer Gedanken, Zeit, Raum, Gestalt – und die die Quelle unserer moralischen und geistlichen Vorstellungen ist. In einem solchen Kontext, durch die Fenster von Sprache und Mythos, wird die Welt halb wahrgenommen und halb geschaffen. Jenes Konstrukt ist das Werk unserer Vorstellung: Unser Verdienst und unser Gefängnis.

Im Anfang beginnt mit jenen Worten, die seit Jahrtausenden klingen:

> *„Im Anfang schuf Gott Himmel und Erde.“*

Hier begegnen wir zum ersten Mal einer Natur, die kein Bewusstsein für sich selbst hat: Es ist der wundervolle Moment, in dem Bewusstsein sich von Natur abgrenzt, Gedanke vom Instinkt, Traum von Notwendigkeit.

> *„Und die Erde war ohne Form und leer. Und Finsternis lag über dem Angesicht der Tiefe. Und Geist Gottes über dem Angesicht der Wasser.“*

Bevor das Schaffen sich über die Materie machte, war dieses tatsächlich ohne Form und leer. Keine Intelligenz hatte bisher dem Chaos Form gegeben. Bis zur Reflexion – Geist Gottes über dem Angesicht der Wasser – war keine Intention.

Dieser Mythos des Anfangs ist ein Gegenentwurf zur Biologie. Der Gott der Genesis überschreitet alles Weibliche, alles Gemeinschaftliche, alles Natürliche. Dieser Gott lässt sich nicht beschränken durch organische Entwürfe wie Wachstum, Geschlecht oder Schwangerschaft. Diese transzendente und göttliche Imagination bewegt sich im Anfang. In diesen Mythen der Ursprünge braucht das Geheimnis keine Gehilfen oder Gefährtinnen zur Schaffung.

> *„Im Anfang schuf Gott Himmel und Erde. Und die Erde war ohne Form und leer. Und Finsternis lag über dem Angesicht der Tiefe. Und Geist Gottes über dem Angesicht der Wasser. Und Gott sprach: Licht werde. Licht ward! (…) Und Gott sprach: Ein Gewölbe werde zwischen den Wassern … Und es war so. (…) Und Gott sprach: Lasst die Erde Gras hervorbringen. … Und es war so. (…) Gott sprach: Wimmeln lass das Wasser (…) Und Gott sah, dass es gut war.“*

Der Gott, der schuf, bekommt den hebräischen Namen *Elohim*. Für ihn ist ein einfaches männliches Pronomen unpassend. Elohim ist ein Plural-Nomen, auf das im Hebräischen immer ein Verb im Singular folgt: Das Viele ist einzig. Dieser Gott steht für alle Schöpfung, denn in diesem Gott ist alles, was überhaupt geschaffen werden kann, und alles drückt sich aus durch ihn.

Einerseits erblicke ich hierin eine weitere Art, wie das Gedankengut der Väter das Männliche vergöttlicht:

Ein Gott, der alle anderen Götter in sich vereint und mit dem königlichen „Wir“ spricht („Und Gott sprach: Lasst uns …“).

Andererseits enthält diese Spreu patriarchalen Denkens noch ein Weizenkorn der Wahrheit: Es gibt einen Gott, der alle Götter umfasst, eine Wahrheit, die allen Wahrheiten vorausgeht, eine Quelle, in der die Essenz aller Namen und Formen beschlossen ist. Diese Offenbarung des Ursprungs ist auf der tiefsten Ebene des persönlichen und gemeinsamen Geistes. Dieser schillernden Wahrheit bin ich begegnet, als ich mit der Fliege flog. Diese Quelle, hier nennt man sie Elohim, hat kein Geschlecht, denn Geschlecht war noch nicht geschaffen, als im Anfang die Ursprünge erzählt wurden. Elohim, das geheime Prinzip aller Vorstellung, wartet auf einen Namen. Weiter erinnert uns jenes letzte Geheimnis daran, dass all unsere Begriffe des Göttlichen nur Teile sind und begrenzt sind durch die Begrenztheiten unserer Sprache oder Vorstellungswelt.

Der Zauberspruch in diesen Mythen baut auf der hypnotisierenden Rhetorik ansteigender Wiederholungen. Die Schöpfungsgeschichte ist eine geführte Meditation, durch die wir in den Rhythmus der Schöpfung finden. Wir begegnen dem schaffenden Elohim-Geheimnis, wie es begreift und erzeugt. Die Weise, wie es schafft, jedoch unterscheidet sich von jeglicher anderen Form der Schaffung. Sprache ist das Instrument sowohl für die Schöpfung und als auch für deren Übertragung zu uns. In jenem Mythos vom Anfang wird Sprache aus ihrer Bedingtheit in die Unbedingtheit gehoben. Diese Jungfrauengeburt des Wortes verbirgt die Bedingungen von Sprache, indem sie das Wort in den Geist Gottes selbst zurückführt. Das Schaffen geschieht vor der Zeugung. Durch diese einzigartige Strategie schafft die Vorstellungswelt der Väter eine Welt aus sich selbst, unabhängig von allem, das aus einem Mutterleib, einem Körper oder aus der Natur kommen kann. Das Wort wird das heilige Medium, um Gott vorzustellen. Vor dem Leben der Welt waren die Worte des Lebens. Ein Impuls bewegt die göttliche Vorstellung; er kommt in die göttliche Sprache und wird sofort verwirklicht. Kein Schatten fällt zwischen Empfängnis und Tat.

„Im Anfang war das Wort“ sollte Johannes später in seinem Schöpfungslied schreiben, in deutlichem Bezug zur Genesis, „und das Wort war bei Gott und Gott war das Wort“. Johannes erkannte in dem Gott der Anfänge den Gott des Gedankens und der Weisung, der Vernunft und der Schöpfungsordnung. Doch Johannes wendet diesen Gott bereits in ein neues, das apollinische Ur-Prinzip, durch das griechische *logos* bezeichnet, sein Bild für seinen Christus. Ich möchte glauben, dass die uralten Hebräer ihre Göttlichkeit weit komplexer begriffen, wilder, vielseitiger als *Logos*. Ich sehe Gott als Vorstellungskraft, als Imagination, ein fast erotisches Prinzip, das in die Leere pulsiert. Vorstellung schafft Wort und Sprache, Form und Gestalt. „Im Anfang war Fantasie, Utopie und Vorstellungskraft; und diese war bei Gott.“

Diese Gottheit ist in ihrer Wesenskraft Energie. Energie ist, wie Vorstellung eines der letzten Geheimnisse, ein weiteres Gesicht des vielseitigen Einen am Tag der Schaffung. Dieser Gott als Energie formt Materie, die sich bewegt und vervielfältigt. Energie ergibt sich ins Leben mit Lebenskraft. Es gibt aller Farbe Glimmen, allem Rhythmus Schwingung, aller Zeit den Ausschlag. Wir geben ihr viele Namen, aber in der Wissenschaft der Genesis preisen wir sie als Kraft, die allen physikalischen Kräften vorausgeht, von der alle physikalischen Kräfte kommen, die wiederum nur Metaphern sind für die erste. Gott ruhte am siebten Tag, weil Er gearbeitet hat; Er hatte Energie verbraucht. Die Umwandlung von Idee in

Materie, von Vorstellung in die Tat, von Traum in die Wirklichkeit ist ein energetischer Austausch. Der transzendente Gott der Vorstellung ist Geist im Unterschied zum Fleisch. Seine Wohnung ist Herz oder Seele, nicht aber Körper oder natürliche Welt.

Als Autor, als Intellektueller, als Therapeut und als Lehrer habe ich gedient am Altar dieses Gottes. Ich habe die Sprüche des Vernunft-über-Materie-Zaubers gesagt. Ich anerkenne den Gott dieser Mythen als jenen, dem ich immer noch diene und nacheifere. Wie nahe ich ihm doch in genau diesem Moment bin, in dem ich schreibe, Gedanken-Formen entwickle, eine Narration gestalte, eine Welt der Worte erschaffe. Ich rufe den Geist der Genesis, Ihn im Anfang, der über allem Schaffen ist. Frei von jeglichen Grenzen aus Raum und Zeit, weil er vor allem ist, alles lenkt, über alles hinausgeht: Er ist Unendliche Vorstellung, Unendlicher Sinn, Unendliche Schöpfungsenergie, die sich daran macht, eine Welt zu erfassen durch das Geheimnis der Worte.

Diese Wahrnehmung göttlicher Vorstellung an sich und über das Menschliche hinaus wird angesprochen bei der Schöpfung des Menschen:

> *„Und Geheimnis sprach: ‚Lasst uns Menschen machen in unserem Bild, in unserem Gleichnis: und sie sollen herrschen über die Fische des Meeres, und das Gefiederte in der Luft, und über das Vieh, und all die Erde, und über alles Kriechtier, das kriecht auf der Erde.‘ Und so schuf Geheimnis Mensch in seinem Bild, zu seinem Bild schuf sie Geheimnis, als Mann und Frau.“*

Hier sehen wir den göttlichen Poeten bei der Arbeit. Elohim, der Bildmacher, schuf durch Imagination. Adam, seine erste Schöpfung, gleicht dem Schöpfer, denn die Kreatur ist mit dem göttlichen Funken ausgestattet, nach dem Bild des Bildners geschaffen: Eine Emanation.

Der menschlichen Kreatur wurde die Beherrschung als Geburtsrecht gegeben. An dieser Stelle erkennt der Skeptiker in mir wieder, wie das Patriarchat seinen eigenen Machtgebrauch göttlich untermauert – und niemand wird ernsthaft daran zweifeln, dass wir diese Macht im Laufe der Geschichte nicht auch schon oft missbraucht haben. Mit solcher Vorstellungskraft ausgestattet, konnten wir eine Welt unterjochen.

Am Beginn des dritten Jahrtausends erkennen wir den Lauf unserer „Herrschaft“. Damals aber, am Ende des sechsten Tages der Schaffung, lag dieser Machtmissbrauch noch in weiter Ferne. Es war noch kein

Schicksal, erst noch eine Möglichkeit. Obwohl Beherrschung „Herrschaft“ heisst, ist in ihr nicht zwingend Ausbeutung und Korruption angelegt. Diese fortschreitende Zerstörung der Welt war nicht das Versprechen im Anfang, als die Welt erwachte und Geheimnis die menschliche Doppel-Kreatur segnete und sie aufforderte, „fruchtbar zu sein und zu vermehren“. In jenem Moment des mystischen Zeitflusses nannte Gott diese letzte Schöpfung „sehr gut“ (1, 28). Schöpfung in aller Vielfalt war vollendet und ganz. In der Folge jener fruchtvoller Mühen beendete Geheimnis das Schaffen und ruhte (2, 1–3).

Unser zeitgenössischer Midrasch, unser Bibliolog, holt den Text aus einer patriarchalen Distanz in eine gegenwärtige Verkörperung. Die Arbeit, Gott zu denken, geschieht in Gemeinschaft, und jede Person hat seinen oder ihren Anteil daran. Die Vielzahl an Perspektiven schafft einen vielseitigen, lebendigen Midrasch.

Stellen wir uns also vor, wir riefen einen Kreis von Teilnehmenden zusammen. Wer wären sie? Aus den Hunderten von Workshops, die ich bereits geleitet habe, kommen mir Frauen und Männer mit unterschiedlichsten Hintergründen in den Sinn: Studierende der Rabbinerseminare oder theologischer Fakultäten, Laien, solche, die gern schauspielen, Poetinnen, Liebende, Glaubende, Zweifelnde, Risikofreudige, Juden und Christen, solche die den Blaumann zur Arbeit tragen, und ebenso jene aus den Führungsetagen, und solche, die fast nichts besitzen. Sie alle aber teilen die Bereitschaft, sich mit den Mitteln des Psychodramas einzulassen auf die Mythen der Schrift. Und sie werden bei mir sein während der Dauer dieses Buches, eine bunte Truppe von Menschen, die auf und in den Seiten dieses Buches spielt; durch sie erleben wir die Wahrnehmungen und Inhalte, die Haltung und die Methode des bibliologischen Spiels als eines modernen Midrasch.

Ich bitte sie im Anfang, sich selbst als Elohim einzufühlen, und stelle ihnen eine simple Frage, eine Kinderfrage, anachronistisch, fast absurd, aber unwiderstehlich und nie zu beantworten:

„Warum – Warum fingst du an zu schaffen?“

Wenn wir diese Frage beantworten, eröffnen wir unseren Bibliolog über Bereschit, die Genesis, mit einer Flut wertvoller Antworten. Und jede Person, die spricht, bewegt sich. Und wir füllen den Raum.

„Wie kannst du es wagen, mich zu verkörpern. Meine Motive sind jenseits menschlicher Vorstellungskraft.“

„Stell dir mich vor als alles, das dir gefällt. Schwelge in jener dir eigenen wundervollen Vorstellungskraft. Um jeden Preis: Fang an, und es wird kein Ende sein. Ich bin alles, das du sagst über mich, und mehr. Unendlich viel mehr.“

„Ich begann zu schaffen, weil ich die unendliche Möglichkeit bin. Und das heisst: Eine Möglichkeit ist es, zu beginnen, denn so werde ich Anfang.“

„Ich beginne zu schaffen, weil ein Teil von mir sich dazu hingezogen fühlt.“

„Weil ich mich langweilte. Das ist der wahre Grund. Nichts ausserhalb von mir existierte. Ich war meiner unendlichen Vielseitigkeit müde. Endlich mal Zeit etwas zu ändern. Ich verzehre mich nach etwas Neuem.“

„Ich bin unendlicher Narzissmus. Ich will unterhalten werden. Ich will ein Universum bauen, das sich um MICH dreht. Ich will Engel und Erzengel, die Hosianna singen, Männer, die auf den Knien vor mir beten, Frauen, die ihren Kindern Geschichten über MICH erzählen. Ich will Kriege in MEINEM Namen. Ich will, dass Menschen seltsame Tode sterben für MICH: Ich will grosse Gebäude zur Ehre meines Namens. Ich will, dass Menschen über fünfzig Generationen im Schweisse ihres Angesichts Heilige Schriften über MICH schreiben. Ich will Tausende von Büchern, Millionen von Wörtern: Hymnen, Geschichten, Predigten, unzerstörbare Theologien, Wandteppiche, Symphonien, unendliche Kreativität, die wie die Speichen eines Rades nur auf MICH zeigen, im Zentrum. MICH! MICH! MICH! Es geht um das kleine alte ICH!“

„Ich bin ein Träumer, und ich habe einen Traum von einer Welt. Ich kann sie sehen, so wie eine Künstlerin das Werk vor sich sieht, wie eine Komponistin die Harmonien in ihrem Kopf hört. Weißt du, wie sich das anfühlt, eine Welt zu machen? Du kannst das gar nicht. Aber ich sage dir, es ist die höchste Erfahrung, eine Welt zu machen, die sich in der Zeit fortbewegt, die voller fremdartiger Muster und geheimer Strukturen ist, die in Materie und Bewegung verborgen sind. Und gar noch tiefer verborgen ist der Funke meiner eigenen Originalität. In solch einer Welt entstehen Dinge, die selbst mich überraschen.“

„Ich möchte etwas Wunderschönes schaffen. Am Anfang war ich bewegt durch meine Liebe zur Schönheit. Ich verkörpere mich in Formen. Ich schaffe ein sinnliches Paradies, in dem jedes Wesen, das vollständig mit Sinnlichkeit ausgestattet ist, Schönheit erleben kann und mit Freude erfüllt sein kann."

„Ich bin frei und will einem anderen Wesen die Erfahrung von Freiheit schenken."

„Ich fing an, weil ich einsam war. In meiner ganzen Allheit und in allem, was ich wahrnahm, war meine Einsamkeit. In meiner All-Wahrnehmung fühlte ich meine Alleinheit als Einsamkeit. In meiner endlosen Einsamkeit träumte ich den Traum einer Welt und eines Geschöpfes, ausgestattet mit Leben und Vorstellungskraft und Freiheit, aus der ich Beziehung schaffen konnte. Und diese Beziehung, weil auf Freiheit gebaut, wäre für immer ausserhalb meiner Kontrolle. Und diese Idee erregte mich, selbst als sie mich limitierte."

„Es ist so viel einfacher als das. Ich bin Schöpfer, und es ist meine Absicht zu schaffen. Punkt."

„Aber es ist mehr als eine Laune. Irgendwas treibt mich an, nimmt von mir Besitz und ich muss schaffen."

„Ich schaffe, jedoch nicht nach einem Plan, nicht mit vollkommener Vorausschau dessen, was ich mache. In meiner Freiheit bin ich immer ein Improvisator. Die Welt, die ich mache, ist ein Theater endlos möglicher Spontaneität. Es existiert zum Zweck gemeinsamen und improvisierenden Spiels."

Ich frage jede Facette dieses Elohim ab, damit jeder Ton und jedes Wort sich verkörpert. Ich frage ab, um eine Berührung oder eine Bewegung zu finden. Dann beginnt ein Tanz, mit wechselndem Kontakt, immer stärker erfüllt durch Gnade und Spiel. Die verschiedenen Teile drehen und wirbeln, stossen und begegnen sich, bilden kurze Konstellationen, trennen sich wieder, endlich ruhen sie. Ich sehe die spielend Tanzenden auf dem Boden, keuchend, und ich sehe, wie sie einen losen und offenen Kreis bilden, in ihrer Rast. In dieser Stille lese ich nochmals die Worte:

> *„So wurden Himmel und Erde vollendet und all ihre Schar. Am siebten Tag vollendete Elohim das Werk, das Elohim geschaffen hatte, und Geheimnis ruhte am siebten Tag, nachdem sein ganzes Werk vollbracht war.*

Und Gott segnete den siebten Tag und erklärte ihn für heilig; denn an ihm ruhte Imagination nach aller Arbeit.“

Den Gott, den wir uns in unserem Bibliolog vorgestellt haben, ist der Genius hinter aller Imagination, ist der Gott des Tanzes. Dieser Gott durchdringt alle Werke der Vorstellung. Als Leiter dieser interaktiven Midraschim erlebte ich Elohim als den über meiner Arbeit wachenden Gott; die Vielen und der Eine sind die Polaritäten eines Gruppenerlebens. Dieser Gott, der uns im Anfang begegnet, ist der höchste und originellste Geist-Spieler. Er begibt sich in Gestalt in all ihren verschiedenen Gestaltungen. Dieser Gott ist Geheimnis, der Spontane Schöpfer, der spricht „im Anfang“ und das grosse Psychodrama von der Welt entwickelt.

Einer zweite Fassung der Schöpfung des menschlichen Geschöpfes begegnen wir einige Verse später, und finden darin eine andere Weise, sich Gott vorzustellen. Eine neue Benennung erscheint: Jehovah. Obwohl in einen Sinnzusammenhang miteinander gestellt, wollen mir diese beiden Versionen in der Erinnerung als zwei Seiten des einen Ur-Mythos erscheinen, zwei Gesichter der einen Vorstellung. Keine leichte und widerspruchsfreie Beziehung haben sie und scheinen mir verbunden in ruhelosem theologischen Ringen.

In meiner Tradition ist der geheiligte Name so heilig, dass er unvokalisiert bleibt. Wir sagen stattdessen *Adonaj*, oft übersetzt als *Herr*. In dieser zweiten Version wird der metaphysische Genius von *Elohim* anders vorgestellt. Wo *Elohim* als Geheimnis mit Sprache schuf, schafft *Adonaj* mit Materie und kommt somit in weit engere Beziehung mit dem Geschaffenen.

Und Gott der Herr (Adonaj Elohim) schuf den Menschen aus Staub der Erde und Er atmete ihm durch die Nase den Atem des Lebens ein; und der Mensch wurde lebendiges Wesen (2,7).

Diese Intimität hat ihren Preis, denn nun ist Geheimnis bekleidet in Metapher und Geschlecht. Personifiziert und persönlich, ist er nun der Gott, Der „der Erde Leben einhaucht“.

Hier wirkt Gott nicht als Poet, sondern als Kunsthandwerker. Materie ist kaum mehr als Ton, bis sie mit Leben begabt wird durch diesen Gott, und jene „lebende Seele", die daraus entstand, ist nicht ein androgynes Bild eines androgynen Gottes. In diesem Fall sind Schaffer und Geschaffenes beide männlich.

In diesem Wechsel von *Elohim* zu *Adonaj* erkennen wir zwei verschiedene Blaupausen des Väter-Glaubens. Dieser zweite Mythos menschlicher Entstehung ist irdisch und verkörpert. Das menschliche Sein entstammt nicht dem Gedanken, sondern der Erde. Der Mensch, geschlechtlich und nicht allgemein, wird zum Leben erweckt durch den belebenden Atem eines Schöpfers; und nicht zu seinem Bild geschaffen. Menschen sind getrennt, unterschieden, unendlich untergeben; und, wie ihr Grundbestandteil Erde oder Ton nahelegt: sterblich. „Erde zu Erde, Asche zu Asche und Staub zum Staub": Unser Ende ist vorentworfen im Anfang.

In dieser Version ist das männliche, obwohl nur Staub und Erde im Vergleich mit dem Göttlichen, das Erstgeburtsgeschlecht. Die Beziehung Mann–Frau wurde zum ersten Mal mytheologisch unterfüttert. Obwohl eine sorgfältige Lektüre des hebräischen Textes ergeben wird, dass aus dem ursprünglichen Adam, dem aus Adamah-Erde Geschaffenen erst Mann und Frau nach dessen Schlaf erwuchs; so ist dies doch nicht die Auslegungstradition zweier Jahrtausende, nach der die Frau später und schwächer geschaffen wurde. Eine Theologie der Geschlechter scheint im Mythos vom Garten bereits in Stein gemeisselt:

> *Und der Ewige, Gott, pflanzte einen Garten in Eden im Osten und setzte dort den Menschen, den er gebildet. (2, 8)*

Wieder bedarf der Mythos der Untersuchung: Die erzählerische Vorstellungskraft lässt Raum in und um die Szene. Zweitausend Jahre haben uns den Garten in allen Farben ausmalen lassen, doch wenig wissen wir über die innere Wirklichkeit der Figuren, die ihn bewohnen.

Um dies mit unserer Methode darzustellen, brauchen wir weder Bühne, noch Drehbuch oder Kostüme. Wir brauchen nur einen Platz im Zentrum, einen Halt als Ausgangspunkt und Endpunkt, und die Bereitschaft von Menschen, ihre Stimmen den Charakteren zu leihen für die Dauer unserer Untersuchung. Unsere Gruppe wendet sich nun ab vom *Warum?* im Anfang hin zu einem eher persönlichen Drama, das aus diesen bekannten Zeilen stammt:

> *Und der Ewige, Gott, nahm den Menschen und setzte ihn in den Garten Eden, ihn zu bearbeiten und zu hüten. (2, 15)*

Gott und Mensch sind die Figuren dieser Szene. Wir beginnen, als Adam in Eden gesetzt wurde.

„Was ist das für ein Ort?“, so frage ich. „Sei Adam. Sag, was du fühlst.“

„Dieser Ort ist wunderbar, grün, warm, überfliessend.“ Eine Frau aus der Gruppe steht auf und ermisst den Raum, der geschaffen wurde: „Ich fühle mich umgeben von Ordnung und Freude. Meine Sinne sind wach für jegliches Blitzen und Duften. Ja, ich bin einfach ganz Sinn und Sinnlichkeit. Ich lasse mich treiben und esse und höre die tiefe Stille dieses Ortes. Ich bin ganz und gar geborgen hier. Wie im Bauch einer Mutter.“ Diese Adam räkelt sich auf dem Boden und scheint einzuschlafen.

Ein anderer Adam stellt sich neben ihn, Hände in den Hüften, seufzt: „Ja, gut ist es für jetzt schon, aber diese Stille bedrückt mich, und die Rasenflächen und Obstbäume verändern sich nicht wirklich. In diesem ewigen Frühling wird Schönheit langweilig, und meine Arbeit des Hütens wird langsam sinnfrei. Ich lebe, aber fühle Totheit und Leere. Ich erwache eines Morgens und entdecke: Langeweile.“ Er neigt seinen Kopf.

Ein dritter Adam schreitet einher und spricht: „Täglich geht Gott durch den Garten. Ich erlebe ihn wie eine grosse Wolke, die die Sonne verdeckt, obwohl keine Wolke je die Sonne streifte, und doch: Wenn Gott in den Garten kommt um bei mir zu sein, dann ist es, als wenn ein Schatten, ein kalter Hauch, ein Raunen durch die Blätter und über die Wiesen zieht. Manchmal, wenn ich über ein Feld schaue und das Gras sich kräuseln sehe, weiss ich es: Gott ist da. Und er redet zu mir in einer Stimme ‚Sieh hier! Sieh da!‘ und zeigt auf ein Licht oder eine Farbe. Ich weiss nie, wann er kommt. Ich fühle mich oft verlassen und allein.“ Dieser Adam kommt zum Stillstand am Rand des Kreises und blickt nach draussen.

Andere Adams reden. Im Laufe der Zeit wächst der Eindruck der Ruhelosigkeit und Einsamkeit. Ein Adam sagte uns, er sei jeden Tag immer weiter gelaufen, damit er an das Ende des Gartens käme, habe es aber nie erreicht. Ein anderer Adam berichtet von seinem ergebnislosen Versuch, Gott in eine Art Gespräch zu verwickeln. Wieder ein anderer spricht voll Zorn von seiner Wahrnehmung, nur ein Haustier Gottes zu sein, ein Spielzeug: „Ich fühle mich gefangen, klein und allein.“

Eine Frau, Schauspielerin, läuft ohne Worte in eine gespielte unsichtbare Mauer um unseren Stuhlkreis. Sie tastet die unsichtbare Wand ab mit ihren Händen, langsam zuerst, dann immer schneller, bald oben, bald unten. Langsamen Schrittes zuerst, dann immer schneller werdend, bald hektisch im Kreis laufend sucht sie nach einem Spalt, einer Öffnung und entdeckt, sie ist eingeschlossen. Ihre Hände umklammern ihre Gurgel, um zu zeigen, sie ersticke. Sie fällt zu Boden.

Ich lese die nächsten Worte des Textes:

> *Und der Ewige, Gott, verordnete über den Menschen und sprach: „Von jedem Baum des Gartens magst du essen, aber vom Baum des Wissens von Gut und Böse wirst du nicht essen; Denn am Tag, an dem Du von ihm isst, wirst du sicher sterben."* (2, 16–17)

„Nun, Adam", frage ich. „Was ist passiert? Wie hast du diese Worte erlebt?"

„Wenigstens redet er jetzt mal mit mir."

„Ich bin total verwirrt. Was meinen diese Worte: Wissen, Gutes, Böses, Sterben? Ich fühle eine Bedrohung, ein dumpfes Gefühl der Gefahr, aber weiss nicht, wie damit umzugehen."

„Was auch immer in mir war, als ich vorher nach den Grenzen des Gartens suchte: Jetzt ist es deutlich und klar. Ich fühle Verlangen, ja!, Verlangen, zu wissen. Es langt mir nicht, hier Haustier oder Spielzeug zu sein. Endlich gibt's einen Weg zum Wissen: Einen Baum. Aber wie den finden? Ich weiss nicht, wie er aussieht, aber ich mach mich sofort auf die Suche. Und was diesen ‚Tod' angeht … Wie soll ich mich davor fürchten, wenn ich nicht weiss, was er bedeutet."

„Für mich hat sich die Beziehung zu Gott grundlegend geändert. Vorher war er Gefährte. Obwohl Er und ich so grundlegend anders waren, wusste ich, ich konnte dieses Leben geniessen, wenn ich wollte, für immer. Ich freute mich Seiner Werke und war berührt von Seiner Gegenwart. Er war tief gütig und die Quelle aller Sicherheit. Doch nun ‚verordnet' er über mich, warnt mich, droht mir. In einem Augenblick hat sich alles zwischen uns verändert. Er ist jetzt der Über-Herr. Ich fühle mich nicht mehr beschützt, sondern beherrscht. Ich fühle, dass er mir nicht mehr traut, mir gar etwas verbietet. Das alles weckt mein Verlangen. Was spielt er für ein Spiel?"

Ich lese den nächsten Vers:

> *Und der Ewige, Gott, sprach: „Nicht gut ist des Menschen Alleinsein; ich werde für ihn ein Hilfe als Gegenüber machen."* (2, 18)

„Du bist Gott", sage ich zur Gruppe. „Sprich!"

„Ich habe den Menschen aus Erde geschaffen und ihn mit freiem Willen begabt. Ich wollte jemanden, etwas, diesen grossartigen Kosmos zu erleben, und wusste, dass nur ein freies Geschöpf mich so überraschen und erfreuen wird mit seiner Spontaneität. Doch diese Freiheit, die ich so rückhaltlos gab, hat ihre Gefahren."

„Ja, ich sah Adam weiter und weiter den Garten durchwandern. Ich wusste, er suchte den Weg nach draussen. Ich sah seine Ruhelosigkeit und seine Langeweile."

„Ich wusste, er war einsam."

„Woher wusstest Du?", fragte ich weiter.

„Ich wusste, weil auch ich allein bin. Ich bin der Eine, Einzige. Alle Dinge sind in mir, aber mir ist niemand, nichts, Gemeinschaft. In der Unendlichkeit vor der Schöpfung genoss ich die Schöpfung unendlicher Welten, doch in keiner Welt siedelte ich ein freies Wesen an, und jede Welt langweilte mich am Ende. Keine Welt war fähig, mich zu erkennen. Mir wurde jeder Aspekt meiner selbst bewusst, und tief in mir wusste ich schliesslich, dass ich allein war. Meine Hoheit wurde zu unendlicher ewiger Einsamkeit."

„Ja, ich wusste, dass sich Adam einsam fühlte, wie ich, nach meinem Vorbild, und was immer ich tue für ihn, er wird dieses Gefühl nie verlieren, tief verwurzelt in ihm, im Grunde seiner Seele, bleibt er allein. Das ist mein innerstes Band mit ihm, was ich tief in mir weiss."

„Ich wollte mich ablenken und habe ihn geschaffen."

„Ich werde versuchen, ihn abzulenken, indem ich ihm Tiere erschaffe."

> *Und aus der Erde bildete der Ewige, Gott, jedes Tier auf dem Feld und jedes Gefieder unter dem Himmel und brachte es zu Adam zu sehen, wie er es rufe: und was immer Adam rief dem lebendigen Wesen, das war sein Name.*
>
> *Und Adam rief Namen für all das Vieh und für all das Gefieder unter dem Himmel und allem Getier des Feldes; aber für Adam fand sich nicht eine Hilfe als Gegenüber. (2, 19–20)*

„Und“, sagte Adam, „für lange Zeit beschäftigten und erfreuten mich diese Tiere.“ Einige aus der Gruppe stellten sich gar als Tiere zur Verfügung. Adam streichelt sie, spielt mit ihnen, verliert jedoch nach und nach das Interesse. „Ich kann sie benennen, und sie kommen, wenn ich rufe. Für eine Weile fühlte ich mich wie ein Gott, doch am Ende trägt nichts meinen Namen, nichts sieht aus wie ich, nichts ist nach meiner Art; nichts berührt mich, mit niemandem kann ich reden. Ich bin allein.“

In allen Bibliologen, die ich geleitet habe, die über die Beziehung Gott–Mensch vor der Schaffung der Geschlechter gingen, hatten Frauen keine eigenen Stimmen oder Rollen. Nahmen Frauen teil, so als Adam oder Gott; manchmal auch Tiere, einmal gar den Baum der Erkenntnis. Wenn nicht so, dann waren sie Publikum. Geisterhaft und nicht wirklich wartete Weiblichkeit darauf geboren zu werden. Frauen sitzen neben dem Spielfeld oder bilden eine Art Chor, der kommentiert, aber nie in die Gartengeschichte eingreift.

Männer jedoch beansprucht und fesselt dieses Drama der Anfänge des Menschen. Es ist, auf eine ganz tiefe Art, eine Geschichte für Männer. Es ist eine Geschichte über *unseren* Gott, oder zumindest über einen Gott, den Männer sich für tausende von Jahren vorgestellt haben. Unsere Beziehung zu ihm ist eine personale und eine distante. Er ist uns in Sein und Grösse gleichzeitig vollkommen anders und gleichzeitig unglaublich nahe. Er ist der erhabene Schöpfer, wir das niedere Geschöpf. Er ist der Herr, wir die Untertanen. Er der Handwerker, wir das Werkstück. Er der Vater, wir die Söhne. Solche Begriffe deuten bereits das bedenkliche System männlicher Beziehungen in all ihrer ungleichen und hierarchischen Komplexität an. Bereits in diesen Mythen unserer Anfänge beginnen wir mit dem Ringen in unseren Beziehungen zu Gott.

So stark auch die Männer in unserer Gruppe ergriffen sind und über ihren Eindruck von Ungleichheit und Wettbewerb sprechen, so sehr empfinden wir doch alle zum Schluss dieser Schöpfungsgeschichte Einsamkeit, tief und immer wieder neu. Wenn wir aus den Rollen treten und gemeinsam das Erfahrene reflektieren, sprechen viele Männer über ihre Einsamkeit, nicht nur als persönlich erfahrene Begleitumstände, sondern als etwas tieferes: Die Einsamkeit scheint die Luft im Anfang zu durchdringen; sie scheint von einem tiefinneren Ort in uns zu kommen.

„Ich habe nie begriffen, dass dieses Gefühl, das ich in mir habe, auch in der Bibel vorkommt“, sagt einer.

„Bis jetzt hatte ich nie eine Möglichkeit und Form, über *diese* Einsamkeit zu reden. Manchmal fühle ich mich wie ein Gott, wenn ich hin und her flippe zwischen mich unterhalten und mich zerstreuen. Alles mit Dingen, die ich kontrollieren kann. Und manchmal fühle ich mich wie Adam – als würde ich kontrolliert von Kräften, auf die ich keinen Einfluss habe und die ich auch nicht verstehe. Aber oft wird mir klar, dass ich nie jemanden finden werde, der dieses Gefühl mit mir teilt. Das schaffe ich selbst nicht einmal.

„Ich finde keine Worte dafür. Es ist, als wenn die ganze Geschichte keine Worte hat, für das was innen vorgeht, bei allen Worten, die sie über Gottes Worte hat. Es liegt etwas Düsteres über dieser Zeit vor der Schaffung der Frau, und ich weiss als Mann, dass das etwas für mich Wahres zum Ausdruck bringt. Es ist, als wenn ich um diese Einsamkeit gedanklich, ja fast körperlich weiss. Es kommt mir entgegen als Wissen um meine Unbedeutendheit, am Ende. Ich suche sie zu verleugnen, aber zum Schluss bin ich ... ja, Staub.“

Ein Mann erzählte mir nach einem solchen Treffen eine Geschichte, an die ich mich noch immer erinnere. Nennen wir ihn Eli.

„Viele Arten von Einsamkeit kenne ich. Und auf verschiedene Arten habe ich versucht, damit umzugehen. Eine Zeitlang trank ich, später Frauen und Sex, später Sport und Fitnessstudio. Eine Zeitlang warf ich mich in die Arbeit, eine Zeitlang war ich nur am Nachdenken. Aber immer kam ich an den gleichen Punkt: Meine Einsamkeit.

Ich weiss auch nicht, ob das für Frauen gleich ist. Aber manchmal, wenn ich mit anderen Männern darüber rede, wird mir diese existentielle Einsamkeit wirklich bewusst.

Wahrscheinlich ist es für Frauen wirklich anders, weil in ihnen Kinder heranwachsen; sie habe diese intime Verbindung zum Leben. Ihre Körper scheinen mit dem Mond verbunden zu sein, mit der Natur. Aber mich scheint das nicht zu berühren. Vielleicht ist das auch typisch, für jemand, der sich einsam fühlt: Er denkt immer, der andere ist es nicht.

Und was noch schlimmer ist: Es tönt immer wie Selbstmitleid, wenn man darüber redet. Lange Zeit, wenn ich darüber sprach, war es eine Art Klage, ein Gejammer.

Aber nicht heute, nicht jetzt. Vielleicht habe ich mich ja dran gewöhnt. Vielleicht beginne ich auch, es zu akzeptieren. Es ängstigt mich nicht mehr so wie früher. Ich muss mich nicht mehr ins Vergessen flüchten. Ich muss mich nicht mehr verlieren in Ersatzaktivitäten. Als ich mich nach meiner eigenen Reha ins Auto setze, um meinen Vater im Spital zu besuchen, steckte ich eine Kassette ins Autoradio. Es waren die Doors, glaub ich, erinnere mich nicht mehr so genau. Wie immer dröhnte die Musik meinen Kopf zu, aber zum allerersten Mal störte mich das. Immer war dieses Zudröhnen eine Erlösung, jetzt war es eine Belastung. Ich drehte es ab und hielt es zum ersten Mal in meinem Leben aus, allein und in Ruhe zu sein.

Ganz sonderbares Gefühl. Wie als wenn mir plötzlich klar wurde, was ich immer aus meinem Leben raushalten wollte, was mich immer zu Tode ängstigte. Und nun liess ich's zu. Da war was, das in sich nichts war; Nichtigkeit, Leere, Stille. Nicht bedrückend, aber ich war kurz davor, in eine grosse Stille zu fallen. Einen Moment lang kämpfte ich noch, hatte Angst, dann liess ich los. Anders kann ich's nicht sagen. Hielt an nichts mehr fest, dachte nichts mehr, und das ständige Geplapper in meinem Kopf hörte auf. Und ich war einfach da. Klingt ziemlich abgedroschen, ich weiss.

Irgendwo auf halber Strecke musste ich anhalten. Später Nachmittag war's. Auf der anderen Strassenseite auf einem Hügel stand ein Baum. Die Sonne stand schon tief und schien durch die Äste und über die Krone. Schien fast zu brennen, aber als die Sonne unterging, waren der Stamm und dann auch die Äste im Schatten. Ich starrte den Baum einfach nur noch wie hypnotisiert an. Mir war, als würde das Dunkel den Baum langsam verschlingen.

Der Baum versank im aufsteigenden Dunkel, und als ich mich umsah, stand hinter mir bereits der Mond. Als wenn er mich beobachtet hätte, wie ich den Baum anstarrte.

Als ich mich wieder hinters Steuer setzen wollte, bemerkte ich Tränen in meinen Augen. Ich war irgendwo zwischen Traurigkeit und innerem Frieden, ein grosses Gefühl, von Horizont zu Horizont, alles war drin eingebettet.

Einige Wochen später starb mein Vater. Ich sah, als er starb, diesen grossen brennenden Baum vor mir, der langsam im Dunkel verschwand. Und wieder ging der Mond hinter mir auf.“

An dieser Stelle der Geschichte meldete sich sanft eine Frau zu Wort. „Ich weiss nicht, warum Männer immer meinen, sie seien mit dieser Einsamkeit allein. Die Figur des Adam mag vielleicht männlich sein in dieser Geschichte, aber ich für mich, auch als Frau, kann die Einsamkeit von Adam und die Einsamkeit von Eli gut nachvollziehen. Das sind Seelengeschichten, nicht Männergeschichten. Als meine Mutter starb, fühlte ich mich ausgestellt, ängstlich und, klar, allein. Es ging um mich und meine Mutter. Ich trauerte und war allein, obwohl ich Freunde hatte und Familie, die sich um mich kümmerte. Elis Geschichte bringt diese eine Zeile auf den Punkt: „Des Menschen Alleinsein ist nicht gut."

Wir alle wurden still, als wir merkten, dass unsere Kommentare und Geschichte aus den Tiefendimensionen der Mythen aufstiegen, aus den abgrundtiefen Schatten existentieller Einsamkeit. Wir konnten es richtig fühlen. Es ging jetzt nicht darum, diese Einsamkeit zu überwinden, sondern sie anzuerkennen, sie zu erleben. Ich war tief bewegt darüber, wie Eli diese Schönheit mit seiner Geschichte zum Ausdruck brachte.

Es ging auch darum, dass Elis Geschichte seinen Vater umfasste. Obwohl Gott weder hier noch sonst wo im Anfang als Vater bezeichnet wird, ist diese Metapher schon verborgen in den männlichen Pronomen, und später in der Bibel wird es zur expliziten Personifikation. Wir Männer und Frauen machten uns unsere Vaterbeziehung durch unsere Verkörperungen bewusst. Als Gott Adam verbietet, vom Baum zu essen, steht einer aus der Gruppe auf und sagt: „Fühlt sich an, wie mein Vater, wenn der mir etwas verbot." Und eine Frau, die als Adam die unvorhersehbaren Besuche Gottes im Garten wahrnahm, sagte: „Wenn er da war, war er wirklich *da*. Und wenn er da war, drehte sich die ganze Welt nur um ihn. Erst wenn er weg war, konnte das Leben normal weitergehen; zwar vermisste man ihn, aber war auch erleichtert."

Ist dieser Gott also ein aufgeblähtes Bild unseres Eltern-Ichs? Wer weiss? Aber fraglos steht im Anfang einer der grössten Mythen der Welt, über den grossen Vater. Sei er nun Schöpfer oder Geschöpf unserer Einbildung: Er blendet uns mit seiner Ferne, seiner unerklärlichen Kraft, Seiner Leidenschaft, Seinen unergründlichen Absichten. Dichter, Künstler, Weltgründer, irgendwie auch entfernt von seiner Schöpfung, wie ein Bauherr, der nie in einem Haus wohnt, das er gebaut hat. Er ist allein und entfernt, zufrieden, dass er schaffen kann. Schwierig, nicht darüber nachzudenken, wer oder was denn wohl ihn gemacht hat. Welcher Teil von uns ihm Leben eingehaucht hat. Und: Denken sich Frauen auch einen solchen Gott?

Diese Frage über die Quelle Gottes, genauso wie die Frage über die Anfänge, ist eine Endlosschleife. Die Henne oder das Ei? Gott nach unserem Bild oder wir nach seinem? Jede Antwort darauf ist Glaubenssache. Innerhalb unserer Mythen jedenfalls nehmen wir die beeindruckende Tatsache zur Kenntnis, dass Gott ist. Er ist vorausgesetzt, um den Rest der Formen zu setzen. Kein Weg führt um Ihn herum oder hinter Ihm durch. Die ihn untertänigst beschreiben, geben ihm einem Grossbuchstaben am Anfang, Er dominiert die Geschichten. Vielleicht ist Er nicht immer in der Bühnenmitte, aber das ganze Theater dreht sich um Ihn. Er schrieb Rollen und Bühnenbilder und das ganze Spiel. Er wählte die Akteure und die Komik. Als Dokument gibt die Genesis Seine Absichten und Entwürfe wider, Seine Taten und Sein Wesen; es erzählt von Menschen, die in eine Beziehung mit ihm gezogen werden.

Was im Anfang begann, ging weiter mit Geholper und mit Sprüngen wie in einem surrealen Kinofilm. Diese Sequenzen bilden die Episoden für einen Mythos, für den die Genesis der grossartige Auftakt ist. Das Projekt der Väterherrschaft bewegt sich fort in der Zeit und auf den rollenden Rädern der Natur und formt eine geistliche Geschichte; voll von Figuren und Bewegung, mit einem Ende als Absicht und Ziel. In dieser Geschichte aus Tanach und Bibel werden die Menschen ständig in den Sog eines visionären Dramas gezogen, jenseits von Zeit und Tod. Hier teilzuhaben verleiht einem Leben Sinn, Zweck und Notwendigkeit.

Und nun, nach der Schaffung des Gartens Eden und von Adam, dem Urmenschen, kommt die Geschichte von Chawa, der ersten Frau. Sie wird die Hilfe als Gegenüber sein, die die Einsamkeit beenden soll. Doch, wie ein Mann einmal am Ende eines Gruppentages sagte: „Gott muss entweder dumm oder eifersüchtig gewesen sein auf Seine Beziehung mit Adam, denn es dauerte ziemlich lang, bis er bemerkte, dass ein Mann eine Frau braucht.“ Darüber lachten einige Männer, die das hörten. Und eine Frau sagte: „Was für ein Aufwand. Wir können die Einsamkeit in einem Mann doch sowieso nicht füllen. Und ihm auch keinen Schutz vor seinem Gott geben, der über ihn herrscht. Was für ein erschreckendes Universum haben sich Männer geschaffen. Das gibt Ärger.“

2

Der Mythos vom verlorenen Garten

Bibliologe wie jene, die ich im vorhergehenden Kapitel kurz nacherzählt habe, sind entfernte Cousins von jener Sorte von Kommentaren, die Midrasch genannt werden. Rabbinen und Weisheitslehrer entwickelten das Konzept des Midrasch, um mit den Leerstellen im Text umzugehen oder Antworten zu finden auf offene Fragen wie „Was tat Gott vor der Schöpfung?“ oder „Wie überzeugte Chawa Adam davon, vom Baum der Erkenntnis zu essen?“ Solche Fragen beantworteten die damaligen Lesenden dadurch, dass sie Geschichten erfanden, und diese erklärenden Geschichten nannten sie Midraschim.

Meine bibliologische Arbeit mit der Schrift stelle ich mir als eine Art postpatriarchalen Midrasch vor. Obwohl ich die Verbindung zur Tradition halte, sehe ich diese Traditionen mit einer gewissen Distanz sozusagen als Aussenstehender. Sie waren nicht Teil meiner Kindheitserfahrung; ich musste sie mir durch Imagination zu Eigen machen. Als Erwachsener konnte ich diese Traditionen dann zuerst nur poetisch sehen, als Versionen der Vergangenheit, die eine metaphorische Beziehung zur Wirklichkeit haben. Trotzdem streiche ich sie nicht einfach, weil sie Poesie sind. Im Gegenteil: Unsere Kultur wurde seit jeher aus Mythen gestaltet – solchen, die man miteinander teilte, und solchen, die im Widerstreit miteinander standen. Ich nehme es als gegeben an, dass sie alle konstruiert sind – insbesondere unter dem Einfluss von Rasse, Klasse und Geschlecht; auch wenn ich nicht genauestens bestimmen kann, wie sie geformt wurden und welchen Zwecken sie dienten. Als Konstrukte müssen sie je und je herausgefordert werden, immer grössere und komplexere Bilder aufzunehmen von allem, was sie oft als Stereotype erzählen. Geschichten und Mythen müssen so gelesen werden, dass unterschiedliche Interpretationen möglich sind und verschiedene Lebenserfahrungen mit Respekt und Humor Platz haben.

Bei einem solchen postpatriarchalen Midrasch geht es nicht nur darum, neue Geschichten zu konstruieren; es ist eine Suche nach neuen Formen des Geschichtenerzählens. Der Frontalredner, der vor seinem Publikum steht, ist in einer Zeit, in der jeder mit Vaterfiguren ringt, ein allzu autokratisches Modell. Die autoritative Stimme des Lehrers und das disziplinierte Studium alter Texte gehören zu einer Rollenverteilung, die zwar auf gemeinsamen Überzeugungen und gemeinsamen Traditionen beruht. Heute aber suchen wir nach einer Form und Methode, die Körper und Seele wieder verbindet, die Brücken baut zwischen einem Selbstverständnis, eigenständiges Individuum zu sein, und dem Gefühl von Gemeinschaft. Was wir suchen, ist eine neue Form, mit den Mythen zu *spielen*.

Ein Mensch mit meiner Geschichte – aufgewachsen in den Nachwirren des Zweiten Weltkrieges wie auch im Treibhaus der Postmoderne – sieht in aller Theologie Mytheologie. Mein Verständnis von Spiel kommt aus meiner Einsicht, dass jede Offenbarung – ob in einem Text oder in einem Leben – nur teilweise ist und erscheint und verschwindet; es kommt aus meiner Einsicht in den poetischen Charakter mystischer Imagination. Ich sehe jetzt wie durch einen Spiegel dunkel; nie von Angesicht zu Angesicht. Manchmal nehme ich dieses düstere, vorläufige Wissen als Entfremdung wahr von Tatsachen, die ich mir wünschte zu wissen, oder von denen ich mir einredete, ich hätte sie einst gewusst. Wenn ich mir ein Bild aus Bereschit leihe, spüre ich förmlich, dass ich aus dem „Es-war-einmal“-Garten vertrieben bin, wo alles Sinn machte, wo es Hoffnung im Überfluss gab und ich mich auf unschuldige Weise sicher fühlte. Aber seitdem – ja, seitdem war ein halbes Leben! – bin ich weit weggezogen von jenem Garten der Sicherheit in eine Art Exil. Solch ein Exil bringt seine eigene Last aus Enttäuschung, Heimweh und Sorge.

Dieses Gefühl, die Rollenverteilung der Sicherheit verloren zu haben, vertrieben worden zu sein in eine Welt aus Fiktionen, ist eine Art, den Mythos des verlorenen Gartens neu zu interpretieren. Eden ist unser *locus classicus*, in dem alles in Ordnung und geordnet und definiert war. *Dort* sahen wir von Angesicht zu Angesicht. *Dort,* so meinen wir, waren wir mit der Erde eins, in ewiger Umarmung. Aber eine Schlange erschien, brachte mit sich ein erwachendes Wissen, das alles veränderte – und die alten Sicherheiten waren verschwunden. Jene Schlange bezeichnet den Paradigmenwechsel, und jedesmal wenn Paradigmen wechseln, wird Vergangenheit zu einer Ansammlung von Einbildungen, in der wir nicht mehr länger unschuldig gutgläubig leben können. Ich wurde in eine Zeit geboren, in der die Schlange überall zu sein schien und vom Apfel täglich gegessen wurde. Klar, dass für mich der Mythos vom Garten von solcher Bedeutung ist.

Weiter, und auf einer anderen Ebene, sehe ich den Mythos des Gartens und wie er als patriarchale Geschichte über das Schicksal des Mannes verlorenging. Ich lese in ihm eine Art entwicklungsgeschichtlicher Fabel darüber, was es heisst, als Mann geboren zu sein. Aus dieser Perspektive ist der Mythos des verlorenen Gartens eine Sage über den Verlust des Weiblichen; es ist eine romantische männliche Klage über eine idealisierte Vergangenheit, in der wir einst eins mit ihr waren und in der unser Verlust jener Einheit als eine Art Betrug und Rückweisung erlebt wird. Dies sind nur einige der Deutungen, die sich ergaben durch die unzähligen gespielten Lesungen, die meinen ganz eigenen Zugang zu den Mythen der Schrift darstellen.

Aber ich greife vor. Noch sind wir also *im* Garten, und das Licht des anbrechenden siebten Tages fällt sanft auf seine Pfade.

Wenn ich den Artikel vor dem Wort Garten selbst wählen könnte, dann wäre Garten weiblich. Seit tausenden von Jahren ist „Garten" in der bildenden Kunst und in der Poesie ein Synonym für einen Zustand von Unschuld, für jene zeitlose Zeit, bevor das Zeitliche uns ergriff; ein Ort, den wir Zuhause nennen und an den wir uns mit der grösstmöglichen Sentimentalität und Nostalgie erinnern. Garten ist der Ort, von dem aus wir aufbrechen, als alles noch „sehr gut" war. Eden ist Mutter Natur mir ihrem gütigsten Antlitz, die vollkommenste, ruhigste und lebensfreudigste Ansicht unserer Seelenlandschaft.

Erst als Erwachsener entdeckte ich, dass die Geschichte von Eden und wie es verloren ging, auch den Dichtern zum Schauplatz diente. Ob wir es Paradies oder Shangri-La nennen, Eden ist ein Archetyp einer Welt frei von Korruption, in der Schein und Sein in eins fallen, wo wir alle Menschen und Dinge zum Nennwert nehmen können.

Das Darwin'sche Weltbild mit seinem Kampf ums Überleben jedoch erinnert uns daran, dass Eden ausserhalb dieser Zeit liegt, und nie und an keinem Ort je existierte. Gemessen an dieser evolutionären Natur mit ihrem aggressiven ständigen Imperativ ist Eden mehr ein Zustand, ein Traum, für immer unwirklich.

Eden ist der Kontrapunkt, gegen den sich der Rest des Lebens stellen muss. Es ist der Traum von einer idyllischen Vergangenheit, der – wie wir sehen werden – platzen *musste,* um zur Schablone für eine Vision unserer Zukunft zu werden. Eden, vor aller Zeit, wurde zum Modell für Utopia, am Ende der Zeiten. Zwischen diesem kindgleichen Garten aus Versen und dem neuen Jerusalem spielt sich ab, wie Männer sich die Welt vorstellen. Alles beginnt in jenem Moment, als sich die Tore von Eden hinter den verbannten Adam und Chawa schlossen, als ihre Unschuld verloren war.

Die Kraft dieser Vätervorstellung von Zeit beeinflusst die Art und Weise, wie wir unsere gemeinsame und persönliche Vergangenheit wahrnehmen. Der Mythos von Eden als idealem Ort wird zum Mythos von einer idealen Zeit; der Garten gehört in das Reich unserer Phantasien über unsere Herkunft als Volk und als Einzelperson – ein Schäferidyll aus der Zeit, als die Welt noch jung war, das wir durch die Geschichte weitergetragen haben. Erinnerungen an frühes Leben, oft verklärt, treiben Spott mit uns. Eine Süsse, verbittert durch den Verlust. Das Wort „Nostalgia" kommt denn auch aus dem Griechischen und heisst „Zuhause".

Ich erinnere mich beispielsweise an ein Eden aus meiner Kindheit, als ich sechseinhalb war. Damals lebte ich mit Vater und Mutter in einem grossen Haus in Brooklyn Heights. Obwohl ich es damals noch nicht wusste, sollte dieses Jahr das letzte sein, in dem meine Eltern noch das gleiche Dach teilten.

Mein kleines Zimmer lag im zweiten Stock direkt unter dem Dach. Ein dreiseitig verglastes Erkerfenster sprang förmlich über die Säulen der Eingangsfront hinaus. Das war mein Ausguck. Von dort konnte ich die ganze Strasse überblicken und sehen, wie mein Vater von der Arbeit nach Hause kam.

Eines Nachts, im Winter, erwachte ich von einem seltsamen Klang. Ich hörte Gesang, von weit weg, ganz leise. Ich stand auf und ging zum Fenster. Der Schnee, der am späten Nachmittag eingesetzt hatte, fiel immer noch. Nun lag er dick auf den Gehwegen. Die Strasse war knöcheltief bedeckt und noch ohne Spuren. Geparkte Autos schienen unter dem Schnee zu überwintern. Nichts bewegte sich. Im Licht der Strassenlampe tanzten Schneeflocken. Mein Blick verlor sich fast darin. Der Schnee fiel so dicht, dass er wie eine Leinwand wirkte, und der Gesang, den ich hörte, war die Musik des Schnees. Und sie wurde lauter.

Ich presste meine Nase gegen das eiskalte Glas, das mein Atem beschlug. Im goldenen Schein der Strassenlaternen wuselten Figuren, in Rot und Grün, mit Hüten voll Schnee, die einander in den Armen hielten. Sie standen im Licht und sangen gegen die dunklen Häuser. Ich hörte mit weit aufgerissenen Augen zu. Ihre Musik, der Schnee, die Nacht, das warme Haus, mein Atem an der Scheibe, der das Bild auf der Strasse immer wieder weichzeichnete: Alles formte sich in mir zu einem Bild solch tiefer Zufriedenheit, dass ich wünschte, diese Winternachtsänger mögen nie wieder aufhören. Doch sie hörten auf, wiewohl nur bis zur nächsten Laterne, nur um dort – inzwischen entfernter – erneut zu beginnen, nun fast geisterhaft leise. Mein Blick verschwamm. Je entfernter die Sänger waren, umso bruchstückhafter drang ihr Gesang an mein Ohr. Bis ich sie gar nicht mehr hören konnte. Die längste Zeit sass ich noch dort. Ich stellte mir vor, wie sie an die Grenzen meiner Welt gingen und darüber hinaus, im Licht der Strassenlampen aller noch so entfernten Schneestrassen.

Dann brachte mich etwas zurück in mein Zimmer, zu den Schneeflocken vor meinen Augen, in die Wärme, die ich vorher nicht gespürt hatte. Ich stand auf und schlüpfte wieder unter die Decke. Ich habe in jener Winternacht Eden erlebt, zugleich Anfang und Ende.

Die Süsse dieses Moments werde ich für immer schmecken, als Erinnerung an die letzten Augenblicke des Friedens in der winterlichen Dunkelheit meiner Kindheit. Innerhalb weniger Monate sollte mein Vater unser Zuhause verlassen, mein Grundgefühl der Zerrissenheit sollte einsetzen. Im gnadenlosen Licht solch bevorstehender Wirklichkeiten wirkte dieses Winternachtsidyll wie ein Geschenk des Friedens an meine verstörte kleine Seele. Diese Winternacht war ein Vorgeschmack auf das Christentum für einen kleinen jüdischen Jungen; ein Christentum, das für ihn der idyllische Kontrast blieb zu dem, was er unter Judesein im zwanzigsten Jahrhundert zu verstehen lernte. Die SS-Sturmtruppen hatten Brooklyn schon angegriffen und sollten bald die Türe zu meinem Kindheitsfrieden eintreten und mich zu unlösbaren Entscheidungen zwingen. Die Nachbeben des Zweiten Weltkrieges hatten mich schon erreicht in Wochenschauen, Filmen und Magazinen. In meinen Comic-Heftchen tobten bereits die ewigen Kämpfe zwischen Gut und Böse.

Eden mag für einige glückliche Abschnitte meines Lebens stehen: Mein zweites Jahr in der Sekundarschule, ein Jahr in Paris mit siebzehn, jener August, als ich die Mutter meiner Kinder traf, die ersten Jahre, als ich im Four-Winds-Spital Psychodrama machte; das Gras in der Bucht des Long-Island-Sunds, von der aus meine Frau Susan und ich an verträumten Sommerwochenenden ablegten; die ersten Momente der Arbeit an diesem Buch. Eden wurde Synonym für die Gartenzeiten meines Lebens. Doch alle diese Zeiten endeten. Strahlen verblassten. Der Garten verloren. Oder ich floh aus ihm oder wurde von den Umständen vertrieben. Ich ging in die Welt, wo der Schweiss in Strömen floss. Das Ende von Eden teilt die Zeit in ein Vorher und Nachher.

In den Schriften beginnt dieser Riss mit dem Auftritt von Gott-dem-Vater. Wie wir bereits gesehen haben, ändern die Worte, die Gott zu Adam spricht, die Beziehung zwischen beiden grundlegend:

> *„Von jedem Baum des Gartens magst du essen, aber vom Baum des Erkennens von Gut und Böse wirst du nicht essen; Denn am Tag, an dem Du von ihm isst, wirst du sicher sterben.“ (2, 15)*

Mit diesen Worten zerteilt der Vater jene Ganzheit, die noch Augenblicke vorher bestand. Einer der Bäume mitten im Garten, unübersehbar, war von nun an verboten. Mit einer simplen Äusserung schuf der Vater Das Verbotene. Verbote sind mit Wissen eng verbunden, denn wir erfahren mit ihnen, dass es nun Dinge gibt, von denen wir nichts wissen dürfen, Wissen über das Nichtwissendürfen. Die Grenzen des Vaters zu akzeptieren heisst eine Welt zu akzeptieren, die wir erforschen dürfen. Wir bezwingen uns selbst. Kein Zaun, kein Dämon und kein unüberwindliches Hindernis bewacht den Baum: Etwas in uns hält einen anderen Teil von uns zurück, den es unweigerlich dort hinzieht. Diese innere Spannung wird noch verstärkt: Wenn wir unseren Widerstand gegen den Baum verstehen wollen, können wir dies nur, indem wir an ihm Anteil nehmen. Das Wissen, das wir gewinnen würden, wäre sein eigenes Verderben, denn im Moment „in dem (wir) essen, werden wir sicher sterben.“

Mit der Schaffung der zwei Bereiche – das Erlaubte und das Verbotene – ward auch die Freiheit geschaffen und ihre Schwester, die Wahl. Wie oft habe ich in meinen Psychodramen solche Sätze gehört: „Wenn dieser

Gott gewollt hätte, dass wir nie in den Genuss des Wissens um Gut und Böse kommen sollen, wieso hätte er dann einen solchen Baum in den Garten gesetzt? Und wenn er denn hätte gepflanzt werden müssen: Wieso dann in die Mitte des Gartens? Ein Test? Eine Versuchung?" Adams Unsicherheit sagt uns, dass Eden nicht mehr einfach ist. Das Paradies ist vielleicht noch nicht verloren, aber es geht seinem Ende entgegen.

Mit diesem elterlichen Verbot kommt auch die Unabhängigkeit Adams in die Welt und dessen geheimen Sehnsüchte. Zwar noch immer unfähig sich zu wehren, glimmen bereits jetzt schon erste Gedanken des Widerstands auf. Obwohl sich Adam frei bewegen kann in seinem Garten, kommen erste Wahrnehmungen von Eingesperrtsein auf. Der Mythos des Verbotenen ruft uns all die Dinge in Erinnerung, mit denen wir als Kind nicht spielen durften, wie Zündhölzer, deren heisser Zauber so verlockend schien – eine Waffe in ihrem Versteck, Bilder, die wir nicht sehen sollten, Orte, an die wir nicht gehen sollten, durften. Doch linderte das Verbot die Begierde nicht; schlimmer: es erzeugte sie.

In der Geschichte und Gedankenwelt des Westens hat man sich Verboten widersetzt, koste es was es wolle. Der Archetyp hierfür: Faust, der seine Seele dem Teufel verkauft als Gegenleistung für die äusserstmögliche menschliche Erfahrung und Einsicht. Faust war nichts verboten. Die Einsicht, das Wissen ist ein Feuer, das in der griechischen Mythologie von Prometheus den Göttern gestohlen wurde; ein Diebstahl, dem grässliche, einsame Strafe folgte. Männer und Frauen haben in Geschichte und Gegenwart viele Psychodramen über die Wahlfreiheit geschaffen. Einerseits wollen wir gehorchen, dem Vater, dem Gesetz, der Tradition; dadurch sind wir pflichtbewusst. Wir zügeln unser Begierde, unsere Neugier, unsere Freizügigkeit; wir halten uns zurück und erforschen nicht, was wir uns als mögliche Erfahrung vor Augen stellen. Wir bleiben damit innerhalb der Grenzen, sicher, stetig, verlässlich in der elterlichen Umarmung. Andererseits treibt es uns, das Mehr zu wagen, das Wissen, die Erfahrung, die Kraft. Wagnis mag Verlust der Sicherheit bedeuten, mag – und wird! nach unserem Text – Schmerz bringen, uns und anderen. Aber diese Gegenkraft ist auch Teil der Väterherrschaft: immer ist da eine Lust an der Zerstörung dessen, was die Väter aufgebaut haben, und neu zu beginnen.

Genau in diesem Moment bringt der Ewige Adam einen Partner, endlich:

> *„Da liess der Ewige, Gott, Betäubung auf den Menschen fallen, dass er schlief; dann nahm er eine von seinen Rippen und umschloss sie mit*

Fleisch. Und der Ewige, Gott, baute die Rippe, die er von dem Menschen genommen, zu einem Weib und brachte es dem Menschen.

Da sprach der Mensch: ‚Diesmal ist das Bein von meinem Bein und Fleisch von meinem Fleisch; sie soll Ischscha (Weib) heissen, denn vom Isch (Mann) ward sie genommen.'" (2, 21–25)

Mit dieser phantastischen Erzählung der Schaffung der Frau wird deutlich, dass wir uns im Reich der Mythologie und nicht der Biologie befinden; der männlichen Mythologie im Übrigen, denn niemand sonst würde ein solch verzerrtes Bild der menschlichen Ursprünge zeichnen: Die Frau „aus dem Mann genommen" – nicht wie sonst: der Mann aus der Frau gezogen.

Dieser Unsinn ist so offenkundig, so grotesk, dass er nach Interpretation schreit. Sollte dies der hilflose Versuch einer Männergesellschaft sein, ihre Vorherrschaft zu begründen? Oder ist dort irgendwo ein Sinn, dass der Mann die Frau schafft? Vielleicht, sagt diese heikle Geschichte: Die Frau ist die erste unserer vielen Annahmen, die dauerhafteste und die kraftvollste. Wir können's nicht glauben, dass sie vollkommen getrennt ist von uns, vollkommen unabhängig, mit eigener Kraft. Sie soll immer unsere Verlängerung sein. Wir verlassen doch Mutter und Vater für sie, werden ein Fleisch mit ihr.

So sagt dieser Mythos. Doch stimmt er? Wenn ja, ist die Absicht schnell erschlossen. Er soll uns beruhigen im Angesicht einer tieferen Wirklichkeit: Wir sind eigentlich allein und getrennt voneinander. Wenn es einst eine Zeit gab, wo wir eins waren mit ihr, dann war dies in jener allerersten Dimension der Fantasie und der Erinnerung, jener ersten Verliebtheit, in utero, im ersten Paradies. Für eine kurze Zeit fühlten wir uns nicht allein und ohne Scham.

Wie um die Kürze dieses Idylls noch zu unterstreichen, hat die männliche Vorstellungskraft noch ein weiteres Element in die Geschichte eingebracht. Schnell, gesprächig und gerissen: Schlange. Im Folgenden werden wir immer wieder *Schlange* als Nomen ohne Artikel setzen, damit die weibliche Konnotation des Wortes einer grundlegenderen, archetypischeren, mytheologischeren weicht. Schlange ist es, das den Fluch von Eden bricht, die Unschuld beendet, den Wandel beginnt. Schlange zieht uns aus dem ersten Kosmos und macht uns mit dem zweiten bekannt. In jeder Schuppe des Versuchers und Lehrers sehen wir einen kleinen Widerschein unserer eigenen Begierden. Die Begegnung von Schlange und Chawa vor dem Baum der Erkenntnis, sie ruft nach einem Bibliolog.

Wir wissen nicht, wie viel Zeit verstrichen ist zwischen dem zweiten Kapitel und dem dritten, zwischen der Vereinigung von Mann und Frau als „ein Fleisch“, nackt und ohne Scham und dem Erscheinen der Schlange auf der Bühne. Viel Zeit möglicherweise, aber vom Text her gesehen ist es buchstäblich der nächste Moment. Genauso schnell, wie die Einheit – ein Augenblick der Perfektion – kommt, sind auch die Trennung und der Wandel da, verkörpert in einer Schlange.

> *„Die Schlange aber war schlauer als alles Getier des Feldes, das der Ewige, Gott, gemacht hatte, und sie sprach zum Weib: ‚Hat Gott wohl gar gesagt: Esst nicht von allen Bäumen des Gartens?‘*
>
> *Da sprach das Weib zur Schlange: ‚Von der Frucht der Bäume des Gartens dürfen wir essen, doch von der Frucht des Baumes, der mitten im Garten steht, hat Gott gesagt: Davon sollt ihr nicht essen und ihn nicht berühren, sonst müsst ihr sterben.‘*
>
> *Da sprach die Schlange zum Weib: ‚Nimmermehr werdet ihr sterben. Sondern: Gott weiss, dass am Tag, da ihr davon esst, euch die Augen aufgehen und ihr werdet wie Gottwesen, wissend um Gut und Böse.‘*
>
> *Da sah das Weib, dass der Baum gut zum Essen war, und dass er Reiz für die Augen und lustsam anzusehen war; so nahm sie von seiner Frucht und ass, und gab auch ihrem Mann bei ihr, und er ass. Da gingen ihnen beiden die Augen auf, und sie wussten, dass sie nackt waren. Und sie nähten Feigenblätter zusammen und machten sich Schurze. (3, 1–5)*

Alle unsere Spiele über diese Stelle zeigten, welch unglaubliche Ladung Energie die Schlange in Einzelne oder Gruppen bringt. Oft bemerke ich, dass Männer die Schlange in sich recht schnell spüren.

Die Schlangen-Energie ist gleichzeitig obszön, schlau, streitsüchtig, wortreich und – ja – erotisch: Männer schlängeln und schleichen, ölig und voller Gewandtheit; sie legen eine hintergründige Einsicht in ihre Blicke, betörend und gefährlich. Sie werden anmutig, tänzerisch, charismatisch und stilvoll. Ich erlebe eine gaunerhafte Männlichkeit, nicht breitschultrig und geradeheraus, sondern biegsam und arglistig. Als Männer scheinen wir Schlange zu *kennen* und sie darzustellen zu können. Wir treten in den Teil unserer Persönlichkeit ein, der wie Quecksilber ist, hochflüssig, anpassungsfähig, abwartend und ganz und gar ausgerichtet darauf, zu bekommen, was er will. Unser Zweck rechtfertigt jedes Mittel, wirklich jedes. Wir finden in uns die Fähigkeit, hinzureissen, zu faszinieren, zu spielen. Schlange ist unsere Kraft der Gerissenheit, eine Rücksichtslosigkeit, die jede Gestalt annimmt, um ihr Ziel zu erreichen. In einer ihrer Formen ist Schlange die Vorstellungskraft selbst, frei von jeglicher moralischer Zurückhaltung, einzig auf die eigene Befriedigung ausgerichtet – Lust in Vollkommenheit.

In diesem Pas-de-deux habe ich Schlange und Chawa zusammengebracht. Einfache Anweisung an beide: Baut die Beziehung. Für Schlange fügte ich hinzu: Am Ende drehst du die Sache in den Betrug. Chawa sage ich: Und du lässt es zu, am Ende. Dann gehen die Paare für diesen Midrasch los. Und ich bin das einzige Publikum, das sie haben: Schlange sucht nach Schwachstellen und Chawa sucht sich zu geben.

Ein Duett:

„Ziemlich langweilig hier im Garten, was?“
„Nicht wirklich. Ich hab ja auch noch Adam.“
„Ja, genau: Adam ... Wo ist der eigentlich gerade?“
„Weiss nicht ... irgendwas am Machen.“
„Mit Gott am Reden?“
„Ja, höchstwahrscheinlich schon. Machen sie oft.“
„Spricht Gott auch mal mit Dir?“
„Nein, Adam sagt mir alles.“
„Alles?“
„Ja, alles, Adam und ich sind eins. Was er weiss, weiss ich auch. Was er fühlt, fühle ich auch. Sein Gott ist mein Gott.“
„Du bist sehr vertrauensvoll.“
„Wir sind hier im Garten. Da gibt's nichts nicht zu vertrauen.“
„Ganz klar. Allem darf man hier trauen. Auch mir zum Beispiel.“
„Ich traue Dir.“
„Und reden darfst Du mit mir auch.“
„Ja und Du bist auch die einzige Kreatur, mit der ich wirklich reden kann. Überraschend.“
„Da bin ich wie Adam, gell? Ich bin auch wie Gott, denn auch Gott spricht.“
„Bist du ein Gott?“

„Ich weiss, was Gott weiss."
„Wirklich?"
„Ich weiss zum Beispiel um den Baum."
„Den dürfen wir nicht anfassen; Wir werden sterben, wenn wir's tun."
„Seh' ich tot aus für Dich?"
„Nein, gar nicht. Sondern sehr lebendig."
„Dir gefallen meine Schuppen, gell? Wie sie schön leuchten."
„Ja, ziemlich schön."
„Und dieser Baum? Ziemlich schön, gell?"
„Ja."
„Chawa: Das ist *der* Baum."
„Ich weiss."
„So, du weißt ... aber du *kennst* nicht. Irgendwann, liebe Chawa, wirst du die Frucht dieses Baumes schmecken."
„Nie!"
„Nie, ... mhm, das ist eine lange Zeit. Ich glaub eher, dass Du noch viele Male hierherkommen wirst, dass jedesmal Deine Sehnsucht etwas grösser sein wird. Denn wenn Du jede Ecke dieses Gartens gesehen hast und jede Lust mit Adam erlebt hast, dann wird nur noch dieser Baum hier ein Rätsel sein. Dann wird Dir langsam dieser Garten hier zum Gefängnis werden und Adam vom Liebhaber zum Mitgefangenen. Diese grünen Hügel werden zu Mauern. Und irgendwann in diesem ‚Nie', dem Du Dich so fröhlich verschrieben hast, wirst Du vor diesem Baum stehen. Und er wird Dir als der einzig mögliche Fluchtweg erscheinen."
„Warum ich? Warum nicht Adam?"
„Weil Du hungrig bist. Hungrig nach Macht und Weisheit. Der Hunger der Zukurzgekommenen."
„Versteh ich nicht."
„Man hat Dir gesagt, dass Du aus einer von Adams Rippen genommen worden bist, richtig? Na, dann zähl mal die Rippen. Da fehlt keine, er hat gleich viel wie Du. Da haben die beiden, er und sein Gott, wohl ein klein bisschen geflunkert. Warum? Naja: Adam spricht mit Gott, aber Gott nicht mit Dir. Warum? Ich sag Dir was, Chawa: Es wird eine Zeit kommen, da wird dieses Rippengemauschel Dich auf dem falschen Fuss erwischen."
„Nie!"
„Und wenn das so weit ist, wird Dein Verlangen stark sein. Dein Verlangen nach Weisheit und Wissen, nach Wahrheit. Es wird ein anderes Verlangen sein als das, das Dich zu Adam zieht. Du wirst diese Frucht wollen, oder die Frucht dieser Frucht: die Einsicht. Du wirst wollen, was ich habe."
„Nie!"

„Du wirst handeln wollen. Du wirst Deine Freiheit wollen."
„Nie!"
„Nie ist eine lange Zeit, Chawa. Zu lange für jemanden wie Dich, die träumen kann. Zu lang, um nur zu träumen, ohne was draus zu machen. Irgendwann wirst Du handeln.

„Nie" … Doch dieses Wort klang kraftlos.
Die Gruppe kam nach diesen Duetten zusammen.
Und aus ihrem Duett berichtete die oben zitierte Chawa: „In unserem Gespräch lag Witz; Adam ist immer so seriös. Schmeichelei auch, aber vorsichtige. Schlange liess mich in einen Spiegel schauen, in dem ich mich selbst sah, aber anders. Als wenn diese Schlange die Geburt meines Selbstbewusstseins wäre. Und eine solche Geburt führt weiter. Ich war nun selbständig, unabhängig.
Gott weiss, dass ich mich wehrte. Aber je mehr ich mich wehrte, umso weniger mochte ich mich. Ich merkte, dass mein ‚Nie' mein Todesurteil war. Ich liebte Schlange. Sofort und im ersten Moment. Ich wusste, dass ich den Apfel essen würde, noch ehe Schlange zwei Worte gesagt hatte. Ich wollte die ganze Sache einfach etwas verlangsamen. Das Vorspiel ist doch immer am schönsten.
Und Schlange hatte Recht. Nach unserem ersten Gespräch fühlte ich wirklich einen Verlust. Schlange war klug und hatte Recht und ich wusste, dass ich mich früher oder später im Garten langweilen würde, dass ich nach Veränderung rufen würde. Aber im Gartenteil meines Lebens würde sich nie was ändern. Als ich verstand, dass es mehr gab und dass der einzige Weg dorthin die Frucht war, nahm ich sie. Aufgeregt und ängstlich hab ich davon gegessen."
Eine andere Frau sagte: „Mich als Frau sprach das Versprechen der Wissen an. Wissen ist *die* Macht in der Männerwelt. Mich brauchte Schlange nicht zu verführen, ich brauchte nicht mal ihre Einladung. Ich hatte es im Gefühl, dass dieser Apfel mich dem Mann gleichmachen würde, mitverantwortlich für alles Leben. Als ich dies wollte, war Schlange irrelevant."

„Erzähl mir über Dich" sagte ich zu den Schlange-Spielern. „Wer bist Du?"

„Ich bin die andere Seite von Adam, Jekyll und Hyde. Ich bin, was er unterdrückt und vor Chawa verborgen hat."
„Ich bin der Teil von Adam, den Chawa nie sehen wollte. Ich erschrecke sie. Aber sie liebt mich. Ich bin jene Lust und Phantasie, die sich mit dem

Kindermachen verbindet. Ich bin dieses Wissen. Ich bin der Kopf des Schwanzes."
„Ein andrer Teil von Adam ...?! Ich bin Gott, aber von der Hüfte abwärts seine niedere Seite. Ich komme von Ihm. Wo ist er, wenn ich Chawa verführe? Däumchen drehen? Ich bin mal Gott und mal ich selbst, mit gespaltener Zunge und schlüpfrig. Der grosse Alte wird richtig sauer. Wird mich unten halten wollen. In den Staub drücken. Der grosse Alte hasst mich und wird mir einen fiesen Namen geben. Scheiss drauf. Ich bin ein Teil von Ihm und von dir, und wird wieder und wieder und wieder da sein."
„Ich bin ein anderer Teil von Chawa – ihr Mut, ihr Trotz, ihre Hoffnung."
„Ich kann diese Energie nur für eine Weile aufrechterhalten, aber solang ich sie habe, kann ich mich durchsetzen. Ich scheine ziemliche Manipulations-Kraft auf Frauen auszuüben. Adam hätte ich diese Schlange nicht vorspielen können. Aber so über die Geschlechtsgrenzen: Wow! Ich brauche in meinem Alltag mehr Schlangen-Energie, das bringt's!"
In dieser männlichen Phantasie im Anfang muss Schlange sein. Schlange bringt in die Unschuld der Kindheit das erste Zischeln der Sexualität. Es mischt der Erstmilch einen Schuss Begierde bei. Ein Widerhall von Zukünftigkeit, ein Deut auf das, was noch nicht passiert ist, aber was sein könnte. Unwiderstehlich in seiner Zukünftigkeit. Wild, glatt, trügerisch, nackt, schamlos und mutig: Es muss hier im Anfang ein Symbol sein für diese Seite unserer Seele, diesen moralischen Zwischenzustand, der sich – mit eigenem Kopf – erhebt gegen Autoritäten. Schlange ist das vollkommen andere gegenüber der kosmischen Ordnung und der Intelligenz, die die Schöpfung modellierte: Lasziv, widerständig und verstörend – und ein Teil der Gottesenergie, wenn man diese Geschichte streng monotheistisch interpretiert. Die Wildheit der Schöpfung verstösst gegen die oberflächliche Ordnung ihrer selbst. Durch einen Spalt in der Wirklichkeit schimmert die Möglichkeit des Wandels. Schlange ist Täuschung, ist die dunkle Seite der Empfängnis und möglicherweise ein Symbol für – das Unbewusste Gottes.

Schlange ist ein Symbol dafür, wie das männliche System von Gerechtigkeit und Allmacht sich selbst hinterfragt. Dies bewirkt Komplexität und Ambivalenz in der Ethik. Schlange ist ein mythisches Bild dafür, wie das Patriarchat mit der eigenen Freiheit zu kämpfen hat, mit seinen jeweiligen Werten und gefährlichen Wahlmöglichkeiten. Diese häretische Vorstellung fordert die Garten-Idylle heraus. Wenn Schlange letztlich auch einer göttlichen Vorsehung dient, so erscheint sie doch im Moment als Verräter an eben dieser Vorsehung.

Schlange ist ein Bild für ein Selbstbewusstsein, das in der Geschlechtlichkeit verborgen ist, aber nicht an sie gebunden.

Schlange ist *Gnosis*: Man hat von jenem Ding gekostet, das dem Menschen verboten ist zu kosten. Schlange weiss. Schlange betört Chawa, der Autorität Gottes zu misstrauen. Die Schlangenenergie unterstellt, dass alles, was Mann und Frau bisher gehört haben, eine Lüge ist. Im Verbot liegt ein Motiv. Die Schlangenenergie beschleunigt den zweifelnden Verstand. Sie steht für eine Kraft, die die Autoritäten und die Ordnung der Welt herausfordert und den Menschen zur Selbständigkeit und Unabhängigkeit drängt, zur Einsamkeit auch, zum Willen und zum Erleben der Freiheit. Sie setzt dem Leben „in einem Fleisch" ein Ende.

Als Symbol für Sehnsucht und Neugier steht sie auch für das Ende der Kindheit; sie öffnet neue Wahrnehmungen. „Es gingen ihnen die Augen auf": In dieser Initiation haben sie etwas gelernt. „Und sie schämten sich": Sie bedeckten ihre Lenden und legten damit den mythologischen Grund für die tragische Geschichte des Westens mit Sexualität und Körperlichkeit.

Zahllose Kommentatoren sahen in Chawa eine schwache Kreatur, leicht zu verführen von einem listigen Reptil, und drum verantwortlich für den Verlust des Gartens. Männlicher Puritanismus und Fundamentalismus in allen Formen leben von der Frauenfeindlichkeit. Sie berufen sich als Beleg für die weibliche Fehlbarkeit, ihre Minderwertigkeit, ihre Erdgebundenheit, ihre Wechselhaftigkeit und liederliche Sexualität auf diesen uralten Mythos. Frauen seien eine Gefahr für die Verbindung des Mannes mit Gott von Eden her. Wir verwerfen Chawa, sagen sie, verwerfen alles Weibliche in der Welt und in uns selbst, verwerfen Sexualität und den Körper. Dieses hässliche Dogma hat verschiedenen männlichen Priesterschaften dabei geholfen, nicht nur die Sexualität und alles Weibliche zu unterdrücken, sondern auch die Schlangenenergie mit ihrer herausfordernden, antiautoritären gnostischen Vorstellungswelt.

In der Geschichte selbst gibt's übrigens keinerlei Schuldzuweisungen. Um Schuld geht's im folgenden Midrasch:

„Ich bin schuld!", so sagte eine andere Chawa. „Das ist doch der Hammer! Adam lief so oft um den Baum rum, dass schon der Boden platt gedrückt war, und glotzte den Baum an. Total fasziniert. ‚Soll ich oder nicht?' fragte er sich. Ich lag nachts neben ihm und er dachte an den Baum. Aber er hatte nicht den Mumm, sich's zu nehmen. Sag ich ihm: ‚Nun los, Adam, mach vorwärts. Du wirst noch verrückt sonst.' Aber nein, er schafft's nicht. Er hat Angst vor Gott.
„Und ich sag euch: Langsam begann ich ihn zu hassen, diesen Gott. Ich geb's zu. Erstmal weil ich hier in Eden Einwohner zweiter Klasse war

(Gott redete ja nicht mit mir). Zweitens hatte ich dieses Kribbeln in mir, nicht sexuell, nein, nach Erkenntnis. Ich wollte *wissen.* Und genau nach dem ersten Biss vom Apfel, noch bevor ich ihn Adam gab, hatte ich meine erste Regelblutung. Genau, Blut von meinem Blut – in Eden! Als ich Adam sah, wie er diesen Gott anbetete, als wäre er die Sonne am Himmel, da merkte ich: Dieser Apfel muss vom Mond sein. Endlich wusste ich, dass dieses Kribbeln auch die Möglichkeit bedeutete, dass etwas in mir wachsen könnte, dass ich zur Quelle neuen Lebens werden könnte.
Schlange sagte mir das. Schlange wusste. *Sie* wusste. Schlange ist nämlich weiblich auf Hebräisch. Wie eine Schwester wusste sie, was ich brauchte. Gott wollte mich von der Mutterschaft fernhalten. Was weiss denn dieser Gott schon vom Muttersein, frag ich euch.
Dann schiebt mir doch die Schuld zu … und eigentlich solltet ihr mir dankbar sein. Wollt ihr den Rest eurer Tage auf dem Bauernhof verbringen? Hallo? Aufwachen! Wir haben ein Hirn, wir haben Freiheit: Dann lasst sie uns brauchen. Für was wäre das sonst gut? Ja, verdammt: Ich hab den Apfel gegessen. Und wird's gleich noch mal machen. Irgendein Problem damit?

Aber nun genug vom Drama Schlange–Frau. ‚Chawa', so erkläre ich nun, ‚Du hast den Apfel. Und Dir, Adam, bringt sie ihn jetzt. Und am Ende isst Du ihn.' Eigentlich ist das vorige Drama nun umgekehrt: Der Verführer wird zum Verführten. Wieder schicke ich die Teilnehmer in Zweiergruppen weg.

„Adam?!" Chawa hält den Apfel hinter dem Rücken: „Würdest Du mich je verlassen?"
„Nie. Für wen denn? Wir sind ewig hier in diesem Garten."
„Aber, … ich meine, lass uns mal so tun, als wenn …"
„Chawa? Was soll diese komische Frage? Ich weiss nicht mal, was sie heisst."
„Na, das heisst, wenn Du die Wahl hättest …"
„Aber, Chawa, ich hab keine Wahl."
„Schatz: Wir wurden mit Freiheit geschaffen. Hast Du mir gesagt. Also haben wir eine Wahl."
„Ja, theoretisch schon. Aber praktisch gibt's keine Optionen."
„Ausser dem Baum und der Frucht dran."
„Chawa!"
„Ich mein' ja nur: Wahlfreiheit, das ist doch alles Theorie. Aber wir haben nun wirklich die Wahl."
„Was willst Du mir sagen?"
„Ich möchte herausfinden, wie sehr Du mich liebst."

„Ich liebe Dich, Chawa. Du bist alles für mich."
„Und was ist mit Gott?"
„Ja, Gott, ist mein Ein und Alles, unser Ein und Alles, aber ..."
„Und dann ich wohl alles andere, oder wie?"
„Ja, alles andere: Alles menschliche, alles, was wie ich ist, wo ich mich mit identifizieren kann, eine Beziehung dazu aufbauen kann, reden kann, verstehen kann und wo ich mich verstanden fühle."
„Und Du würdest mich nie verlassen?"
„Nie"
„Und wenn Du zwischen mir und Gott wählen müsstest?"
„Chawa! Das ist doch gar nicht möglich. Eine solche Wahl wird es nie geben."
„Lass uns annehmen, ..."
„Ich mag nicht annehmen. Viel zu schmerzhaft. Es gibt sie nicht. Fertig!"
„Mit anderen Worten: Du würdest Gott wählen. Du würdest Gott wählen; Du würdest mit ihm abhauen und mich hier sitzen lassen."
„Um Himmels willen, Chawa ... Ich werde Dich nicht verlassen. Du bist wie ich. Gott ist ... na: anders. Ich verstehe Gott nicht so, wie ich Dich verstehe. Ich kann Gott auch nicht so ‚*geniessen*' wie ich Dich geniesse. Wir sind hier zusammen und bleiben das auch, untrennbar."
„Wirklich?"
„Wirklich!"
„Beweis es mir."
„Wie? Es ist einfach wahr – das mein ich ernst."
„Lass uns annehmen, es gäbe was, mit dem Du's mir beweisen könntest. Würdest Du das tun? Einfach um mir zu zeigen, wie sehr Du mich liebst und mich nie verlassen würdest? Würdest Du?"
„Chawa: Ich würde alles für Dich tun."
„Na gut, Adam ... Als ich heut morgen an dem Baum war, da ... Also gut: Würdest Du das mir essen. Ich hab schon ..."
Dies ist nur ein Szenario. Weitere Chawas sprachen nachher über ihre erlebte Szene.
„Ich hab's gehasst, die Chawa zu spielen. Ich hab das Gefühl gehasst, Adam zu manipulieren."
„Ich bin direkt auf ihn zugegangen, hab ihm gesagt, was ich getan habe und warum. Er wurde wütend auf mich, das wusste ich von vornherein, aber ich wusste auch, dass er am Schluss essen würde. Das tat er auch."
„Als ich auf Adam zuging, merkte ich plötzlich, dass er ein kleiner Junge ist, ganz wie Schlange gesagt hatte. Gott war der Vater, Adam der Sohn und ich ... naja, sehr viel Respekt fühlte ich nicht für ihn. Er fragte mich, wo ich gewesen sei. Ich sagte ihm, was ich getan hatte. Er war schockiert. Mich interessierte das nicht. Er: der kleine Junge, der sich sorgte, was

wohl Papi sagen würde. Ich erklärte ihm, dass Schlange und ich nun Gefährten seien: Sie und ich Schwestern. Ich hab das nicht gesagt, um ihn eifersüchtig zu machen. Ich machte das etwas feiner. So ging er zum Baum, riss sich einen Apfel herunter und biss rein … In der folgenden Nacht kam er zu mir … und, was das für eine Nacht war!"

„Und am Schluss hat sich Adam bedankt dafür, dass er es genommen hat. Echt! Er hat gemerkt, dass er den Apfel schon lang gewollt hätte, aber nie den Mut dazu gehabt hat."

„Ich hatte echt Angst, als ich auf Adam zuging. Manipuliert hab ich ihn nicht; ich hatte etwas Panik, und das hat er gemerkt, also war er sehr einfühlsam und ich wollte ihn.

Witzig war dann irgendwann: das Essen wurde zweitrangig für uns beide. Er ass, um mit mir zusammen zu sein und ich hatte dieses „Ein-Fleisch"-Gefühl mehr denn je zuvor, weil er jetzt wirklich mich meinte. Um das ging's mir."

An dieser Stelle findet wirklich ein wildes und befreiendes Spiel zwischen Mann, Frau und Schlange statt. Dabei geht es um Sexualität, Wissen, Liebe und Freiheit. Und es geht um den Verlust der Unschuld, der – wiewohl schmerzlich – ihre Initiation in jene „zweite Welt" ist, die wir die Realität nennen. Dort geht es um Zeit und Zwietracht und Tod, die alle das Leben limitieren; dort geht es aber auch um Freiheit, Möglichkeit und Sehnsucht, die alle menschliche Geschichte ausmachen, in der wir unsere eigene Welt schaffen.

Und zum ersten Mal begegnen wir hier dem Handwerk, ein erstes Zeichen dafür, dass von nun an alles anders sein wird:

Und sie nähten Feigenblätter zusammen und machten sich Schurze. (3, 7)

Diese Feigenblätter: Sie sind Urbild allen Handwerks und aller Kunst, mit der die Menschen ihre Welt gestalten. Jegliche Vorrichtung und Bedeckung – und dadurch alle menschliche Fähigkeit, herzustellen, im konkreten oder übertragenen Sinn – kommen aus der Begegnung mit der Schlange. Der Mythos des Verlustes entspricht, von einem anderen Blickpunkt aus, dem Mythos von der Geburt der menschlichen Kreativität. Eine Kraft, die bis anhin im Grossen Vater allein wohnte, geht nun an die Kinder über; und nicht mehr länger sind sie Kinder.

Durch diesen Akt des Ungehorsams betreten Mann und Frau die Bühne. Vom Garten werden sie weggetrieben, gerichtet und bestraft, durch den Schöpfer. Und dabei ist die grösste Strafe vielleicht nicht die Vertreibung, sondern die Festlegung der Geschlechterrollen – in einer solch langdauernden Form. Er auferlegt ihnen nicht eine Zukunft, sondern ein Schicksal. Und die Ketten dieses Fluches binden uns noch heute:

> *Zum Weib sprach Er:*
> *„Viel weite ich Dein Schmerzen*
> *Und Dein Schwangern:*
> *Im Schmerz gebärst Du Kinder.*
> *Zu Deinem Gatten kehrt sich dein Hunger.*
> *Und er wird Dich beherrschen.“*
> *Und zum Menschen sprach er: „Weil Du auf Deines Weibes Stimme gehört und von dem Baum gegessen hast, von dem ich Dir geboten: ‚Iss nicht davon‘, ist verflucht der Boden um Deinetwillen;*
> *In Mühsal sollst Du von ihm essen*
> *Alle Tage Deines Lebens.*
> *Und Dorn und Distel lasse er Dir spriessen.*
> *Das Kraut des Feldes sollst Du essen.*
> *Im Schweiss von Deinem Antlitz isst Du Brot,*
> *Bis Du zum Boden wiederkehrst,*
> *Denn von ihm bist Du genommen,*
> *Denn Staub bist Du*
> *Und kehrst zu Staub zurück.“*
> *Da nannte der Mensch sein Weib Hawwa (= Chawa), denn sie war die Mutter alles Lebenden (Hai).*
> *(3, 16–20)*

Einmal spielten wir diesen Kehrvers des Verlustes und der Veränderung allen Lebens mit Männern und Frauen in Zweiergruppen: Nachdem ich ihnen diese Passage vorgelesen hatte, lud ich die Spielenden ein, sich in die Augen zu blicken. Den Mann forderte ich auf, dann, wenn es für ihn stimmte, Folgendes zu sagen: „Chawa, Du bist die Mutter allen Lebens.“ Die Frau bat ich, genau zu hören, wie der Ton bei ihr ankam.

„Chawa: Du bist Mutter allen Lebens.“
„Ich höre Deinen Zorn.“

„Chawa: Du bist Mutter allen Lebens.“
„Ich höre Deinen Neid.“

„Chawa: Du bist Mutter allen Lebens."
„Ich höre Deine Bitterkeit."

„Chawa: Du bist Mutter allen Lebens."
„Ich höre Deine Einsamkeit."

Indem er „Chawa" sagte, benannte er das Andere. Er sprach an, doch beanspruchte nicht. In seiner Ansprache klangen alle Unterschiede und alle Entfernungen zwischen beiden. In jener Welt nach Eden ist sie die Mutter allen Lebens. Wer aber ist sie wirklich?

Der Mythos von Eden und dessen Verlust ist ein Paradigma. Mit ihm organisieren die Gedanken der Väter die Zeit in vorher und nachher, in Epochen. Und die Geschichte folgt dem Mythos: Sie gliedert: in Epochen des Aufschwungs und des Falls, Zeiten der Aufklärung und der Entfremdung. In der Logik dieses Zeitverständnisses ist Vergangenheit immer näher an der Ganzheit und der Offenbarung, und die Gegenwart ist immer Verwilderung und Vertreibung. Wir können die Fabel vom Garten jedoch auch im Lichte aktueller Geschlechterforschung betrachten. Eden und die Vertreibung kann beispielsweise als Paradigma für die Entwicklung des männlichen Kindes zum Buben gesehen werden.

Wir stellen damit die Frage, was es heisst, für ein männliches Kind aus der Frau geboren zu werden und in einem bestimmten Alter diese verlassen zu müssen. In diesem Moment erwacht doch die Realisierung männlichen Andersseins; wiewohl wage und bruchstückhaft, ist dieses Wissen doch Grundbedingung weiteren Lebens. Als Buben realisieren wir irgendwann unser Geschlecht als Tatsache und als Last; das passiert von selbst mit unserer Selbstwerdung. Wir bemerken die Schlangen-Energie und das macht etwas mit uns. Es ist unsere Sexualität und das Zeichen unserer Trennung von jener Person, der wir in der ganzen Welt am nächsten sind, die uns am stärksten und wertvollsten von allen erscheint, ja deren Wärme und Liebe das Leben selbst sind, deren Zurückweisung den Tod bedeutet. Dies ist also die Frau, in unseren kleinen Augen die grosse Mutter, und wie sie werden wir nie sein.

Das Wissen um das Anderssein, eine Art Ur-Zurückweisung, weist uns in die Gesellschaft von Buben und Männern, mit denen wir eine Identität aufbauen, Bünde schliessen, symbolische Verbindungen, Erfahrungen des

Verbundenseins. Wir wenden uns zum Vater. Im Verlust der Ur-Identität mit der Mutter mag der Same der Frauenfeindlichkeit liegen, denn er fühlt sich so ungerecht an; ein Verlust, für den wir – wie Adam – nie ganz verantwortlich sind. Wir wollten ihn ja auch nicht. Er geschah einfach, vermittelt durch irgendetwas, das zwischen Chawa und Schlange geschah.

Auf der Ebene der Gendertheorie ist dies eine der vielen Bedeutungen, die Eden hat. Eden ist eine Metapher für die ursprüngliche Einheit mit einer bergenden, mütterlichen Natur – vor aller Zeit, vor allen Worten, vor jeglichem Wissen um Zweiheit, bevor wir den Unterschied ahnten zwischen Mann und Frau, bevor Chawa erschien und Schlange war. Die Zeit des Ersten, der ewige Schabbat am siebten Tag. Noch kein Vater, keine Worte gesprochen, keine Trennung von uns selbst und voneinander. Noch waren wir nicht gesandt, Ihn draussen zu suchen und Bünde zu schmieden, uns selbst als Söhne zu begreifen.

Die Töchter Chawas haben im Vergleich dazu eine ungebrochene, gleichbleibende, weibliche Identität. Das Wissen um das Einssein kommt aus der Mutter und überlebt sämtliche Stadien des Frauseins. Töchter müssen nicht ihre Weiblichkeit verlassen. Innerhalb des grossen Fundus aus Rollen und Kräften finden sie ihre Schwesterlichkeit mit allen Frauen. Dieses Wissen um Identität ist gegeben, kann nicht genommen werden. Auf ihre ganz eigene Art verlassen die Töchter den Garten nie.

Ich erinnere mich an einen Frühlingssonntag, als ich mit meiner Tochter, damals dreizehn, aus dem Schwimmbad zurückkam. Sie ging ins Haus und ich griff mir die Zeitung und fläzte mich damit in die Frühlingssonne. Dann hörte ich die Haustür und sie stand plötzlich vor mir, unbemerkt war sie gekommen, da ich so vertieft in die Lektüre war. Still wartete sie, bis ich ihr meine Aufmerksamkeit schenkte. So blickte ich auf. Ich kann mich noch genau an den Anblick erinnern. Die Arme neben dem Körper, die Hände leicht ineinandergelegt, redete sie: „Papi. Ich hab meine erste Periode.“ Ich begann zu weinen.

Ich hatte in diesem Moment einen Wachtraum. Als wenn ich auf dieser fast leeren Terrasse mit diesem Mädchen eine grosse Schar von Frauen sah, die sie im Arm hielten, sie in ihre Gemeinschaft aufnahmen. Sie schienen zu nicken. Uralte Schwestern wurden sie, ewig, fruchtbar, irdisch. Mein Herz war beglückt, als sähe ich mein Kind umglänzt. Ich weinte, auch weil sie es mir anvertraute, ihren Anbruch und alles an ihr Kostbare, und weinte, denn sie schien damit bereits mich zu verlassen, ihre Kindheit hinter sich zu lassen. Ich sah sie vor mir, wie sie ging, auch als sie weiter ruhig und sicher vor mir stand, meine Tränen sah und auf mich zuging, um mich zu trösten.

„Papi! Papi!" Sie schien mich zu halten, als sei ich das Kind.

Jahre später, inzwischen hatte ich auch einen Buben aufgezogen, durch das Torkeln seines Erwachsenwerdens begleitet, die Playboy-Hefte unter seinem Bett entdeckt und gesehen, wie Arme und Beine im ersten pubertären Missverhältnis sprossen und gehört, wie seine Stimme brach. Jahre später erst wurde ich des Unterschieds gewahr, der ein solches Erwachsenwerden für ihn und mich war. Auch er verliess mich, sicher, doch schien mir, als bräche er in eine grosse Einsamkeit auf, eine Wildheit voller Geist-und Welt-Dämonen. Er zog in ein Schweigen, in dem ich ihn nicht erreichen konnte. Keine Gemeinschaft von Männern, keine uralte Brüderschar kam, ihn zu umarmen. Und alles Natürliche an ihm war bereits privat und für niemand anderen bestimmt, schien ohne weitere Aussichten. Mit Mond oder Gezeiten wird er nicht einhergehen. Geschlechtlichkeit wird ihm nur ein dünnes Schilfrohr sein, um sich anzulehnen. Wenn er nach innen sieht, nach Bildern der Männlichkeit sucht, was wird er finden? Ein Gewimmel von Widersprüchen.

Und ich, sein Vater, was kann ich ihm sein? Er weiss, ich liebe ihn, doch weiss er tief in sich – wir beide wissen es – um unsere Verschiedenheit, und dass die Welt, die ich schuf, nicht seine sein wird. Wir sind Gefährten dem Geschlecht nach, aber wir sind Fremde. Die Entfernung zwischen uns scheint unüberbrückbar. Eine seltsame Verlegenheit entfremdet uns. Und im Augenblick, in dem er in seine volle Männlichkeit eintritt, scheint die Notwendigkeit, sich von mir abzugrenzen, am stärksten. Zu wenig Zeit war und zu wenig Gelegenheit, eine gemeinsame Sprache zu entwickeln, Worte, Aktivitäten zu entwickeln, mit denen wir uns gegenseitig und miteinander hätten entdecken können. Kaum hatte ich ihn begrüsst, musste ich ihn wieder ziehen lassen.

Diese Theorien über die Unterschiede der Geschlechter entsprechen einigen Mutmassungen über Männlichkeit. Irgendwo im Reptilienhirn unseres Mannseins, verborgen unter Erinnerungsschichten, leben Bilder aus den Zeiten, bevor wir wussten, dass mit unserem Samen der Mensch gezeugt wird. In dieser Höhlenzeit war noch kein Grosser Vater, der unser schöpferisches Leben überhöhte. Noch hatten wir nicht von ihm empfangen, uns zu empfangen. Damals war die Frau das zentrale Geheimnis. Wundersam wuchs sie und zerbarst. Blut und Leben spie sie aus und warf und weinte, von Schwestern umgeben. Voller Milch waren ihre Brüste und jedes Kindes Leben, das ihr geboren war, war es männlich oder weiblich, hing ab von ihr. Sie war das Allerheiligste. Dort, wo wir sie für einen kurzen Moment der Ekstase besuchten, dort wuchs neues Leben für diese Welt. Wir fürchteten und verehrten sie, und irgendwo in dieser Höhle tief in uns, sitzen wir noch, beäugen sie in Furcht und Schrecken. Wir fühlen noch immer unsere Unwichtigkeit, unsere Kraftlosigkeit. Sie ist Chawa für immer, die „Mutter des Lebens". Was sind wir ohne sie? Aus dieser Ur-Höhle kriechen wir mit ambivalentem Romantizismus über sie, mit unserem Wunsch, ihr zu dienen und sie zu unterwerfen, mit Staunen *und* mit Wut.

In meiner ganz persönlichen Geschichte mit Frauen – von meiner Mutter, Stiefmutter, über Kameradinnen und Freundinnen, Frauen und Therapeutinnen bis zu Frauen, die ich ‚Schwestern' nannte – finde ich diese seltsamen Muster zwischen Distanz und Verlangen, Sehnsucht und Misstrauen. Erst verhältnismässig spät konnte ich mich mit meiner jetzigen Frau Susan zu einer für mich unüblichen Offenheit zusammenfinden und dabei wahrnehmen, dass ich tief in mir sie als meine Feindin ansah. Mein Herz, meine Erfahrung, sagte mir zwar, dass dies für sie nicht stimmte. Wie alt und verborgen mussten diese Angst und diese Fixierung doch sein. Sie ging weiter zurück, als mein Gefühl des Verlassenwerdens, als meine Mutter damals nach Kalifornien zog. Weiter als die Wut, die ich empfand über sie und die Furcht vor meinem Vater. Weiter noch, dorthin, wo ich in einem abgedunkelten Raum, voller Gestank, im Gitterbett sass und mich selbst schreien hörte: „Mamiiiiii!" und meine Mutter nicht kam. Vielleicht reflektieren alle Männer, reflektiert männliche Vorstellung mit diesem Mythos jene Ur-Erfahrung der Trennung als Verlust.

Und genau hier zeigt sich auch die Begrenztheit dieser Theorien. Meine Tochter widersprach meiner Erzählung in diesen Zeilen, als sie sie zum ersten Mal las: „Du romantisierst, Papi. Du wählst Dir Vorstellungen aus, die wir nicht zwingend haben. Frauen können sich genauso einsam, isoliert und entfremdet fühlen wie Männer. Vielleicht haben wir ja genau darum eure Mythen akzeptiert: Weil sie auch uns etwas bedeuten."

Sie hat vielleicht Recht. Ich weiss es nicht. Ist das Geschlecht eine wichtige oder eine unwichtige Eigenschaft? Projiziere ich am Ende meine eigenen Ängste zuerst in alle Männer meiner Kultur und dann noch in die uralten Mythen? Oder höre ich darauf, was sie mir darüber sagen, was es heisst, ein Mann zu sein? Ich weiss nicht und werde es nie wissen, ob ich mich in einer Sackgasse bewege. Was ich allerdings weiss, ist, dass der Mythos vom Verlorenen Garten, mag er auch verkürzt sein, darauf hindeutet, dass in ihm eines Mannes Geschichte und sein Schicksal verborgen sind.

Verlust und Einsamkeit prägte den Schluss der Gartengeschichte. Der Mensch bricht auf in eine Welt aus Schmerz und Tod, voller Mühen und Geburtswehen. Wir erfahren, dass der Mensch, selbst im Exil mit der Frau, noch immer einsam ist.

> *Da jagte der Ewige, Gott (Adonaj Elohim), ihn hinaus aus dem Garten Eden, dass er den Erdboden bebaue, aus dem er genommen. Und er vertrieb den Menschen und liess östlich vom Garten Eden die Kerubim lagern und die Flamme des kreisenden Schwertes, um den Weg zum Baum des Lebens zu bewachen. (3, 23–24)*

Nur Adam ist genannt in der Austreibung. Aus dem Folgenden wissen wir, dass auch Chawa mit ihm ging. Und doch scheint es für einen Moment, oder zumindest aus dieser Perspektive, dass er mit ihr vertrieben worden ist. In seinem verzweifelten Zustand scheint er wieder allein zu sein.

Ich beauftrage meine Gruppe, diese Schlusszeilen zu spielen. Was mag in ihnen liegen? Ein Kaleidoskop von Interpretationen erscheint.

Eine Chawa redet: „Dieser selbstbezogene Adam: Er muss einfach immer merken, dass es um ihn geht. Ich bin unsichtbar für ihn. Ich lauf ihm hinterher. Er macht sich eine Welt, und dort werde ich unsichtbar sein."

„Aber, Chawa, so hab ich's halt einfach wahrgenommen: Ich fühlte mich nicht nur allein, sondern auch, dass Du dort bleiben wolltest. Du warst in meinem Kopf nicht nur mit dem Garten verbunden, sondern auch mit seinem Verlust. Nichts wird mehr so sein zwischen uns, wie es vorher war."

„Aber ich bleibe doch nicht zurück. Warum bestehst Du darauf, dass ich so anders bin. Warum meinst Du, dass dieses Gefühl des Verlustes und der Einsamkeit nur für Dich gilt. Kannst Du Dich nur dann besonders fühlen, wenn Du das wahre und einzige Opfer bist?"

Eine andere Chawa redet: „Aber ich bringe doch mit mir den Garten. Ich *bin* die Mutter allen Lebens. Ich habe die Fülle der Erde und trage die Kraft zu gebären in mir. Ich bleibe auf immer und ewig mit Gott verbunden. Du und Deine Söhne werden alle Arten von Bünden schliessen mit Gott. Das brauche ich nicht. Du brauchst mich, weit mehr als ich Dich brauche."

Wieder eine andere: „Ich bin Chawa. Ich habe nicht nur vom Baum des Wissens um Gut und Böse gegessen; ich ass auch vom Baum des ewigen Lebens. Doch diese Frucht habe ich nicht mit Adam geteilt. Etwas in mir, das ewig Weibliche, die Grosse Mutter, wird die Zeiten überdauern, während jeder Adam stirbt."

„Ich bin Schlange. Chawa, bleib bei mir. Für immer. Ich habe teil an Dir. Deine Faszination an mir ist so alt wie dein Wissen um Dich selbst. Kein Mann wird dich je so berühren, denn ich war vor allen Männern. Und kein Mann, kein Adam, wird Dir je genügen. Und, Adam, Du weisst das. Und hatte sie und werde sie immer haben. Sie gehört zu mir wie eine Tochter zur Mutter, wie eine Geliebte zur Geliebten. Du wirst sie nie besitzen, kennen oder begeistern, so wie ich das tat. In Deiner Eifersucht und Deiner Unsicherheit wirst Du nur versuchen, sie zu beherrschen und mich zum Schweigen zu bringen.

„Ich bin Gott. Wer spricht mit mir? Ich habe nichts mehr. Ich blicke zurück auf den Garten mit einer Wehmut, grösser als eure. Dort war eine Zeit der Einheit und der Verbindung. Jetzt ist es nur noch ein Fleckchen Erde. Ich bewahre es, aber geniessen kann ich es nicht mehr. Schliesslich habe ich es für sie gemacht. Nun ist es leer."

„Ich bin Gott und war mir nie bewusst, dass die menschliche Freiheit meine Träume von einer schönen Schöpfung so verwirren würde."

Ein dritter: „Ich bin Gott und mein einziger Gefährte ist Schlange; der einzige, der im Garten bleibt. Er ist mein Schatten und meine Schande; er wird mich nie vergessen lassen, dass er mich geschlagen hat. Der Garten ist meine Hölle der Einsamkeit."

So und anders stellen wir uns das Ende des Mythos vom Garten vor. Mir schreibt sich das Wissen ein um eine Einsamkeit in diesem Mythos, tief und bleibend. Sie macht etwas mit mir. Manchmal denke ich, genau wegen ihr mache ich diese Midraschim, dass sie mir etwas bedeuten, damit ich mit ihnen auf festem Grund stehe, damit ich andere in diesen bereits offenen Kreis ziehe, in dem Teile dieser alten Geschichte gespielt werden. Vielleicht ist dies mein Bollwerk gegen meine hirnverbrannte Einsamkeit.

Kann man dieser Einsamkeit von Angesicht zu Angesicht begegnen? Sind Mythen notwendigerweise Leugnungen der Leere? Einer Leere, die war, bevor Gott seine Schöpfung begann; einer Leere, aus der Gott zum ersten Mal die Einsamkeit des Menschen erblickte, und einer Leere, in die Adam und Chawa stürzten, als sie in ihr Exil gingen. Jetzt sind sie von einer noch tieferen Einsamkeit umgeben, weil sie sich noch an ihre ehemalige Verbindung erinnern können. Diese neue ist mit Angst durchsetzt beim Anblick der endlosen Weltenlandschaft, die sich vor ihnen ausbreitet. Alles, was sie kannten, ist verloren.

Am Ende ist Verlust von letztgültiger Art, der das Grundthema der Eden-Geschichte im Besonderen und von Bereschit, der Genesis, im Allgemeinen ist. Diese Geschichten wurden geschaffen aus dem tragischen Wissen um Befremdung und Einsamkeit. In ihren Variationen liegt die Lehre für alle Generationen nach Adam, deren Geschichten nun erzählt werden, in einer Welt, die aufglüht, nachdem sich die Tore von Eden schliessen.

3

Chawa: Ein Midrasch

Als Lesender und Glaubender möchte ich heute sowohl wach als auch glaubwürdig Midrasch machen und so den Text-Kanon kommentieren und diesem neue Möglichkeiten entlocken, kurz: die Tradition ehren und aus ihr neue Werte durch Interpretation entstehen lassen.

Die Geschichte vom Garten ist so auf männliche Erfahrung ausgerichtet, das Chawa in der Vertreibung fast verloren geht. Am Ende sieht es gar für einen Moment aus, als wäre Chawa gar nicht mit Adam hinausgejagt worden. Irgendwie wurde sie unsichtbar. Im Folgenden wird es erst wieder bei Abram um Frauen gehen: Obwohl ein massgeblicher Faktor der Familiendramen, werden Frauen in den folgenden Kapiteln des Anfangs nur bei Hochzeiten oder im Kindbett erwähnt. Umso stärker ist der Einfluss, den sie auf Söhne ausüben, wenn auch nur auf unterstützende Weise.

Dieser Ausschluss des Weiblichen macht die schmerzhafte Einsamkeit des mytheologischen Schicksals des Mannes aus, das uns in diesen Texten vorgestellt wird. Die Struktur des gesetzlichen Teils des Juden- und Christentums wurde hier gebildet. Dass weibliche Spiritualität durch die Seminare und Kollege in Predigt und Derascha Eingang findet und später zu Buchpublikationen führt – dies ist eine relativ junge Bewegung innerhalb der jüdischen und der christlichen Tradition (Ende des 19. und Anfang des 20. Jahrhunderts).

Inzwischen ist es glücklicherweise weitgehend akzeptiert und unbestritten, dass das Paradigma der Männerherrschaft die Grundlage für westliche Mytheologie gelegt hat und mit Recht historisch, sozial- und ideengeschichtlich kritisch rezipiert wird und es zu neuen Ansätzen kommt.

Mit meinem Ansatz jedoch stehe ich an dieser Stelle vor einer nochmal anderen Herausforderung: Rollentausch. Ich möchte (m)einen Weg finden zu und in die weiblichen Darsteller der männlich geprägten Erzählungen. So zu verfahren heisst, meine Vorstellung auf die Reise zur Weiblichkeit zu schicken, und – wenn nicht eine matriarchale Kosmologie zu entwickeln – so doch zumindest das Universum der Väter durch die Augen der Mütter und Frauen zu sehen. Männer mögen den folgenden Midrasch plausibel finden, Frauen vielleicht lächerlich; und am Ende zeigt sich möglicherweise, wie eingesperrt ich bin in meinem Mannsein. Aber ich kann als Mann meine Vorstellungskraft auf Chawa – sowohl auf das Weibliche überhaupt als auch auf den verlorenen Teil meiner selbst – richten.

Er ist vorausgegangen. Schaut nicht zurück. Aber ich schon. So vieles erinnert mich, so viel Schwaches, Entferntes, wie Wolken schon, die aufbrechen.

Vor mir gab's schon eine. Lilith mit Namen, die letzte Königin der Grossen Mutter. *Sie* war im Anfang vor Seinem Anfang, als noch die Riten des Mondes und des Blutes im Zentrum der heiligen Mysterien standen, als noch die weibliche Vorstellungskraft die Erde als Mutter feierte und unsere Weisheit tief war wie die Eichenbaumwurzeln und sanft wie die Waldkräuter, die Leben, Tod, Schlaf und Ekstase geben konnten. Zu Liliths Zeiten verstanden selbst die Frauen nicht vollständig, welche Lebensquelle sie in sich trugen, und doch kauerten die Männer in den Höhlennischen neben dem Feuer und zitterten, wenn die Frauen in schreienden Qualen gebaren.

Poesie und Zauber von Lilith sind vorbei und vorbei auch die Geheimnisse der Frauen, bevor der Grosse Vater kam. Immer wieder, wenn ich allein war in Eden – an vielen Tagen, denn Adam wanderte oft in der Kühle des Gartens in der Unermesslichkeit seiner Gedanken und führte Freiluftmonologe –, hörte ich im Wind die Grosse Mutter selbst seufzen, matt und fremd. Manchmal gar war der Wind selbst mir Erinnerung an ihren wärmenden Atem. Ich war allein und in Angst, denn ich war die erste Frau, die der Grosse Vater erdacht, erschaffen und erlangt hatte; ich war ein neues Konzept von Weiblichkeit, eine Idee aus dem Kopf eines Mannes. Ich war nach dieser Idee geformt, deren erste Verkörperung.

Meine Welt war von derjenigen Liliths so entfernt, dass ich mir nicht einmal selbst erklären konnte, was ich sah oder fühlte.

Meine Einsamkeit war unausdenkbar. Und doch war ich erwählt, denn mir schien in jenem Schlaf, den ich schlief, bevor ich war, und in jenem Traum, den ich träumte, bevor ich erwachte, dass Lilith selbst zu mir kam. Angetan mit den königlichen Gewändern einer Göttin, den Mond als Krone im dunklen Haar. Sie sah mich an mit der Zärtlichkeit einer Mutter, Tränen in den Augen.

„Mein Kind“, so sprach sie in meinem Traum, „eine neue Zeit bricht an. Eine neue Macht wird der Welt geboren. Es ist das Zeitalter des Vaters, seine Zeit. Im Vater wartet eine neue Welt auf ihre Geburt. Seine Fruchtbarkeit ist anders als unsere; seine Schöpfung anders als wir; sein Wille über die Erde ist anders, aber seine Zeit bricht an. Und Du, mein Kind, wurdest auserwählt, in diese neue Welt geboren zu werden. Du bist unsere Gesandte und unser Opfer, und auch sein Kind. Du wirst den Vater anerkennen und unter seines Reiches Herrschaft leben. Du wirst unsere Geheimnisse weitertragen und weitergeben, so gut Du kannst, und dabei noch seine Geheimnisse dazulernen.
Wir weinen um Dich. Wir preisen Dich. Wir werden mit Dir sein, doch nur in Dir drinnen. Du wirst uns nie mehr sehen, wie Du uns jetzt siehst; Du wirst sehen, was Dir der Vater beibringt zu sehen, doch mit anderen Augen. Du wirst uns erinnern, wie einen Traum.“

Als ich erwachte, sah ich Adam an und war die erste Frau, die jemals die Schönheit eines Mannes sah, nackt und rein. Ich war die erste, die im Mann das Geheimnis sah, tief und komplex und einsam und allein. Ich war die erste, die in ihrem Herzen spürte, dass in ihm etwas von einem Gott war. Ich liebte diesen Mann, Adam, und in ihm liebte ich seinen Gott, und wusste, dass etwas von seinem Gott auch in mir war, denn selbst wenn ich ihn nur im Schlafe ansah, war ich erfüllt von neuen Worten. Die alten Worte, die Worte Liliths, waren vorbei, verloren sich im Gesang der Vögel, der – wenngleich süss – mir doch nichts mehr zu sagen hatte. Ich lauschte dem Wind in den Weiden, der nicht mehr zu mir sprach; alles Lilith, die mir Lebwohl entbat.

Meine Lebenskraft zog mir in die Augen und Ohren und mir in die Finger. Mein Kopf war von Licht erfüllt, ich selbst zu unendlicher Neugier gereizt, als wäre ich auf einer verwunschenen Insel erwacht, wo alles sowohl fremd als auch bekannt war, alt und zugleich neu. Neugier ist zu wenig, um auszudrücken, was ich empfand. Alles war eine neue Welt und ich in ihr voller Wiss-Begier. Und gleichzeitig war ich allein.

So kam es, denke ich, dass ich allein sein sollte mit ihm, und von ihm bewegt. Er schlief in meinen Armen wie mein Kind, mein Geliebter, mein Gatte, mein Freund und mein Feind.

Ich kannte etwas, das er nie wissen würde, denn mein Körper sprach noch immer die alte Sprache, die kein Mann je verstand; doch ich wusste auch, dass ich nicht alles wusste. Als ich in dieser neuen Welt erwachte, merkte ich, dass es viele Dinge zu wissen gab. Ich wollte sie kennenlernen und wusste, dass – würde Adam aufwachen – er mir erwachen würde und der Welt um mich herum. Er würde mich erkennen wollen, und ich ihn. Er würde wissen wollen, was ich weiss, und davon singen und sagen. Ich wusste, dass er aus seinem Schlaf erwachsen konnte. Jetzt. Ich wusste, dass er zu Neugier und Appetit erwachen könnte. Also glitt meine Hand sanft zuerst, denn noch schlief er, um ihn zu erwecken.

Ach ja: Schlange. Mhmm, also. Am Anfang war die Doppelzüngigkeit des Grossen Vaters. Du musst etwas verstehen: Nichts ist, wie es scheint oder wird je als das erkannt, was es wirklich ist. Das ist das Grundgesetz des Grossen Vaters, und alle seine Geschichten erzählen die gleiche Mär. Männer sind – im besten Falle – halbsehend und halbblind. Sie wollen die Welt erklären und vergessen dabei so oft, dass sie sich ihrer Deutung entzieht. Sie haben einen Gott erdacht, der durch sie wirkt und über sie hinaus, mit endlosen Plänen und unrealisierbaren Projekten. Diese Männer, sie haben Geschichte erfunden und Zeit, und Vergangenheit und Gegenwart und Zukunft. Sie haben ein grosses kosmisches Kunstwerk erschaffen, in dem sie sich mühen, stets wissend darum, dass sie in ihrem eigenen übergrossen Irrtum gefangen sind. Ich bewunderte ihre Werke und sie entsetzten mich. Männer sind gefährlich, wenn sie sich ihrer selbst zu sicher sind.

In einer Welt, in der nichts erkannt werden kann als das, was wirklich ist – oder wenn, dann nur für einen flüchtigen Augenblick, in dem Einsicht nur ein kurzer Blick auf das Wesen ist – bauen die Männer auf und reissen wieder ein, in ruhelosem Wahn. Eine tiefe Angst treibt sie an, ein Wissen um ihre Fremdheit und die Fremdheit der Welt zu ihnen. Ihre Geschichten sind voller Fremdheit; sie suchen das Fremde vertraut zu machen, doch wird dies nie gelingen. Sie haben Angst vor der Doppelzüngigkeit des Geheimnisses; des Todes; wollen das wenige an Wissen, das sie haben, nicht verlieren, das sie anziehen wie eine Rüstung. Sie haben vor jenem Geheimnis Angst, das sie selbst erschaffen haben. Sie verlieren sich in jenem Rätsel, das sie selbst geschaffen haben.

Eben: Schlange. Eine weitere unerklärbare Wirklichkeit. Eine Qual mehr, aus sich selbst erschaffen, abgespalten. Schlange macht mir keine Angst. Adam war in Angst. Schlange war nur ein Grund mehr, etwas nicht zu verstehen. Doch zu mir sprach's und ich verstand. Was ich wollte, erhielt ich dort. Wissen über das Wesen des Grossen Vaters, einen Blick zu erhaschen auf seine Zweiheit. Gesandter des Vaters war Schlange, die Doppelzüngigkeit des „Du sollst" und „Du sollst nicht", durch die er zu uns in Rätseln spricht. Und welch Rätsel er uns gibt!

Es scheint, als wenn nur Frauen diesen Gott verlachen können. Männer verfluchen ihren eigenen Gott, sie preisen, flehen und analysieren ihn; sie wenden sich ab, sie wenden sich ihm zu, sie suchen und sie verlieren ihn. Sie bauen grosse Häuser und Bücher und Systeme, ihn zu fassen. Nie aber wagen sie, diesen Gott zu verlachen. Sie wagen nicht, ihn komisch zu finden in seiner ganzen Ernsthaftigkeit. Gott sei Dank, kam da Schlange in die Welt.

Und der Fluch. Ja, der auch. Aber ihr wisst ja, etwas sagen heisst noch nicht gleich, es auch zu tun. Das ganze Gebären ist nicht eine einfache Sache. War es nie. Aber der überschäumende Jubel, der grosse Sonnenaufgang der Geburt, das Geheimnis einer Tat, die nur die unsere ist und die kein Grosser Vater, in all seiner Fruchtbarkeit, wiederholen oder übertreffen kann – ja, das war nie, ist nie und wird nie sein: ein Fluch. Und du wirst es sehen in den Geschichten, die der Grosse Vater seinen Söhnen diktiert, wie die Mütter über den Lauf der Dinge entscheiden. Die Mächte der Väter und der Söhne, sie sind gross, ohne Zweifel. Doch meine Schwestern haben auch ihre Kraft: Sara, Hagar, Rivka, Rachel, Lea, Bilha, Devora, Dina, Tamar, Asenath – diese wenigen Namen blieben, doch sieh, was sie taten, wie die Geschichte des Vaters sich wendete in ihren Taten. Höre gut auf die Geschichten durch ihre Stimmen. Wie Frauen in der Welt des Vaters leben sie in den Räumen zwischen den Worten, Männer-Worten, aber in jenen Räumen wirst Du sie alle eine andere Geschichte flüstern hören. Wenn Du Dir ein Herz nimmst, zu hören.

Doch nun verlassen wir diesen Garten, unser erstes Heim. Sollten wir ihn je wieder finden, so wird das in uns sein. Die Kerubim, die ihn bewachen, sind schrecklich; ihre Flammenschwerter grimmig. Ich blicke auf Adams Rücken, wie er voranschreitet. Er scheint nun vom Garten wegzulaufen und von mir. Ich fühle seinen Ärger. Seine Vorwürfe umgeben mich wie eine Wolke. Er wird nicht zurückschauen, er wird nicht nach mir schauen. Er wird nicht aufschauen, weder zu rufen, noch zu fluchen diesem Gott, der unser Verderben ausgesprochen hat. Er wird nur vorausschauen in eine Zukunft, für die er lebt. Und über mich fällt ein Vergessen wie Staub. Eden scheint mehr und mehr ein verlorener Traum, aus dem ich nur noch Teile erinnere.

Schnell jetzt! Die Nacht kommt. Mondlos. Und mein Mann ist schon verschwunden in der Dunkelheit.

4

Die Mythen der Nachkommen von Adam und Chawa

Der Mythos vom mordenden Bruder

Die Dunkelheit, die Adam und Chawa nach Eden bedeckt, ist die Dunkelheit linearer Zeit. Bevor sie die Frucht verschlangen, war Zeit ein Rad und Eden dessen Nabe. Im Garten war Bewusstsein ungeteilt und unbefleckt vom Tod; Männliches und Weibliches waren ein Fleisch. Nach der Vertreibung waren Adam und Chawa getrennt. Sie gehen nun Wege in eine eigene zeitliche Wirklichkeit, nennen wir sie Geschichte, wo Zeit immer und unausweichlich jedem Leben den Tod bringt.

In der Wirklichkeit linearer Zeit hat niemand die Möglichkeit, noch einmal zurückzugehen und alles noch mal zu machen. Da der Apfel gegessen wurde, kann ihn Chawa nicht wieder ausspeien; sobald der Apfel geteilt ist, kann Adam sein Schicksal nicht mehr von ihrem trennen. Da sie einmal gemerkt haben, dass sie nackt sind, können sie nicht mehr zur ursprünglichen Unschuld – „bevor ihre Augen geöffnet wurden" – zurückkehren. Mit dem Konstrukt der linearen Zeit ergibt sich die Frage nach der richtigen Wahl als Hauptaufgabe des Menschen: Was sollen wir tun? Und wie sollen wir richtig handeln, angesichts der Unbeirrbarkeit und Gnadenlosigkeit der fortschreitenden Zeit?

Nach Vorstellung der Väter ist der Mensch als Gottes Bild mit dem freien Willen begabt. Dies ist der grosse Ansatz und die grosse Einbildung, denn in Wahrheit ist Freiheit, wie wir sie leben, überall abgestützt von Zwängen, untermauert durch die unerbittliche und unbewusste Natur und gerichtet auf das Vergessen. Und doch ist Freiheit der ehrenwerte Anspruch, den die Väter für die Menschen erheben. Die Grenzen der Freiheit können nicht berührt werden ohne die Freiheit probiert zu haben; ihr Preis kann nicht eingeschätzt werden ohne den Aufwand einer Tat.

Als Wesen in diese lineare Zeit geboren und mit freiem Willen begabt, handle ich und spüre die Folgen meines Handelns. In linearen Zeitsystemen haben Handlungen Folgen. Einige mag man voraussehen, andere nicht. Könnte ich alle vorhersehen, wäre ich frei von der Qual der Wahl, von den schmerzhaften Auswirkungen meiner Entscheidung. Meine Freiheit wäre absolut und absolut sicher. Ich würde nie Fehler machen, würde nie bereuen. Der Tod wäre die einzige Tragödie.

Doch ist es nicht so. Schmerz und Ironie der linearen Zeit resultieren aus der Tatsache, dass ich oft genug zu spät lernte, was ich hätte wissen sollen, bevor ich handelte. Ich kann nicht zurücknehmen, was ich tat. Nicht zweimal kann ich durch jenen Strom ziehen. Ich lebe im Fluss dieser Zeit mein Leben in ständigem Risiko. Die Zukunft ist mir immer verschlossen und der gegenwärtige Moment in seiner Wahrnehmung gebrochen durch die Vergangenheit: Dazwischen bin ich in Wahlfreiheit. Dieser unfertige gegenwärtige Moment in dem ich wähle, ist alle Zeit, die ich habe, und was ich tue, dafür bin ich verantwortlich.

Die Last der Verantwortung tragen wir alle. Verantwortung zu übernehmen ist die Quelle unserer moralischen Würde und unseres Mutes: Wir erleiden unsere Entscheidungen und wir feiern sie. Verantwortung zu übernehmen ist umso vornehmer, je mehr wir erkennen, dass wir unser Leben nicht vollkommen kontrollieren. Das Leben im linearen Zeitsystem ist zu komplex, um es wirklich meistern zu können; es ist durchwirkt von Unwägbarkeiten, und unsere Seelen sind Teil von etwas, das wir nie vollkommen verstehen können. In dieser Welt von teilweiser Offenbarung sind wir letztlich allein, wenn es zur Entscheidung kommt.

Aber die Väter schlagen im Anfang einen Gott vor, der auf seine unerforschliche Art die Zeit mit uns teilt. Wir sind nicht allein, wie ein Existentialist alleine wäre, im Nichts. Gäbe es keinen Gott, dann wäre der Mensch das Mass aller Dinge, und unsere Handlung würde alle Bedeutung in sich tragen. Doch das Universum, das die Väter bauen, trägt eine göttliche Kraft in sich, die mit dem Menschen Umgang pflegt, mit ihm im Wechsel wirkt, nicht so sehr, um unserer Freiheit Grenzen aufzuerlegen, sondern um seinen eigenen Traum mit und durch uns auszudrücken. Gott als Vorstellung braucht die Vorstellungskraft des Menschen für den Bau einer Welt. Diese Sehnsucht eines einsamen Gottes nach einem Bund mit Seiner Schöpfung kommt von Gott; sie gründet in seinem Bedürfnis, nicht im menschlichen: Wir haben in den vorherigen Kapiteln diesen einsamen Gott und sein schöpferisches Handeln erlebt. Nun, in den Mythen der Nachkommen, sehen wir, wie Gott an der Geschichte teilnimmt, eine Verbindung mit dem menschlichen Geschick schafft, der menschlichen Seele ihre göttliche Herkunft beibringt und eröffnet. Menschen sind für Gott nur allzu wirklich; Gott sucht nach Wegen, für uns wirklich zu werden.

Die Welt nach Eden ist dunkel, denn Adam und Chawa können nicht in die Zukunft sehen oder in sich selbst. Dunkel ist diese Welt in meiner Vorstellung aber auch aus einem anderen Grund: Die allererste Geschichte in diesem linearen Zeitsystem ist diejenige von Kajin und Hewel, den ersten Brüdern. Sie gibt das Titelbild für alle Geschichten, die folgen, als wollten die Väter – vor allem Dina – den Männern sagen: Seht her, hier ist der Urmythos, die Grundgeschichte aller linearen Zeit. Ich nenne sie: Den Mythos vom mordenden Bruder. Dunkleres finden wir kaum. Wieder ist die Wahlfreiheit das zentrale Drama. Wahlfreiheit als Kampf des Menschen mit sich selbst, als Ringen. In dieser Sage ist, wie in jener vom Garten, die Folge der Freiheit der Tod. Wieder wie vorher wird die Last der Verantwortung schmerzvoll in unsere Hände gelegt, während der Zweck des Handelns Gottes, dessen Möglichkeiten und Umstände verborgen sind in Seinem Geheimnis.

Keine Religion, die irgendetwas auf sich oder auf ein möglichst glänzendes Bild ihres Gott hält, würde eine Geschichte wie die von Kajin und Hewel überliefern. Im Anfang werden sie uns vorgestellt, in typischer Kürze.

„Der Mensch aber erkannte sein Weib; und sie ward schwanger und gebar Kajin“ (4, 1). Sie hatte noch einen Sohn, Hewel, einen Schäfer. Irgendwann bringt Kajin aus irgendeinem Grund ein Opfer der „Frucht des Bodens dem Ewigen“ (4, 3); und Hewel bringt von den „Erstlingen seiner Schafe, von den fettesten“ (4, 4), auch ein Opfer. Gott beachtete das Opfer des Hewel, nicht aber das von Kajin. Und es steht geschrieben, „dies verdross Kajin sehr und sein Antlitz sank.“ (4, 5)

Als er diese Betroffenheit verspürt, fordert der Ewige Kajin auf, sich zusammenzunehmen (4, 7), was Kajin nicht gelingt. Im nächsten Vers schon wird uns berichtet, dass Kajin seinen Bruder aufs Feld führt und ihn tötet. Danach sagt der Ewige zu Kajin „Wo ist dein Bruder Hewel?" – und Kajin antwortet „Weiss nicht. Bin ich meines Bruders Hüter?" (4, 9).

Der Ewige aber hörte das Blut Hewels „aufschreien zu sich vom Ackerboden" (4, 10) und verflucht Kajin und schickt ihn in ein Leben endlosen Wanderns, „schweifend, flüchtig auf Erden" (4, 12), doch bezeichnet der Ewige ihn noch mit einem Wunderzeichen, damit – obwohl alle um seinen Fluch wissen – alle auch wissen, dass er beschützt ist.

Nach Adam ist Kajin die zweite Figur der Vätergeschichten in der Schrift; die Abstammungslinie seiner Söhne und Grosssöhne wird mitsamt ihren Verdiensten aufgeführt. Sein Sohn Henosch soll die erste Stadt gebaut haben. Einige Generationen später zog Lemech, wie Kajin ein Mörder, drei Söhne auf: Jabal, „der Vater aller, die im Zelt und bei dem Vieh weilen", Jubal, „der Vater aller Zither- und Flötenspieler" und Tubal-Kain, „einen Schmied, vor allen, die Erz und Eisen bearbeiten" (4, 19–22). Lemech, der Mörder, und seine fruchtbaren Söhne sind die letzte Erwähnung von Kajin und seinen Nachkommen.

Kajins Geschichte führt uns an eine Grundwasserader der männlichen Psyche. Ihr Kajins-Mythos ist derart kraftvoll, dass er alles Weibliche von der Bühne stösst.

Obwohl Frauen zugeben, dass sie Rivalitäten haben, leben sie diese doch ganz anders aus. Die Sache zwischen Kajin und Hewel ist urtümlich und scheint in der männlichen Psyche verdrahtet und verschweisst. Obwohl ich Kajins mörderischen Impuls nicht „Instinkt" nennen möchte, steigt er doch als eine Kraft auf, die er entweder nicht kontrollieren will oder nicht kann. Wie wir aus der Sprache der Erzählung später noch sehen werden, sind die rohen Aggressionen etwas, das aus seiner tiefsten Natur kommt, durch Kultur weder geformt noch sublimiert.

Es ist den Vätergeschichten hoch anzurechnen, dass sie brüderliche Gewalt quasi in Selbstreflexion so lebendig wiedergeben. Diese Geschichte ist ein ewiger und bleibender Widerspruch zu allen Versuchen, menschliche Kultur oder einen Heiligen Bund zu schaffen. Wie die Natur selbst, die die menschliche Schöpfung auslöschen kann (und wird), ersteht diese Urkraft durch den Menschen, um sein Werk zu zerstören. Diese Kraft in und durch Kajin symbolisiert die freie menschliche Vorstellungskraft dar, mit menschlicher Leidenschaft, Fantasie und Kraft vermischt. Die Kraft dieser Vermischung ist so unwägbar, dass sie Gott um seinen auserwählten Sohn bringen könnte. Kajin, der Mörder, bringt den Tod in die Welt; er verkörpert die blinde, unbarmherzige Energie.

In unseren Midrasch-Spielen baute sich die Spannung zur Begegnung zwischen den Brüdern in deren Mannsein auf, als sie die Opfer vor ihren Gott brachten. Kajin kommt „im Laufe der Zeit" als erster.

Wer will Kajin sein?, frage ich. Und immer kommt dann eine lange Pause, denn wir kennen die Geschichte alle, und es braucht also Mut und Energie, einzutauchen, zu empfinden und diesen Part wirklich mit sich selbst auszufüllen. Ich warte zunächst. Zumeist stehen dann, nach einiger Zeit, ein paar aus der Gruppe auf – übrigens nicht nur Männern – und treten nach vorne, oft mit einem entschuldigenden Schulterzucken, einem Seufzen oder einem bangen Blick. Und wer will Hewel sein? Wieder eine Pause, wieder gibt's irgendwann Freiwillige. Dann brauch ich noch einen, der Gott spielt.

Warum, frag ich Kajin, nachdem wir auch das Spielfeld für das Drama bezeichnet und freigemacht haben, warum bringst du ein Opfer? Wo kommt dieser Gedanke überhaupt her?

Der erste Kajin spricht: „So oft habe ich meine Eltern über den Garten reden hören. Ich konnte ihre Sehnsucht fast körperlich spüren. Als es für mich Zeit wurde, etwas zum Wohle meiner Familie beizutragen, wurde ich Ackerbauer. Ich wollte ihnen etwas vom Garten wiederbringen. Es kostete mich Zeit und Kraft, aber nun habe ich Pflanzen und Bäume gezogen, die Gutes zu essen tragen, und Früchte. Ja, sogar gute Früchte!

„In meinem Herzen", sagt ein anderer Kajin, „konkurriere ich mit Gott. Dieser Garten ist *meine* Art, meinen Eltern Eden zu ersetzen. Ich werde Gott zeigen, dass wir Fülle und Reichtum hervorbringen können, selbst auf diesem von ihm verfluchten Boden."

„Ich bringe mein Opfer, um Gott zu zeigen, was ich erreicht habe. Ich. Selbst. Es zeigt meine Kraft, die Abläufe der Natur zu verstehen, zu säen, zu pflanzen und zu ernten."

„Nein, nein. Das stimmt alles nicht. Diese Opfer sind kein Egoismus; sie sind Gesten des Friedens und der Versöhnung. Mein Vater hat mit dem Ewigen nicht mehr gesprochen, seitdem sie Eden verlassen haben, aber er hat mir die Geschichten erzählt, und ich hoffe, dass durch meine Opfer der Ewige zurückkehrt, um mit meinen Eltern wieder zu reden."

Und Hewel steht einfach da, einige Schritte entfernt, und hört zu, wie sein grosser Bruder redet.

Warum bist du hier, Hewel?

„Ich muss mich vor dem Ewigen auch ein wenig in Szene setzen. Aber was hab ich schon? Nichts, das ich mit meinen Händen gemacht hätte, nur das, was mir der Ewige zum Hüten anvertraut hat. Doch will ich daraus zumindest das Beste auslesen."

Ein anderer Hewel: „Etwas in mir will einfach an dieser Stelle nicht nur zuschauen. Ich bin so oft auf den Hügeln allein mit den Herden, und Kajin ist so nah an Zuhause. Oft fühl ich mich aussen vor. Aber nicht dieses Mal! Was, wenn der Ewige nun erscheint und ich nicht da bin, um Ihn zu sehen? Kajin wird belohnt, und ich gehe wieder leer aus."

Ein dritter Hewel: „Dort draussen auf den Hügeln bin ich dem Ewigen so nah. Besonders bei Nacht, unter den Sternen. Ich höre Dinge im Wind und sehe anderes Funkeln und Schweifen in den Himmeln, und meine Seele zieht es in die warme Dunkelheit. Manchmal ist es wie ein Rausch. Doch bis ich meinen Bruder dieses Opfer bringen sah, habe ich nie daran gedacht, dem grossen Geheimnis, von dem alles Leben kommt, etwas zurückzugeben."

Stille. Die Brüder stehen da und versuchen zuerst, einander zu übersehen. Wir warten um zu sehen, was passiert.

Spontan kehrt sich Kajin um. „Nachmacher!" ruft er Hewel zu. „Hau ab mit deinem blökenden Schaf. Das ist mein Platz. Und meine Idee war's auch."
„Ich kann hier stehen, solange es mir passt. Das ist ein freies Land."
„Hier nicht."
„Was für ein ärmliches Häufchen Gemüse du da hast. Futter für meine Schafe."
„Komm nicht auf die Idee, deine Tierchen hier rumlaufen zu lassen, sonst kill ich sie."

„Was weisst du vom Schlachten? Ich mach das ja immer zu unseren Festen, nicht Du."
„Was solltest Du auch sonst mit den Tieren anstellen, solange Du dort draussen mit ihnen allein bist."
Hin uns her gehen die Verwünschungen, Drohungen, und fast kommt es verfrüht zu dem, was erst später im Mythos berichtet wird, und darum muss „Gott" eingreifen um das Gleichgewicht etwas wieder herzustellen. Ich halte derweil die Brüder auseinander und bedeute dem Gott-Darsteller einzugreifen. Er kommt und legt einen Arm um Hewel und zieht ihn auf die Seite, beide drehen Kajin den Rücken zu. Hewel schaut während dieser Begegnung immer wieder über die Schulter, lacht. Schwer lastet die Stille auf uns allen, als Kajin zuschaut, wie „Gott" und Hewel sich gemeinsam zurückziehen. Dann blickt er zu Boden. Und sein düsterer Blick scheint tief nach innen zu schauen.

Ich wende mich zu den nicht-spielenden Gruppenmitgliedern und frage: Was, meint ihr, geht gerade in Kajin vor?

„Ich kann sein Wutgeheul fast hören."
„Er geht im Kopf durch, was er wohl falsch gemacht haben könnte."
„Sein Leben zieht vor seinem inneren Auge vorüber auf der Suche nach einer Antwort."
„Ich spüre, er hasst Gott."
„Ich sehe die Räder der Rache: Sie beginnen sich zu drehen."
„Er will Gott strafen."
„Er hat gerade seinen Bruder verloren. Er ist allein."

Der Text erzählt uns genau das: „Es verdross Kajin sehr und sein Antlitz sank" (4, 5).

Gott wendet sich in diesem Moment, sagt Sätze, die selbst in der besten Übersetzung befremdlich klingen (4, 6–7)

„Warum verdriesst es Dich? Und warum ist Dein Angesicht gesenkt? Wenn Du recht tust, ist es nicht aufgehoben? Und wenn nicht, kauert Sünde an der Türe. Ihr Hunger ist nah Dir, doch Du wirst sie beherrschen.

Im Hebräischen hat das Wort für „kauern" stark tierische Konnotation. An anderer Stelle wird hier auch „brüten", „auf allen Vieren hocken", „belauern", ja sogar „im Hinterhalt liegen" (wie auf Beute warten) übersetzt. Die Konnotation mit einem Raubtier erinnert natürlich an Schlange im Garten. Damals war es eine externe Darstellung einer externen Kraft, die noch nicht in der Seele der Menschen war. Jetzt ist sie bereits internalisiert in Kajin und in einer Metapher verborgen. Aber diese Kraft ist nicht Natur, wiewohl sie in natürlicher Gestalt gedacht wird; doch ist es die menschliche Vorstellungskraft, bis in die Phantasie verstärkt durch Leidenschaft, die Handlung wird, voller Rache: Männlicher Eros im Bund mit dem Tod.

Der Ewige verweist Kajin auf seine innere Welt, wo einige Teile von ihm darauf warten hervorzubrechen. Aber Kajin hört auch, dass er diese beherrschen kann. Im Hebräischen steht dort das Verb ‚maschal', das gleiche, das benutzt wurde, als dem Menschen die Herrschaft über die Natur gegeben wurde. Wieder wird der Mythos des mordenden Bruders runtergebrochen auf das innerseelische Ringen um die richtige Wahl. Gott zeigt Kajin klar, dass er die Kraft hat zu wählen, dass zwei Herzen in seiner Brust schlagen, die ihn beide bestimmen wollen: Eines heisst beherrschen und manipulieren, das andere Sünde und Bestialität. Beide versuchen sein Leben zu bestimmen.

Dieser Kampf steht für ein Ringen, das wir in allen Geschichten der Väter-Erzählungen sehen werden. Kajins Wüten, sein Gefühl, zurückgewiesen zu werden, sind so stark, dass er dem Rachebedürfnis nicht standhalten kann. Das Tier, das an der Tür kauert, lauert, setzt zum Sprung an, springt und Kajin fällt. Für einen Moment, für länger sogar, ringt Kajin (je nachdem, wie lang die Pause zwischen den Versen 7 und 8 ist, wo Kajin seinen Bruder auf dem Feld tötet). Oder etwas ringt mit ihm.

Doch Kajin besitzt nicht die Kraft, besser: den Verstand, zu widerstehen. Er weicht aus. Das Versprechen, aufgehoben zu sein, ist nicht stark genug, ihn zu wappnen gegen die unmittelbare und wilde Befriedigung, die aus seiner Rache strömt. Er hasst diesen Gott zu sehr, als dass er sein Knie beugen könnte. Wie Adam und Chawa sich der Versuchung hingaben, gibt sich Kajin ihr hin. Und enorme Energie wird freigesetzt.

> *Es war nun, als sie auf dem Feld waren, da stand Kajin auf gegen seinen Bruder Hewel und erschlug ihn. (4, 7)*

In all den Dramen über diese Stelle wurde ich immer wieder Zeuge dieser Energie: Kajin spürt Hewel auf dem Feld auf, der Streit eskaliert und die lange angestaute Energie entlädt sich. Obwohl all das in der Welt von Kajin und Hewel passiert, kommt doch die Energie, mit der es passiert, aus dem Leben der Männer und Frauen, die es darstellen. Jede und jeder von uns kann Kajin sein, das vom aufbegehrenden jüngeren Geschwister verwundete ältere Kind einer Familie. Jeder und jeder von uns kann Hewel sein, der es dem älteren Geschwister so richtig reindrücken muss. Jeder und jeder kann ein solches Herz der Finsternis in sich finden, wo die primitivste Kraft, zu morden, herkommt.

In einem Spiel lockt Kajin Hewel listig vom Lager weg, schlangengleich findet er die richtigen Worte und Provokationen. Und als er nicht aufpasste, erhob sich Kajin und griff ihn. Die schon lange verborgene Metapher des Ringens, des Kampfes, jetzt wird sie manifest, handgreiflich. Die Brüder ergreifen sich in der Mitte des Kreises. Sie greifen sich an, die Männer und Frauen drumherum feuern sie an mit Worten, von denen sie meinen, dass sie in knisternder Luft zwischen den Kontrahenten liegen. Sie erzählen die Geschichte mit ihren Rufen und Schreien, schlagen sich abwechselnd auf die Seite des einen oder des anderen.

Durch unser Spiel öffnen wir uns, auch der Mordlust dieser Szene. Angeheizt durch den Kampf, der sich vor unseren Augen abspielt, und angefeuert durch all die Erfahrungen eigenen Unrechts und eigener Wunden, geben wir ältester Wut, primitivster Selbstsucht grimmigstem Sadismus Raum. Wir schreien und feuern nur noch an. Wir springen im Kreis, um die Kämpfer herum, sehen einander und selbst die Kämpfer nicht mehr deutlich, wir sind nun ganz unsere inneren Dämonen. Rohheit steigert sich in Ekstase und wir finden uns im Geist in einer der Boxarenen dieser Welt wieder, als Kajin Hewel endlich zu fassen bekommt und seine Pranken um den Hals des Bruders schlingt: Zwei Schwergewichtsboxer schlagen aufeinander ein, zwei Gladiatoren kämpfen im Amphitheater, Blut im Sand, Romulus erschlägt Remus im Zeichen der Wölfin. Wir spüren unseren Schrei und sind nun Kajin selbst.

Da unterbreche ich das Spiel.

Ich habe plötzlich Angst bekommen davor, was ich ausgelöst habe. Begonnen mit fast empirischer Neugier, hatte uns die verborgene Bestie überwältigt. Ich hatte meine Zurückhaltung verloren. Ich war wieder in *meiner* Kindheit, allein zu Hause, wo ich Fernsehübertragungen von Boxkämpfen sah und sich Blutgier und animalische Körperlichkeit vermischten. Ich hatte meine Spielenden zu weit gehen lassen, zu nahe an den Ort ohne Wiederkehr. Ich empfand Scham.

Es war still. Brustkörbe senkten und hoben sich noch immer, weiter floss Schweiss, die beiden Darstellenden lagen noch immer auf dem Boden. Doch die Männer und Frauen drumherum kehrten langsam zurück von all den verrückten Orten ihrer Seele, von denen aus sie bis eben mitgespielt hatten. Wie dünn ist doch die Trennwand, die unsere Zivilisation – ihre ach so rationale Oberfläche – vom Tier trennt, das zum Sprung bereit lauert. Millionen von Jahren evolutionsgeschichtlich weg von den Affen, und doch sind wir in Sekundenschnelle im Urwald und springen und schreien. Das Rauschgift pocht noch immer durch unsere Venen.

Nicht nur ich empfinde Scham. Als wir uns langsam wieder etwas fangen, blicken die Männer scheu zu Boden, unfähig einander in die Augen zu sehen; manche Frauen, die zur Seite geschubst worden oder zurückgetreten waren, mit alarmiertem Ausdruck in den Augen. Nicht alle Frauen jedoch, denn Kajin als dunkler Archetyp kennt kein Geschlecht. Auch Frauen kennen ihn. Das Bild von der „Sünde“ im Text, als Tier in Wartestellung, das uns belauert, an der Schwelle, vor der Türe unserer Vernunft: Wir haben es erlebt, wir waren davon ergriffen. Das Wilde, das wir spiegeln, hat viele Gesichter. Dieses ernüchtert uns. Es ist in einem nur schwachen Käfig eingesperrt.

Ich schaue auf die Gesichte zurück und bleibe hängen an der Frage Kajins an Gott, nachdem er des Brudermords angeschuldigt wurde. Ich lese den Satz laut vor, denn er steht im Zentrum der Vätergeschichten: *„Bin ich meines Bruders Hüter?“* Diese Frage ist die Schlangenspur, die durch die Anfangs- und weitere Schriften führt, gar bis in das Leben des Jesus von Nazareth mit seinen Schülern, und weiter durch die Zeiten. Es zischelt durch Religions- und Bürgerkriege, durch ohrenbetäubende Unruhen in Vorstädten und durch stillschweigende Betrügereien in Paarbeziehungen. Es raschelt im Unterholz unserer paranoiden Beziehungen am Arbeitsplatz, unseres Geltungsbedürfnisses auf Kosten anderer, unserer Angst, zu kurz zu kommen. *Bin ich meines Bruders Hüter? Kann ich denn überhaupt?* Die Fragen stehen lebendig im Raum.

Es scheint nur, als hätten wir, vor allem wir Männer, bisher die falsche Antwort gegeben. Lineare Zeit und menschliche Geschichte sind voll von ermordeten Brüdern und mörderischen Bruderschaften. Jeder „-ismus“ (Individualismus, Kapitalismus, Imperialismus etc.) kommt aus der unausgesprochenen Überzeugung, dass meine Gruppe besser ist als deine. Jeder -ismus führt zum Gegenteil und zu einem Kampf der Gegenteile, die Kajin und Abel verzerrt widerspiegeln. Jedes Gespür dafür, den Bruder zu hüten, verbrennt im Rausch der Selbstgerechtigkeit. Die Bestie Egoismus springt und schlägt und verschlingt uns.

Die Kajins-Mythos mag uralt sein, aus unseren Instinkten erwachsen, aber er bringt jene Frage auf den Punkt, die alle Kultur, alles Recht, alle Erziehung und auch alle Spiritualität beantworten will: Die Frage nach der Verantwortung für den Bruder. Wo ist das grosse *Ja!* auf die Frage nach dem Bruder, jenseits von Sonntagsreden? Wenn es von ganzem Herzen und von ganzer Seele gesagt wird, kann man's nur noch schwer zurücknehmen. Es ist das ewige *Ja!* eines Martin Luther King oder einer Mutter Teresa, das tief in der Väter-Tradition wurzelt. Es ist unser *Ja!* jedesmal, wenn wir das Bruder-Hüten unternehmen; jeder von uns weiss, wenn wir unsere Herzen prüfen, wie ernst dies ist und wie selten es geschieht.

Mit Kajin, für was immer er sonst steht, bezeichnet unsere Väter-Tradition einen Teil ihrer selbst, ehrlich und weder verniedlichend noch prahlerisch. Kajin wird nie zu einem guten Menschen erklärt. Er geht in sein Exil ohne Reue und ohne Sinneswandel. Er wird nie sterben und lebt noch immer; in meinem Herz. Ich kenne ihn nun, nach über sechzig Jahren nur zu gut. Ich schäme mich für ihn und spüre die Gefahr, ihn ans Licht jedweder Bewusstheit zu lassen. Noch immer ist er auf der Flucht und leckt die Wunden seiner Ur-Rückweisung durch ein launisches Schicksal. Der erste Gesetzlose mit all seinem Grimm. Seine Gene sind kraftvoll und ewig. Im Schatten von Kajin und seiner Kinder erstehen Städte; Funken sprühen, wenn dieses alte Erz unter dem Hammer liegt; wilde Hirtenvölker streifen durch die Ebenen; erste Flöten spielen erste Töne, alte Musik.

Ungehorsam führt – wieder – zu schöpferischer Kraft: Seltsam, nicht wahr? Adam und Chawa essen vom Baum und machen sich Kleider. Kajin mordet seinen Bruder, wird ins Exil verbannt, doch sein Same lässt Erfindungen entstehen, die die Menschheit in der linearen Zeit mit grossen Schritten voranbringt. Diese Bewusstheit nach beiden Seiten, diese moralische Komplexität, ist Teil dessen, was ich an der Vätertradition so schätze: Wenn man mir hier auch die Geschichte eines Verbrechers erzählen will, der für die Folgen mangelnder Selbstbeherrschung verurteilt wird, so sehe ich doch auch die Fruchtbarkeit, die mit in diesem verdorbenen Gehirn sitzt.

Der Mythos des Kajin erzählt mir, dass die geschätzten menschlichen Institutionen alle eine Rückseite haben. Wenn wir nur genau genug hinschauen, dann sehen wir, dass unsere hochheiligen Feldzeichen des Mitgefühls und der Nächstenliebe eingeschmolzen sind aus den Überbleibseln von Gier, Machtstreben und Ausbeutung. Nehmen wir beispielsweise die Bibliothek des Jewish Theological Seminary, an dem ich lehrte: Ein Geschenk von Ivan Boesky, des – vor Bernhard Madoff – grössten Wirtschaftskriminellen des zwanzigsten Jahrhunderts. Reichtum und Macht schaffen verführerische Fassaden. Wir bauen unsere Tempel der Wissenschaft und Industrie, Kunst und Musik, unsere Gärten und Reservate. Stopp, sagt der Mythos des Kajin! Schau dahinter und such den mörderischen Bruder in der Welt der Menschenfreundlichkeit. Schau unter diese Denkmäler, die sich die einsamen, ewigen Flüchtlinge, die Reuelosen, die Schurken und Vagabunden setzten. Halt Ausschau nach einem Gesicht, das nicht verklärt werden kann. Schau hin, wo Menschen ihre Einsamkeit verleugnen, besänftigen, verwedeln, verdecken. Such nach Kajin: Wenn du auf Mildtätigkeit schaust, such das Verbrechen, und zwar nicht in den Abbruchliegenschaften und den Vorstädten; such in den Lofts der Wohltäter, in ihren hochheiligen Privatgemächern. Der Wohltäter ist ein Krimineller, einer, der etwas zu verbergen hat.

Aus einer der Gruppen, die den Mythos spielten, stammt diese Einsicht:

Etwas sehr Befremdliches liegt in diesem Mythos. Kajin wird auf die Wanderschaft über die Erde geschickt. Seine Söhne gründen die erste Stadt und seine Nachkommen sind die Ahnen von allen, die in Bronze und Metall arbeiten, die die Leier und die Flöte spielen, und die in Zelten wohnen. Einiges an Kreativität liegt in Kajin, einiges von kraftvollem Genie in seinen Genen. Er begründet alle Zivilisation und Kunst. Kajin! Was sagt uns dieser Mythos? Ich suche nach einer Art moralischem Urteil. Ich will, dass die Sache klar ist. Aber dem ist nicht so. Kajin bringt seinen Bruder um und wird zum Flüchtling auf Erden.
Doch zeichnet und schützt ihn Gott und lässt aus ihm eine Gesellschaft entstehen. Es scheint, als wenn alles, was er geschaffen und begründet hat – Städte, Künste, Wissen –, ein Ersatz ist für das, was er verloren hat und nie zurückbekommen wird; Eden, Bruderschaft, Beziehung zu Gott. Oder vielleicht füllt seine Kreativität seine Einsamkeit? Wie damals Gott selbst? Ein Widerspruch, ein Paradox. Nicht nur hinter unseren Kriegen und Morden, sondern auch hinter aller Schönheit, allem, was wir geschaffen haben, aller Kultur: Dort ist Kajin.

Kajin als Übeltäter wird nicht mit dem Tod bestraft, sondern mit der ewigen Wanderschaft. In unseren Gruppen haben wir jeweils gemerkt, dass wir Kajin ins Exil geschickt hatten jeweils bevor das Spiel beendet war. Unser Schweigen nach dem Kampf, unsere Blicke zu Boden gerichtet, der Zusammenbruch aller Möglichkeiten von Vertraulichkeit zwischen uns, ausser derjenigen der gemeinsamen Scham: Das alles hat Kajin zurückgesandt in sein Versteck, ins Land Nod, wo er umherzieht. Nach unseren Spielen wollten wir einfach nur abhängen, ruhen, doch war unsere Lethargie nicht Müdigkeit, sondern Bedrückung unserer Verleugnung. Wir konnten Kajin nicht tolerieren. Beschämt von seiner Energie in uns, beobachteten wir uns selbst, wie wir ihn verurteilten, verachteten und uns abwandten. Unser Über-Ich, Moral und Sozialisation – nennt es wie ihr wollt – trieben ihn zurück in sein Versteck.

Als Erben der Väter leben wir mit dieser unlösbaren, unabänderlichen Wahrheit: Solange Scham unser Unterdrückungsmechanismus ist, werden wir allein sein, werden wir Kajin ins Gefängnis schicken, werden wir alle Streuner und Vagabunden in Einzelhaft setzen. Wir werden sie nicht vorher fragen, welches ihr Opfer ist und wer es zurückgewiesen hat. Wer wurde dir vorgezogen, ohne dass du etwas dazutun konntest? Wie ist der Schmerz, zurückgewiesen zu werden von jemandem, dem du gefallen wolltest? Wie brennt die Schande in dieser Rückweisung? Der Selbstzweifel? Die Wut? Dies sind Kajins Fragen, und dies sind die Fragen, die gären in den Geschichten der Brüder am Ende der Anfänge, am Ende dieses Buches. Kajin ist hierzu das Vorwort.

Üblicherweise beenden wir jeden Bibliolog mit einer Runde, in der wir unsere Beobachtungen und Einsichten teilen. Während die Teilnehmenden ihre Rollen hinter sich lassen und in ihre Wirklichkeiten zurückkehren, können sie darüber nachdenken, wohin sie das Spiel und die Rollen gebracht haben, welche Wahrheiten sie im Text oder in sich selbst wahrgenommen haben. Einige dieser Stimmen mögen hier zum Schluss stehen. Jede und jeder hat auf seine und ihre Art mit Kajin gerungen.

Ein Mann: *Schwierig, sich nicht für Kajin zu schämen, für die Kajin-Energie in mir. Doch sehe ich, wie diese Scham im Kern eine Unfähigkeit ist, diese Energie anzunehmen. Sich zu schämen ist einfacher, als sie anzunehmen, und mit ihr die Freude und den Rausch, als eine Art verrücktes Loslassen und Einstimmen.*

Eine Frau: *So oft habe ich mich als Frau – als Feministin – in Kajin wiedergefunden, obwohl ich ihn nie so nannte. Mit vielen Frauen in Mythen und Geschichten konnte ich mich sehr einfach identifizieren. Weil ich ihn jetzt kenne, kenne ich auch den Zorn auf seinen Vater, dessen Anerkennung er nicht kriegt, nicht einen persönlichen Vater, sondern einen Vater, der ihn –*

mich – nicht bevorzugt. Das sind die Väter, die Kajin und ich hassen; dies sind die Machtstrukturen, die Männer missbraucht haben. Ich weiss, wie ich diese Rückweisung internalisiert habe, wie ich immer wieder fühlte, irgendwas ist falsch mit mir. Ich weiss, dass ich mich wie ein Aussenseiter und Vagabund gefühlt habe. Das Kajins-Zeichen war für mich: Mein Geschlecht.

Ein anderer Mann spricht von Gehorsam: *Was mich am meisten trifft in der ganzen Geschichte, ist, dass Kajin von seiner Familie ausgestossen und zum Umherwandern verurteilt wird. Wie seine Eltern, musste auch er etwas zurücklassen, und aus irgendeinem Grund entschieden sie sich falsch. Gegen Gott. Und für etwas anderes: Schlange, Lust, Neugier, ... genau weiss ich's nicht. Aber ich kenne es in mir, und erkenne seine Gefahren. Da heisst es nicht: „Folge Deiner Bestimmung". Das hat Kajin ja eben nicht getan. Er ist seinem Dämon gefolgt. Kann man nicht immer einfach auseinanderhalten. Vielleicht sind's ja zwei Seiten einer Medaille: Beide nehmen dich aus dem Alltag, aus dessen Gesetzen und Abläufen heraus. Die fühlst dich nicht dazu gehörig. Also läufst du weg. Wie ein Gezeichneter. Die Menschen verstehen dich nicht mehr. Du sprichst deine eigene Sprache. Ich fühlte mich oft wie Kajin in meiner Familie: Schule abgebrochen, weggelaufen, das schwarze Schaf. Manchmal fragte ich mich, ob sie mich nach der Geburt vertauscht hatten. Ich bin zwar das Kind meiner Eltern, aber etwas in mir fühlt sich wie ein Bastard.*

Eine weitere Frau: *Hart war's für mich. Ich musste mich fast in ein Tier verwandeln, zumindest am Anfang. Wie ein Wolf fühlte ich mich.*
Als dann das Spiel seinen Lauf nahm, bemerkte ich, dass diese tierische Wut rein war, ohne Verletzung, und in ihrer Wildheit weder vorsätzlich noch nachtragend. Das musste ich hinter mich bringen und nach etwas Grimmigerem suchen. Ich dachte an die Energie, mit der eine Mutter ihre Kinder verteidigt, das schien kraftvoll, doch auch noch irgendwie ‚nobel', anständig, jedenfalls nicht genug, um mich zu Kajin zu machen. Ich dachte an alle Frauen, mit denen ich mich bereits gemessen hatte, dann schien mir auch das noch zu flach, diente nicht dafür, was ich erreichen wollte. Und dann – ich erschrak vor mir selbst – griff ich tief nach unten, dorthin, wo die Wut sitzt darüber, dass ich als Kind vergewaltigt wurde. Ich musste vorbei an der Angst und an der Versteinerung, um dorthin zu kommen, wo alles nur noch rot von Wut und Rache war. In meiner Therapie hatte ich mich dem schon mal genähert, aber zum ersten Mal nun wandte ich sie an, so wie ein Schauspieler sie wohl anwenden würde, auf der Suche nach geeigneten Emotionen. Ich berührte die Oberfläche dieses Spiegels aus Wut, als ich töten musste. Als ich dort war, war mein Bruder Abel nur noch der Vergewaltiger von damals.

Es schüttelte mich extrem und ich fragte mich, wie tief wohl so ein Rücksetzungsgefühl gehen kann. Vielleicht war auch dies eine Art Übergriff. Vielleicht war Hewel der Liebling, vielleicht spielte er das auch gegenüber seinem Bruder aus; vielleicht war die Gunst eines Gottes dann auch nur der Tropfen, der das Fass zum Überlaufen brachte, für einen Menschen, der sich ungeliebt und zu kurz gekommen fühlt.

Und ein anderer Mann:

Kajins Schicksal ist es, als Fremder zu wandern in dieser Welt. Für mich scheint er eine tiefe Traurigkeit mit sich zu schleppen, an jedem Ort, an den er geht. Wer wird ihn Bruder nennen? Der einzige, der dies täte, den hat er verloren. Einen Bruder verlieren, ist wie Eden verlieren. Mein kleiner Bruder starb, als ich sechsundzwanzig war, und obwohl wir nicht so eng waren, bemerkte ich seitdem, dass ich mir immer gewünscht habe, dass wir es wieder würden, richtige Brüder. Als er starb, wurde mir klar, dass diese Chance nie mehr kommen würde, und ich sie auch mit niemandem mehr haben würde. Er hinterliess eine Lücke, die nie mehr geschlossen werden kann.

Ein letzter Mann, der „Gott" gespielt hatte:

Die ganze Zeit über konnte ich nie sagen, was ich eigentlich sagen wollte. Wieder habe ich versagt. Ich hab's versucht. Ich wählte, denn, ja, auch ich hab die Wahl. Das Gesetz der Freiheit. Ich wähle, doch die Menschen weisen meine Wahl, mein Eingreifen zurück. Kann ich auch verstehen. Aber trotzdem muss ich weiter entscheiden. Ich wusste, dass Kajin verletzt sein würde. Wer wäre das nicht gewesen? Er hätte die ganze Sache umdrehen könne, wenn er nur seinen Schmerz hätte beherrschen können. Wenn er nur mir hätte vertrauen können. Denn dann hätte ich ihn geliebt mit einer Liebe, die diejenige zu Hewel weiter übertroffen hätte. Kajin hatte die Wahl. Eine Wahl, die ich allen gebe, die ich testen will. Ich hätte Kajin aufgehoben und die Tore nach Eden wieder geöffnet. Das hätte mir bereits gelangt. Doch in seiner Wahlfreiheit hat er gewählt, und mit seiner Wahl habe ich zwei Söhne auf einmal verloren: Hewel starb und Kajin ward verflucht und fluchte mir seitdem. So bin ich wieder: Allein.

Der Mythos von der Flut

Als Bibliologleiter lernte ich die Bedeutung von Genesis – Bereschit von den Darstellungen und Spielen derer, die die Texte mit mir gemeinsam entdeckten. Als Autor erschliesse ich Genesis – Bereschit durch die verschiedenen Textarten und was sie bei mir auslösen. Und jetzt, wo ich der linearen Zeitlinie entlang bei Noach anlange, entdecke ich ein mir altbekanntes Märchen wieder und neu und höre dabei die vertraute Stimme meines Vaters, der mir vorliest. Sie schmeckt auf vielfältige Art nach meiner Vergangenheit. Mir scheint dabei, dass die Geschichte von der Flut aus jener Jahreszeit meiner Kindheit stammt, wo meine Vorstellungskraft geboren wurde, nicht als blosse persönliche Fähigkeit, sondern als immenser Traum in mir und um mich herum. In der Noach-Geschichte „regrediere" ich in einen Traum von Regen.

Der Mythos von der Flut (oder, wie ich es eigentlich empfinde: Die Geschichte vom Regen) unterscheidet sich von den anderen alten Sagen. Auch jetzt noch, nach manchem Studium und Spiel, können diese mich fesseln mit ihren vielfältigen Möglichkeiten; sie haben weit mehr emotionale Tiefe, als ein Kind erfassen kann. Die Noach-Geschichte jedoch ist komplett anders. Ich hörte sie zum ersten Mal nach der Sintflut der Scheidung meiner Eltern, mit acht oder neun. Sie nahm einen einzigen Teil der Wirklichkeit auf und vergrösserte diesen, so wie das auch die Seele eines Kindes tut.

Regen kannte ich ja. Ich hatte in ihm gespielt, liess mich durch ihn kühlen. Regen hatte ich an Fensterscheiben runterlaufen gesehen, auf Blättern abperlen, und auch erlebt, wie er aus unserem Hinterhof eine Sumpflandschaft machte. Regen war eine Art spiritistisches Phänomen, voller Geister und Begegnungen. Regen war wie Tränen. Überhaupt: Das war doch wohl klar: Der Himmel weint bei Regen. So viele Tränen. So viele wie ich manchmal. Wer dort oben, unglaublich hoch und weit entfernt, weinte durch die Wolken? Weinte Papi auch manchmal? Und die Wolken – die lebten auch. Der Donner rumpelte wie Magengrimmen im Bauch des Himmels. Blitze zuckten mein Rückgrat runter. Doch die Wolken waren nur Kulisse für – und der Donner hielt mich nur einen Moment ab von – einen langen freien Tagtraum von Regen.

Regen war ein Vorhang, eine Hülle. Er machte Dinge dunkel und liess sie gleichzeitig schimmern. Und wenn er vorbei war, war Licht in der Luft; im Hochsommer dampften die Strassen.

Der Regen trennte das Drinnen vom Draussen: Drinnen war's warm, trocken, sicher. Von drinnen konnte man rausschauen und war doch in Sicherheit. Draussen klatschte und tropfte und platschte es. In der Nacht klopfte er aufs Dach und beruhigte die Welt dahinter. Wenn ich doch in den Regen rausging, spielte er mit mir. Ich war ein glitschiges, platschiges, wildes Tier. Regen ist wild, jawohl! Die grossen Leute sangen und tanzten sogar im Regen, sie wurden wieder Kinder. Regen kitzelt und du lachst. Regen ist gross, umgibt uns ganz, redet, berührt dich überall. Regen ist Gott.

Die Geschichte von Noach war ein Märchen in meiner Kindheit, eine phantastische Erzählung, die zu einer Horrorgeschichte über Regen wurde. Über einen Regen, der nie aufhören wollte. Es regnete ... und regnete ... und regnete. Und ja, ich fand es einfach, diese Geschichte als Vergrösserungsglas wahrzunehmen, diese Vergrösserungsgeschichte für Regen, diese Flut, dieses Ertrinken. Diese Geschichte war jedoch nicht nur einfach vorzustellen. Manchmal war mir, als habe ich sie selbst erschaffen. Irgendwie lebte sie ja auch in mir. Der freundliche Regen konnte ja auch kalt sein; er konnte singen und er konnte die Blumen in den Dreck zusammenhauen, die Blüten zerstören, Regenschirme umdrehen und Hüte in die Luft werfen. Manchmal hatte er einen Wind dabei, der in den Höfen Stöcke und Bretter zerbrach. Ich lernte von der Flut den Begriff „Was wäre wenn ...?" Was wäre, wenn es nie mehr aufhörte? Was wäre, wenn Mami und Papi nie mehr zusammenleben würden? Was wäre, wenn es regnete und regnete und regnete?

Und dann waren da noch die Tiere. Die, die ich im Zoo sah, einfach mehr davon. Alle. Alle auf der ganzen Welt. Noach hatte sie gefunden und zur Arche gebracht. Die Arche war der Zoo. Hatte ich auf Bildern gesehen. Und die stimmten. Mir gefielen besonders die Giraffen und die Nilpferde. Und die Löwen. Alle gingen in die Arche rein.

Die Arche war sein Boot. Lustige Welt. Alle rein in die Arche. Die hatte nicht mal Fenster. Sie schwamm auf dem Wasser. Ich und Noach und seine Familie und die Tiere, alle waren in dem Boot drin und hörten den Regen draussen und den Donner. Wir würden für eine ziemlich lange Zeit hier drinnen sein. Dunkel hier. Bin froh, dass ich nicht allein bin. Was wäre, aber wenn ich's wäre?

Und dann ist's irgendwann vorbei mit dem Regen. Auf Deck können wir ja noch nicht. Wir sind ja noch mitten auf dem Meer. Die ganze Welt ist unter Wasser, Berge, Häuser, Bäume, alles tief unter uns im Wasser. Und die Menschen? Ja, die wohl auch. Da sprach niemand davon. Hier und dort kucken Bergspitzen aus dem Wasser. Sonnlicht blinkt.

Noach schickt einen Raben aus. Der flog und flog und kam zurück. Dann sandte Noach eine Taube. Die kam auch zurück. Er schickte sie wieder und dieses Mal kam sie mit einem Ölbaumblatt im Schnabel zurück. Er sandte sie noch mal aus und dieses Mal kam sie nicht wieder zurück. Er wusste die Erde war trocken genug geworden, dass die Taube ein Nest bauen konnte. Noach war schlau. Es war Frühling. Alles glänzte. Alles war neu und schlammig und süss. Und da war ein Regenbogen.

Als Mann kehre ich zurück zum Mythos von der Flut, in Gesellschaft von manchen Mitlesenden, und sehe viele Dinge. Im Gefolge von Krieg und Schoah, Völkermord und nuklearer Vernichtung lese ich nun etwas über die Vorstellung meiner Geschlechtskameraden von einem universellen und absoluten Unfall, oder zumindest der Möglichkeit dazu. Der Gott der Flut ist die Möglichkeit, die Gefahr grenzenlosen Zorns gegen ein unterworfenes Universum. Dieser Gott hat nichts übrig für unschuldige Natur, denn was haben Vögel und Tiere und sonstiges Gewusel getan, um die Vernichtung zu verdienen? Und die Mütter und Kinder, die in der gesichtslosen Flut ertranken? Die kleine Arche dümpelt im Chaos göttlicher Wut und trägt mit den Geschützten auch eine grausame Botschaft mit sich, Samen vom Baum der Erkenntnis, über die Wellenkämme.

Mit dem Mythos von der Flut sehen und schaffen die Väter die andere Seite des Vaters. Nicht der schöpferische, nicht mal der verbietende, nein, hier ist der Vater unserer Kindheit, den wir mit Bangen und Zittern erwarteten, der, wenn er heimkam, mit einer Hand den Tisch leerräumte, den Kopf der Mutter gegen die Wand schlug, und den Spiegel zerdonnerte, der die Faust benutzte oder den Gürtel oder was er immer grad zu fassen bekam. Der Vater, der uns töten konnte, und das auch tat. Geschichte ist voller Gewalt. Es ist der Gott von Kajin, nicht der, der sich ihm in den Weg stellte. Wir Männer ahnten, dass so ein Gott irgendwo dort draussen sein musste. Wir wussten aber auch, dass er in uns steckte. Der Zerstörer ist die andere Seite des Schöpfers. Der doppelgesichtige Gott trachtet dabei nicht nach Ausgleich oder Rechtfertigung. Seine Schöpfung ist sein. Ohne das geringste Zeichen von Mitgefühl.

Warum dieses Wüten? Das Schauspiel menschlicher Verderbtheit brachte ihn in diesen Zustand. Im Mythos lesen wir, dass die „Erde verderbt war vor Gott; sie war angefüllt mit Gesetzlosigkeit." Die Menschheit, noch in den Kinderschuhen, hielt nichts von Grenzen und Gesetzen; die Erde ging vor die Hunde. In der Sprache des Mythos: „alles Fleisch hatte seinen Wandel verderbt auf Erden." Selbst die, die im Anfang die „Gotteswesen" genannt werden, nahmen sich jegliche Frau unter den Menschentöchtern. Ein moralisches Chaos herrschte unter diesen Repräsentanten eines versauten Planeten.

> *Und der Ewige sah, dass die Bosheit der Menschen gross war auf Erden und alles Gedankengebilde ihres Herzens allezeit nur böse war. (6, 5)*

Er sah und verspürte immense Reue. „Sein Herz war bekümmert." Im Kummer Gottes ist auch etwas von eigenem Scheitern und Verlieren.

Die Freiheit, mit der er seine Schöpfung begabt hat, war verdorben und verdarb die Welt. Die „Gedankengebilde" der Menschenherzen waren böse. Das reicht für eine Gottestrauer.

Das hebräische Wort an dieser Stelle ist *jetzer.* Es kommt von der Wurzel *jatzar*: schaffen, formen. Für den Töpfer und seine Beziehung zum ton wird es gebraucht, abstrakt auch als Kraft, die formt, Gestalt gibt, entgegennimmt. Es steht auch dort, wo Gott den Menschen aus Erde schafft. Es ist das Wort für nichtbiologische Erschaffung, göttlich oder menschlich. Der menschliche Schöpfer nimmt an der Schaffenskraft seines Schöpfers durch diese Fähigkeit teil: Gott und Mensch haben *jetzer.* Vorstellungskraft ist untrennbar von der Freiheit; es ist, was am freisten in uns ist.

Der grosse Vater erkennt, dass diese Kraft den Menschen verdorben hat, und so zerstört der Schaffer, was Er einst geschaffen hat. Die göttliche Kraft, wütend über den Missbrauch der Freiheit der Kreatur, dreht das Rad zurück vom Licht ins Dunkel. Gott verdeckt, wie so viele von uns, seinen Kummer mit Wut.

Er kann ja auch nur sich selbst einen Vorwurf machen, doch ist auch er seiner eigenen Schöpfungsordnung unterworfen. Die grenzenlose Freiheit, die er gegeben hat, kann er nicht einschränken. Wie ein Kind, das das Eigenleben seiner Spielfiguren nicht mehr kontrollieren kann, zerstört er. Der Künstler zerstört den Spiegel, den er geschaffen hat.

Und einer ist erwählt zu überleben, in Gottes Augen der Gerechte seiner Zeit. Gott erfindet einen gerecht und rettet die Welt für ihn und durch ihn. Noach wird der Prototyp des Überlebenden.

Als Überlebender ist er nicht nur dem Untergang entronnen, sondern auch noch das einzige Bindeglied zur Welt vorher. Er trägt mit sich die alten Sagen der Schöpfung und von Kajin und den Generationen seitdem. Er weiss noch, wie die Welt war, bevor sie sich für immer veränderte. Als Überlebender ist er aber auch auf andere Art ein Ausgestossener. Reue und Heimweh begleiten ihn auf seinem Gang zwischen den Welten über die Wasser. Wie Adam und Kajin ist Noach das Bild für eine Seele, deren Vergangenheit plötzlich und unwiederbringlich von der Zukunft getrennt wird. Noach kann nie in Gemeinschaft leben, denn alle kamen um. Er überlebt in Einzelhaft. Er ist Teil der letzten Generation einer vergangenen Zeit und Erstgeborener einer ungeborenen Zukunft. Seine Lebensspanne ist die Brücke zwischen zwei Zeiten und zwei Welten.

Noach ist die erste Darstellung einer Figur, die die Väter unter anderem Namen anderswo in der Genesis erscheinen lassen. Es ist der Überlebende-Retter, der Geschützte-Beschützer, der erwählte Sohn. Zuerst war er Hewel, er wird Avram sein zu dessen Zeit, Jizchak und Jaakov zu deren Zeit. Er erscheint wieder am Ende des Anfangs als Josef, der wie Noach in Gottes Gunst stand. Diese Figur erlöst vielleicht sogar den Vater von Seinem eigenen Scheitern, lebt doch in ihm ein Funke des ursprünglichen Traums des Vaters weiter. Die blosse Existenz eines erwählten Sohnes erlaubt Gott seine Rolle als Vater wieder einzunehmen, er bewahrt den Vater Selbst vor einer Einsamkeit, die er kannte vor der Schaffung der Welt.

Die Figur des Überlebenden ist in jedem Fall enthalten im Mythos der allumfassenden Zerstörung. Wäre sie vollkommen gewesen, hätte nie jemand davon erfahren, nichts wäre übermittelt oder gelernt worden davon. Niemand wäre entkommen, die Geschichte zu erzählen. Der Überlebende ist fleischgewordene Erinnerung. Und obwohl Noach mit den Erinnerungen an seine Vergangenheit lebt, lebt er ohne eine lebendige Vergangenheit. Alle natürliche Kontinuität ist zerbrochen. Adam, Kajin und Noach sind drei Masken einer Figur, jeder ein Überlebender, jeder ein Weiterlebender auf der anderen Seite, jenseits des tiefen Grabens. Sie leben in einer Gegenwart, die noch immer vibriert von der schicksalhaften Begegnung mit Gott. Alle drei kennen das andere Gesicht Gottes, der straft, zerstört und ins Exil sendet.

Ein verstörendes, fremdes Gesicht Gottes, der die Kontinentalplatten schieben und eine Welt in den Ruin treiben kann. Auch dies: Enthalten und verborgen im Wissen der Väter. Spätere Traditionen, christliche und humanistische, fortschrittliche und ökologische versuchen dieses dunkle

Gesicht Gottes weich zu zeichnen. Sie deuten die Flut als primitive Phase der Welt. Doch scheint dieser Mythos eine ewige und elementare Wahrheit in sich zu tragen. Wir würden diese Wirklichkeit gern vergessen, so wie alle, die auf geologischen Spalten leben und nicht ständig an die Möglichkeit eines Erdbebens oder Schlimmeres erinnert werden möchten.

Adam, Kajin und Noach sind die ersten (tragischen) Urbilder vom Mannsein. Aus freier Wahl haben sie entschieden und für ihre Freiheit gezahlt. Anders als die tragischen Helden der Antike sind sie nicht Opfer eines tragischen Ablaufes von Ereignissen. Es sind ganz normale Männer; ihre Tragik liegt in dem, was sie erdulden: Exil und Einsamkeit, und in dem, was sie über sich selbst und über Gott erfahren. Alle drei sind Zeugen göttlicher Launen. Alle drei wissen um Gott als Geheimnis, als Schrecken, als Vernichtung, Tötung, Schrecken, gesetzlos und gnadenlos. Die Vorstellungskraft ist die Quelle jenseits von Moral.

Schöpfungskraft und Vorstellungskraft gleichen sich und brauchen sich; aus ihnen und mit ihnen beziehen wir unsere heiligsten Einsichten und unsere schlimmsten Alpträume. Sie sind grausam und zart. Noach weiss das; er wirkt auf mich geisterhaft, ja verrückt. Er ist nicht nur Überlebender, er ist auch Bewahrer.

In ihm wird das Leben bewahrt, aber, was noch wichtiger ist, das Wissen um die beiden Sichten Gottes. Wenn Noach aus dem Boot steigt: Welche Luft atmet er wohl in dieser neuen Welt? Sieht er die Leichen unter dem Schlamm und die Knochen auf den Feldern? Noach als Figur der Väter sagt uns etwas über die Brüchigkeit nicht nur der individuellen Lebens, sondern allen Lebens überhaupt. Diese Welt verlässt sich auf den Ratschluss dessen, der sie geschaffen hat, und der kann schrecklich sein. Diese Einsicht gibt der Figur Noach ihre Grösse. Welches Licht mag wohl in seinem Auge aufleuchten, könnten wir sein Gesicht sehen? Was er weiss, das kann einen Mann in den Wahnsinn treiben oder in den Suff.

Vieles spricht dafür, dass die nachflutliche Welt als neues Eden erblüht. Der Ausgang aus der Arche wirkt wie eine Prozession, die die Welt wiederbelebt mit „Vögeln, Tieren und allem, was kreucht". Der Grosse Vater bittet erneut alles Fleisch, „auf der Erde zu wimmeln, zu fruchten und sich zu mehren." Er setzt das Prinzip der Mehrung und der Fruchtbarkeit wieder ein, wie es war im Anfang.

Die erste Handlung Noachs ist es, einen Altar zu bauen und ein Opfer zu bringen. Als Reaktion auf den „Duft der Befriedigung", der aufsteigt von den Gaben, spricht Gott zu Sich:

> *„Nicht will ich fortan den Boden verfluchen um des Menschen willen, denn des Menschenherzs Gebilde ist böse von Jugend auf"* (8, 21)

Gott resigniert. Er muss die Vorstellungskraft des Menschen als böse annehmen. Zum dritten Mal, inzwischen, steht er vor den Rätseln und Herausforderungen menschlicher Freiheit, der dem Menschen eingeborenen Fähigkeit zu Verderbtheit und Unrecht. Der Gott, der Noach und seine Söhne segnet, es ist ein anderer als der, der Adam und Chawa einst gesegnet hatte.

Gottes Beschluss, die Erde nie wieder zu zerstören, besiegelt die Noach-Geschichten. Wieder ein Zeichen, wie jenes für Kajin – seines auf der Stirn – doch dieses mal viel grösser: ein Regenbogen in den Wolken. Geheimnis setzt ein Zeichen in die Himmel als „Bund", berith auf Hebräisch, den Menschen und vielleicht auch sich zu mahnen, nie mehr die Welt zu zerstören. Ein Versprechen der Gnade verbindet die Geschichte.

> *„So wird der Bogen im Gewölk sein, dass ich ihn sehe, um des ewigen Bundes zu gedenken zwischen Gott und allem lebenden Wesen von allem Fleisch, das auf der Erde ist."* (9, 16)

Der Ewige ringt mit sich selbst um Beruhigung. Er spricht gar in der dritten Person über sich selbst und stellt sich dabei als Bundespartner neben „alle lebenden Wesen" und unter ein scheinbar höheres Gesetz als ein göttliches Wohl oder Wehe. Gott auferlegt sich diesen Bogen, doch der Mensch darf der gleiche bleiben: immer noch frei. Die Unterwerfung unter den Bogenbund ist freiwillig für Gott, darum muss es auch freiwillig für den Menschen sein.

Bereits im nächsten Moment jedoch treibt schon die erste Wolke über die Sonne: Menschliche Freiheit verdunkelt den schönen Anblick. Nach seinem Opfer erfindet Noach den Weinbau, trinkt von seiner „Erfindung" erstmals und wird betrunken. Wie Kajins Nachfahren die neue Zeit mit Erfindungen begonnen hatten, so führt auch Noach neue Technologien ein: Das Schlangen-Prinzip wird – jetzt neu – in Flaschen gefüllt.

In seiner Trunkenheit entblösste sich Noach in seinem Zelt, und einer seiner Söhne, Ham, sah dies unwillentlich, wie es aus dem Text scheint. Am nächsten Morgen, als Ham dies seinen Brüdern erzählt, verflucht er

Ham und dessen Sohn Kenaan zu einem Leben der Dienstbarkeit. Heftige Fussnote eines neuen Anfangs.

Die Geschichte von Noachs Trunkenheit mag eine humorige Seite haben: Wer würde Noach nicht ein Glas vergönnen, nach solch langem Eingesperrtsein? Aber sie hat auch andere Seiten. Noach mag rechtschaffen sein, doch bleiben einige Kräfte, mit denen man sich noch nicht auseinandergesetzt hatte, neue „Geister" sind da. Ganz nüchtern betrachtet ist es erstmal eine neue Runde im Anfang. Doch kaum war Neubeginn, schon war wieder Schlange, Missbrauch der Freiheit, Ausschweifung, Überschwang, Gnosis und wieder: Urteil, und wieder: Fluch und Fall.

Noachs Geschichte endet mit dem nackten Vater im Zelt. Warum nur konnte ich mich nie an dieses Ende erinnern? Ein Überbleibsel eigener verdrängter Erinnerungen, vielleicht gar Inzest, oder eine andere dunkle Seite, die das Väterwissen bewahren wollte. Es ist das zusammengehörende Wissen um die zwei Seiten des Vaters Gott und des Vaters Noach. Wir haben die Blösse erlebt, die Gott sich durch die Zerstörung seiner Unschuld gab; Noachs Fluch scheint dagegen wie nachgeäfft.

Mir fällt gerade noch das Votum aus einem meiner Spiele ein. Es stammt von einem irischen Priester, der im Slum einer grossen östlichen Stadt eine Gemeinde leitet:

Ich muss ständig an den Wein denken, den Noach am Ende trinkt. Auf eine Art ist die ganze Geschichte der Alptraum eines Alkoholikers. Gott ist betrunken und die Welt dreht sich, wie sie sich dreht, wenn einer betrunken ist. Da muss ich an meinen Vater denken. Und an mich selbst. Dieser seltsame Bogen, und wie es klang und roch nach den Tieren, Lärm und Chaos eigentlich: Alles erinnerte mich an das Haus meiner Kindheit, wenn der Vater besoffen heimkam. Hab mich gefragt, wie das wohl für seine Frau war, und die drei Söhne. Ich jedenfalls hab meinen Alten viele Male nackt gesehen, in seiner Kotze, regungslos auf den Badezimmerfliesen. Aber die Nacktheit seines Körpers war das eine. Das andere war, dass er nun keine Be-Deckung mehr hatte. Sein Inneres war nach aussengekehrt. Sein Schmerz war grenzenlos. Er war kein Mensch mehr und auch kein Tier, sondern irgendwas dazwischen.

Ich schämte mich vor ihm und für ihn. Ich war Ham, als ich ihn so sah, und war auch die anderen Brüder, die ihn bedecken und verstecken wollten.

Am Ende von Noach bleibt mir der Eindruck eines Musters im Wissen der Väter, einer Art Rhythmus im Zyklus der Mythen. Das ist zuerst die Eden-Phase, der Garten, die Zeit der Einheit, der – noch ausgeglichene – Moment, als Kajin und Hewel je ihre Opfer bringen und Seite an Seite stehen, und auch der Frühling, als die Arche ihre Bewohner in eine neue Zeit entlässt. Und dann die zweite, die Schlangen-Phase, *jetser,* Bruch der Harmonie: Schlange spricht im Garten, Leidenschaft lauert an Kajins Türschwelle und schlägt zu, Noach ist betrunken und befleckt. Und dann immer die dritte Phase: Fluchwort und Exil, Einsamkeit, Wanderschaft, Tod. Adam und Chawa ziehen aus Eden, Kajin flieht und geht auf Wanderschaft, Noach bringt mit seinem Spruch Knechtschaft und Herrschaft unter Brüder. Und irgendwann wird dann als vierte Phase ein Neubeginn, ein Versprechen, wieder Harmonie, die ein ums andere Mal wieder gebrochen wird und …

Dieses rhythmische Muster ist der Genesis im Anfang eingeflochten, gibt Sinn und Form den linearen Zeiten, die in den Schriften aufeinander folgen. Es scheint mir ein Rhythmus, der der Logik männlicher Erotik folgt: Steigend bis zur Klimax, eruptiv mit Erregungsableitung, fallend danach und schönste Entspannung, Neubeginn vielleicht. Ein zyklischer und voranschreitender Rhythmus ist es. In ihm werden Städte gebaut, Unternehmen gegründet und Kulturen geformt.

Es ist unser Rhythmus, Männerrhythmus, nicht dem Mond und seinem Wandel verbunden, unbelastet vom Wehe des Gebärens. Ein erotischer Rhythmus, mit dem unsere Imagination mutig voranschreitet, Schlag auf Schlag und Kontrapunkt, folgenden den Spuren des Tanzes des Gottes unserer Väter, des Vorstellungs-Gottes, des grossen Herrschers Vater Zeit. Er gab Tempo, nicht in Blut und Gebären, sondern in Zyklen der Arbeit und der Ruhe, des Traumes, der Unternehmung und der Auflösung.

Der Mythos vom Turm

Mit dem Abschluss von Noach beginnt eine neue Zeit. Wieder gibt der Mensch seinen Samen weiter in nächste Generationen. Lange Listen von Nachkommen folgen Noach, wie einem zweiten Adam. Mit ein paar wenigen Versen wird die Welt neu belebt; ganze Völker erstehen und behaupten sich. Und in keinem der Verse ein Wort von Gott. Wir schliessen daraus, dass Er wieder einmal vergessen wird, verbannt in eine zwischenweltliche Einsamkeit, von wo aus er die lineare Geschichte der Menschheit sich entwickeln sieht, erneut ohne Gedanken an Ihn, erneut auf ein Ende zu. Und wirklich: Der Mythos vom Turm erscheint als Höhepunkt eines allgemein menschlichen Projekts, mit dem dieser den Himmel stürmen will. Menschliche Vorstellungskraft, die einzig menschlichen Zwecken dient; blind für die Beziehung zu etwas Göttlichem, verschlossen aller Einsicht und allem Bund.

Wir lesen am Beginn von Kapitel 11 die folgende Geschichte:

> *Es hatte aber alle Welt nur eine Sprache und einerlei Reden. Nun war es, als sie von Osten aufbrachen, da fanden sie eine Ebene im Land Schin'ar und blieben dort. Da sprachen sie einer zum anderen: Wohlan, wir wollen Ziegel formen und zu Brandstein brennen! (…) Und wir wollen eine Stadt bauen und einen Turm, mit seiner Spitze bis in den Himmel, und wir wollen uns einen Namen machen, dass wir uns nicht zerstreuen über die ganze Erde.*
>
> *Da stiess der Ewige herab, um die Stadt und den Turm zu sehen, den die Menschenkinder bauten. Da sprach der Ewige: Sieh, ein Volk haben sie und eine Sprache sprechen sie; dies ist der Anfang ihres Tuns, fortan würde ihn nichts zu kühn sein, was sie zu tun erachten. Wohlan, wir wollen hinabsteigen und ihre Sprache dort wirren, dass einer des anderen Sprache nicht mehr verstehe.*
>
> *So zerstreute sie der Ewige von dort über die ganze Erde, dass sie abliessen, die Stadt zu bauen. Darum nannte man sie Babel, denn dort wirrte (balal) der Ewige die Sprache aller Erde, und von dort zerstreute sie der Ewige über alle Erde. (11, 1–9)*

Wir schreiben also die grosse, hohe Zeit, in der die Menschheit mit einer Zunge redet.

Man sagt, was man denkt, und zwischen Gedanke und Handlung, zwischen Vorstellung und Tat ist keine Verwirrung, kein Schatten. Die Menschen von Schin'ar siedeln einmütig beieinander. Welchen Bedarf hätten sie wohl für einen Gott? Sie waren bereits Widerspiegelungen des Göttlichen: ihr Reden war gleichzeitig Handeln, wie bei Gott im Anfang der Schöpfung.

Sie hatten einen Plan: Eine Stadt wollten sie gründen mit einem Turm, der den Himmel erreicht. Sie wollten nicht zerstreut sein, nicht Wanderer sein wie die Generationen von Adam und Chawa. Wir wollen uns einen Namen machen für uns selbst, so sagen sie.

Alles zielt auf Autonomie, der Name zielt auf die Eigengesetzlichkeit. Autonomie kommt übrigens aus dem Griechischen und heisst Selbst-Gesetz. Wir sind im Herzen ihrer Sehnsucht. Hier klingt es für unsere Ohren sehr vertraut: Wir Westler wollen unser eigenes Leben schaffen, es nach unseren Bedürfnissen gestalten, durch unsere Willenskraft beherrschen, und am Ende alles Lob dafür erhalten. Autonomie und Unabhängigkeit sind die traditionellen Ziele unseres Individualismus, sind Vorbedingung unserer Persönlichkeit. Kann daran etwas falsch sein?

Nichts eigentlich, ausser, dass es eine Illusion ist. Autonomie baut auf der Illusion des freien Willens auf. Sie leugnet das Geheimnis des Geistes und die dunkle Verbindung von uns allen untereinander. Sie leugnet auch den Einfluss des Anderen auf unsere Pläne. Autonomie ist ein Konzept, das uns einiges an Individualität erkauft und unsere vielfältige gegenseitige Abhängigkeit leugnet, unsere letztliche Dienstbarkeit einer Kraft ausserhalb unserer Kontrolle. Die Stadt und der Turm deuten ironisch in Richtung des Himmels, zu Gott.

Aber Gott hasst Götzenbilder. Er durchkreuzt ihre Pläne, indem er ihre Sprache verwirrt. Sie sind verwirrt, weil sie einander nicht mehr verstehen. Die Zerstreuung zerbricht das Mass, zerstört die Bilder eigener Heiligkeit, den Narzissmus und die Grossmannssucht der einfältigen, selbständigen Menschen von Schin'ar. Keine gemeinsame Stimme mehr. Stattdessen vielstimmige Welt, eine Welt versprengter Individuen. Um zu überleben, zu handeln und Gemeinschaft zu bauen, für Frieden und Krieg müssen die Menschen Sprachen lernen.

Die Stadt und der Turm sind Bollwerke gegen Veränderung. Im Mythos erscheinen die Menschen von Schin'ar wie eine Herde Konformisten, unisono redend, im gleichen Pfad trampelnd. Totalitaristisch erscheint die Kultur. Sie brauchen keinen Gott, werden selbst dazu. Sie beenden Geschichte, bevor sie noch begonnen hat. Das Konzept von Geschichte mit einem Sinn und einem Ziel war noch nicht angekommen; ein solches Konzept von Geschichte, in der Gott und Mensch zusammenarbeiten, Vater und Schöpfung, wartet auf Avraham.

Obwohl dieser Mythos vor einer Kultur der Konformität warnt, anerkennt er auch, dass Menschen von einem gemeinsamen Projekt träumen. Babel steht für die Annährung einer Gemeinschaft daran, und stellt die Frage, in welcher Form dies möglich ist. Babel steht für Dirigismus statt Gemeinschaft. Wie aber würde das jemand sehen, der weiterziehen muss, weil der Turm nicht vollendet werden kann. Was ginge in ihnen vor?

„Ich ziehe einsam von dannen, doch erinnere ich, wie es sich anfühlte, mit anderen zu arbeiten, einen gemeinsamen Traum zu haben, ein Ziel, das uns verband."

„OK, hab's verstanden. Babel war es nicht. Aber wo wird es denn mal sein?"

„Wird es überhaupt je möglich sein, dass Viele wieder Eins sind, irgendwann in der Zukunft, irgendwo?"

Das Versprechen eines solchen Ortes wird erst für Avraham und Sara eingelöst; jeder Fortschritt darin ist das Ergebnis eines gemeinsamen Weges, durch Generationen errungen von Vätern und Müttern und Söhnen und Töchtern: der Traum der menschlichen Familie.

Wieder spüren wir den gleichen Rhythmus im Mythos vom Turm. Die Zeit in Eden, als Mutter und Kind die gleiche Sprache sprachen, ist zu Ende. Die Muttersprache ist die Sprache von Paradies und Kindheit. Adam benennt die Tiere und als er rief, kamen sie. Name und Sache sind eins. Das Tal von Schin'ar ist eine Version der verlorenen Utopie für alle Verstossenen.

Dieser Mythos erzählt aber eine etwas andere Geschichte: Es geht hier um die Trennung von instinkthaftem Leben. Wir sind verbannt dorthin, wo wir allein leben in der Dunkelheit linearer Zeit und in der Welt unserer Einbildung. Wir müssen Sprachen lernen, um zu überleben. Wir tauchen in eine Welt und suchen den anderen zu verstehen.

Worte sind keine Sachen und werden es nie sein; die Scheidung hat stattgefunden und kann nicht geheilt werden. Sprache wird sich auf ewig nur annähern können, das Wort wird nie getreu sein können. Im besten Falle eine Weltsprache ist Poesie, Geplapper, um der Welt Form und Gestalt zu geben; doch ist auch dieses nur vorläufig. Im sterblichen Bereich menschlichen Bemühens sind Worte nur Worte, Bilder nur Bilder. Sie können nie mehr sein. Unser Reden ist auch die Sprache der Verbote und Gesetze, sind Worte, die vieles aufs Mal bedeuten, ist Sprache, die Halt gibt und auf der man ausrutscht, zum Ziel führend und in die Irre.

Eine gewisse Sprache zu können, gibt uns Zugang zu gesellschaftlich starken Positionen. Jede Elite hat ihren Jargon. Ihn zu beherrschen, heisst dazuzugehören. Reste von Dialekt ausmerzen heisst, auf dem Weg zum Weltbürger zu sein.

Sprache ist auch Aggression. Wir spucken Worte aus und zerdrücken sie. Wir haben differenzierte Fluchsysteme entwickelt. Im zarten Alter lernen wir zu betrügen und zu erniedrigen, Sprache als Waffe zu benutzen. Als Söhne und Töchter haben wir den Stachel des väterlichen Tadels gefühlt, liessen seine Standpauken über uns ergehen und lernten von ihm auszuteilen. Auch Mütter haben uns so etwas beigebracht, vielleicht auf subtilere, jedoch selten auf bessere Art.

Einer der schmerzlichsten Momente meiner Kindheit hatte ich mit fünf oder sechs. Vater, Mutter und ich sassen beim Abendessen und mein Vater stiess meinen Ellenbogen vom Tisch, hatte er mir doch schon hunderte Male gesagt, über dem Essen nicht zu hängen. Meine Hand schlug durch den Stoss an das Tischbein. Ich hatte Tränen in den Augen. Als der Vater dies sah, wandte er sich an meine Mutter mit den Worten „Na, wird unser Baby wieder heulen?“ Ich stiess meinen Stuhl vom Tisch zurück. Mein Vater wiederholte seinen Spott, als er sah, dass ich rot wurde und die Tränen hervorschossen. Ich rannte aus dem Zimmer. Mein Vater hinterher. Ich weinte und schrie, er solle mich in Ruhe lassen. In meinem Zimmer im zweiten Stock noch hörte ich ihn durch das Treppenhaus hinter mir herschreien: „Heulsuse!“ Ich zurück ins Treppenhaus, zog meinen Schuh aus und warf ihn nach ihm. Er sollte nur aufhören. Natürlich traf er nicht und sein Spottgesang ging weiter: „Heulsuse!“ Ich warf auch noch den anderen Schuh und schrie wutentbrannt, er möge aufhören. Ich wurde schier verrückt.

Haben wir nicht alle diese Lektionen gelernt über die Kraft der Worte, wie sie verletzen und verwunden können? Wir sind alle aufs Tiefste von Sprache und Worten abhängig

Die Menschen, die von Schin'ar weggehen, sind wie Kinder, die Sprache lernen, mühsam zuerst, durch hören und sprechen. Worte verstören jetzt Handlung, Dinge müssen benannt werden. Das schwerfällige Symbolsystem der Sprache fällt wie ein Schleier aus splitterndem Glas über unsere innere und die äussere Wirklichkeit. Sprache verbindet und trennt, ist Zeichen unserer Zerstreuung und Ziel unserer Verbindung.

Die Welt nach Babel ist unendlich vielfältig. Es wird eine Welt der Stämme und Clans und Nationen werden, jede mit je ihrer Sprache, aber alle unterschiedlich zu ihren Nachbarn. Die Sprache dann wieder getrennt in Dialekte und Soziolekte, nach Geschlecht, gesellschaftlicher Klasse oder Familie. Diese wieder differenziert in private und öffentliche Ausdrucksweise. Meine eigene Sprache kommt aus derjenigen meines Landes, doch haben manche meiner Worte noch intime und private Bedeutung für mich. *Zuhause*, beispielsweise: Neben der Wörterbuchbedeutung ist vor allem meine persönliche Geschichte wichtig, um die Bedeutung für mich zu erfassen. Zuhause sind für mich Stürme und Gesänge der Nacht. Zuhause sind Regen und verträumte Nachmittage. Zuhause ist mein Vater und sein Spott.

Sprache ist zugleich das Öffentlichste und das Privateste: Wir schaffen Gemeinsamkeit und spüren Getrenntheit. Sprache ist zugleich Brücke und Trennwand, die Linie, die sich nie der Achse wird nähern können. Wir benutzen Sprache als Instrument zur Gemeinschaft, doch können wir diese nie vollständig erzwingen, denn Sprache ist zu grob für die höchst eigenartigen Wege, wie wir die Welt erfahren. Trotz aller unserer Worte sind wir allein, Nomaden. Beschenkt und belastet mit Sprache, tappen wir aufeinander zu mit Bemühungen der Rede; wir schreiben unser Bücher und Gedichte und senden sie aus auf die Meere der Kultur, um vielleicht irgendwann Antwort zu bekommen. Das Schicksal, in meiner Sprache gefangen zu sein, ist in meiner Sicht die Wahrheit hinter dem Mythos vom Turm. Oder wie dies Edna St. Vincent Millay ausdrückte: „Babel ist hier und jetzt. Denn wer spricht meine Sprache? Niemand."

Im Mythos vom Turm finden wir eine weitere Fassung des rhythmischen mythischen Kreislaufs. Einmal mehr ist da die Garten-Eden-Phase, hier als Zeit beschrieben, in der die Menschen alle dieselbe Sprache sprachen. Die zweite Phase beginnt mit dem Eindringen der Schlangen-Energie, *jetser*. Darin sieht die Imagination der Männer von Shinar ein grossartiges Unternehmen, das für ihre Unabhängigkeit spricht, für ihre Kraft als Schaffende. Und wieder ist da die dritte Phase des Fluchs und Exils, der Einsamkeit, des Wanderns und des Todes.

Hier finden wir eine weitere Version der Ursprünge unseres Wanderns, unseres Gefühls, nur Vorübergehende zu sein in einer Welt voller Wanderer. Adam, Kajin und die Söhne Noachs wurden in eine Welt entlassen, die ihnen keine bleibende Heimat bot. Die Stadt mit ihrem Turm erschien als eine Bastion, ein Hafen gegen ein Meer von Unruhe. Unsere Eltern sind Exil, unser Bruder ist Kajin: So wandern wir in eine riesige Einsamkeit, segeln losgelöst im Raum, getragen auf den Stromschnellen linearer Zeit nach Tod und Vergessenheit, unverbunden mit der Natur. Einsamkeit um uns und in uns. Wir heben unsere Verteidigungsschilde gegen die umgebende und innere Wirklichkeit des Geheimnisses: Gott.

Aber Gott gewinnt. Zum vierten Mal passiert die Zerstreuung, und wir werden aus unserer selbstgemachten und isolierten Sicherheit herausgewiesen in eine Welt, in der jeder allein ist. Diaspora und Exil werden zu Metaphern der Väter für das Menschsein. Eine schmerzliche Wahrheit, die in diesen frühen Mythen noch verborgen ist, wird in den Sagen von der Ur-Familie offensichtlich: Menschliche Wesen werden ihre Beziehung zu Gott nur dann finden, wenn sie wandern, nur wenn sie allein sind, nur wenn sie sich ihrer Abhängigkeit von Seiner Gegenwart bewusst sind und offen für ihn. Wann immer ein Mensch sich niederlässt, so wie es die Menschen von Shinar tun, ist es immer nur das Vorspiel zur Vertreibung. Erst in dieser Vertreibung, entwurzelt und hinausgestossen in das Unheimliche, öffnet man sich wieder für die Beziehung mit Gott.

Denn dieser Gott ist ein einsamer Gott. Er ist ein hungriger Gott. Er ist in Gefahr, vergessen zu werden, je mehr wir bemerken, dass wir Ihn nicht brauchen, und wir uns tatsächlich wünschen, Ihn nicht zu brauchen. Denn was hat uns dieser Gott bis jetzt gegeben, dass wir uns wünschen würden, Ihn zu lieben, Ihm zu dienen oder Ihn zu suchen? Wir sollten eher Mythen haben, die von unserer Sehnsucht zeugen, uns zu schützen gegen solch einen Gott, eifersüchtig wachend über Seine Kraft, kapriziös in Seinem Gunsterweis, grausam in Seinen Strafen, schrecklich in Seinem Zorn und unergründlich in Seiner Gnade. Dieser ist ein Gott, der noch nicht weiss, wie zu uns reden, wie uns berühren an einer Stelle unseres Herzens, von der aus Gehorsam wie von selbst aus Liebe nicht aus Angst kommt, oder als Antwort darauf, zu einem grossen Unternehmen berufen zu sein. Gott hat noch nicht gelernt, die menschliche Imagination zu erreichen. Jene Phase der Gotteserziehung wird sich erst im Leben von Abraham und Sara ereignen.

Teil II

Sagen von der Urfamilie

5

Der Mythos vom Ruf

Zehn Generationen trennen Noach von Adam. Entsprechend trennen zehn weitere Generationen Noach von Avram. Seine Geschichte und die seiner Söhne wird zum zentralen Mythos des zweiten Teils der Genesis im Anfang. Avraham, der zu Beginn noch Avram heisst, als wir ihn kennenlernen, ist eine – in den Schriften oder in der Literatur seiner Zeit – beispiellose Figur.

Die Saga um Avraham braucht eine eigene neue Erzählform. Die ersten elf Kapitel bis hierher waren auf eine sagenhafte Art mystisch. Wie die Welt geschaffen wurde und der Garten verloren ging, Kajin und der gemordete Bruder, der Regen, die Arche und der nackte Vater, der unfertige Turm – Fragmente erzählen von einer Zeit vor jeder Zeit und Geschichte: Kosmische Fabeln von einem einsamen Gott. Mit den Worten aber „Und dies sind die Nachkommen Terahs" (11, 27) beginnt etwas ganz Neues: Im Anfang verlangsamt sich das Tempo von der kosmischen Weltenschaffung auf die Geschwindigkeit des Lebens eines Mannes, Avram, der später Avraham genannt werden sollte, einem der drei Söhne Terahs. In ihm wird der einsame Gott seinen ersten treuen Sohn finden und mit ihm und seiner Frau, Sarai, später Sara, eine langdauernde Beziehung aufbauen.

Wir finden die Grundlagen aller Väter-Spiritualität in der mythischen Figur Avraham. Sein Leben ist das Motiv, zu dem das Leben aller kommenden Figuren nur Variationen sind. Mosche, die Propheten, selbst Jesus noch sind Abkömmlinge Avrahams, und dies nicht nur in einem aufeinander folgenden Sinn. Die Stadien der Avraham-Geschichte, seine Prüfungen und Aufgaben werden wiederholt im Leben aller Heiligen und Bilderstürmer, aller Schamanen und Rabbinen, aller Medizinmänner und Pfarrer, selbst noch im Zwölf-Schritte-Programm der Anonymen Alkoholiker. Die Idee einer Seele wird geboren mit persönlicher Beziehung zu Gott, kindhaft und wachsend. Das alles stammt von Avraham.

In den Geschichten von der Urfamilie lernen wir, dass Gott sich einen auserwählten Sohn beruft zur Erfüllung einer grossartigen gemeinschaftlichen Aufgabe. Dieser Gott wird zum Grossen Vater, den man bisher nur ahnen konnte, und in Seinen furchtbaren Begegnungen mit Avraham sendet er diesen in eine Welt komplexer moralischer Entscheidungen und schrecklicher spiritueller Anforderungen. Unterwegs wird Avraham aufgefordert werden, das zu opfern, wofür er diesem Gott am meisten dankbar ist.

Avraham ist der Vater in Reinform; in ihm und durch ihn wird der Mythos vom Vater erstmals definiert. Einerseits verkörpert er die Werte einer Gesellschaft, die die Herrschaft von Vätern wollte und stützte. Und andererseits ist er der erste mystische Vater westlicher Tradition, der sich um Reichtum, Krieg, Herrschaft und Materielles nicht gross zu kümmern scheint. Avraham ist ein Mann mit innerem Leben und mit einer Berufung. Durch ihn definiert die Vätertradition ein enges, kulturell konstruiertes Männerbild neu. Sein Leben wird uns durch Stufen spiritueller (und nicht heroischer oder romantischer) Initiation erzählt. Spirituelle Initiation als eine wiederholte, neuerliche und stetig intensivere Selbstaufgabe wird mit Avrahams Leben erstmals ausgedrückt. Die Väter schaffen uns damit eine Sicht von Weisheit und Kraft (für Männer und Frauen), die nicht durch gesellschaftliche Stellung in der Welt kommt, sondern durch den Zustand der Seele. Die Geschichte dieses Patriarchen entwirft zum ersten Mal im Westen den Mythos von der Schaffung einer Seele.

Es ist verlockend, Avraham einen Helden zu nennen; er hat eine Reise und eine Aufgabe; er zeugt zwei Söhne, Jischmael und Jizchak, mythische Ahnväter der Zwillingsreligionen Judentum, Christentum und Islam. Vergleichen wir ihn aber beispielsweise mit Homers Odyssee, wird uns bald klar, wie wenig zutreffend das Wort Held für Avraham ist.

Odysseus weiss die Göttin Athene hinter sich. Die Arena seiner Taten ist eine Welt roher Gewalt, in der es nur darum geht, wie er Kriege gewinnt,

Abenteuer besteht und wieder heimkehrt, nur um Ithaka als besetztes Land vorzufinden, das er sich zurückholen muss. Er ist ein Kind der Welt, ein schelmischer Eroberer, ein höchst willensstarker, trickreicher, neugieriger, ausgekochter Angeber und Tüftler, Geschichtenerzähler und Meister der Masken. Obwohl er auf seinen Reisen und durch seine Aufgaben leidet, erringt er schliesslich doch alles, um das er kämpfte: Weib, Heim, Sohn, Reich und Königtum. Homer schliesst mit einigen Zeilen, in denen gar Odysseus' Jugend wiederhergestellt wird, ja sogar die seines Vaters, und Ithaka bald zu einem Utopia wird, über das (Homer zwar nicht) man sagen könnte: „Und sie lebten lange glücklich und zufrieden".

Odysseus ist der Prototyp des homo oeconomicus. Seine Werte sind – trotz aller Eskapaden – Herd, Haus und Heimat. Er trifft weltlich auf die Welt. Nichts Geistliches findet sich in seinen Reisen, selbst sein Abstieg in die Unterwelt erbringt ihm keine Einsicht über Seele oder Sterblichkeit. Im Hades gelangt er einzig an Informationen, die er braucht, um die Aufgabe seiner Heimkehr zu erfüllen und einen Platz in den Annalen seines Volkes zu erobern.

Den Begriff „ökonomisch" verstehe ich hierbei recht modern: Odysseus ist ein merkantiler Entdecker, ein Ausbeuter und Räuber, dessen Verdienst aus der Beute kommt, um die er sich bereichern kann. Arglistig und scharfsinnig ist seine Intelligenz, im Dienste einer auf Gewinn und Erwerb ausgerichteten Haltung. Seine Träume sind so plastisch und ebenso limitiert, wie ein kreativer Unternehmer eben ist. Seinem Sohn vererbt er Einfluss und Reichtum. Er sucht eine Dynastie zu begründen. Odysseus ist der Pate aller Paten, der Grosskönig aller Skrupellosen, dessen einziges Gesetz er selber ist. All sein sagenhafter Charme verbrennt sich in Ereignissen, stets auf der Hut, alles zu kontrollieren.

Ich kenne ihn, auch an mir selbst. Er ist jener Teil in mir, der Ruhm und Einfluss sucht, Vorteil und Verdienst. Er sitzt neben mir, wenn ich dieses Buch schreibe, und flüstert mir etwas von der Spiegel-Bestsellerliste ins Ohr. Er beneidet erfolgreiche Männer und misst sich mit ihnen; er will einen schwarzen Mercedes SL und die Blicke aller schönen Frauen. Er ist nicht meine Wildheit, sondern mein Wunsch, etwas Besonderes zu sein, jemand, für den die üblichen Regeln nicht gelten. Er war dabei, als ich mir mit Calypso auf Jamaika die Zeit vertrieb, und wir Rum tranken, bis die Sonne unterging. Wie er verlasse ich meine Familie, um meine eigenen Absichten zu verfolgen, um meinen Appetit auf die Welt zu befriedigen. Er ist mein Hedonismus. Wie er weiß ich mich zu verstellen, bis ich nicht mehr weiss, wer ich selbst wirklich bin, oder bis ich denke, ich *sei* jene

Rollen, jene Kontexte, jene Antworten und jene Improvisationen. Der Odysseus, der mit Proteus ringt, der Formwandler, ist der ultimative, sich stets anpassende Mann.

Welch unterschiedliche Figur treffe ich in Avraham, und welch verschiedene Seiten meiner selbst stellt er dar. Wenn überhaupt ist er ein Held des Schweigens. Ein Mann, der zuhört und wartet. Wille und Handlungen, Leidenschaften und Ambitionen, Gemeinschaft und Romantik, Reise und Ruhm kümmern ihn nicht. All diese Dinge sind nicht die Quellen seiner Kraft weder als handelnder noch als Archetyp. In dem Land, das er durchwandert, kümmert er sich nicht um sein nach Anerkennung hungerndes Selbst und dessen wackere Kämpfe mit Aufgaben und Hindernissen, Drachen, Hexen, Rittern oder bösen Mächten. Ja, das Böse selbst, um das es so deutlich in der Welt von Odysseus geht, ist schattenhaft in Abrahams Welt. Es ist komplex und lebt in ihm, mehr denn ausserhalb von ihm. Die Prüfungen des Avraham liegen in der Welt der Vorstellung, zwischen den Zeilen und hinter den Worten. Soll ich mich ihm nähern, müsste ich die Stille verletzen, in der er wandert. Als Sohn aller Vorsehung braucht Avraham Vorstellungskraft für seinen Weg.

Avraham scheint für die Geschichte ohne Bedeutung. Doch in seiner Leere schafft er Geschichte. Diese Handlungsleere, diese Abwesenheit jeglichen heroischen oder individuellen Schöpfungswillens gibt ihm Zugang zu einer anderen Art der Kraft, einer, durch die er zum Instrument wird. Er wird keine Dynastie erschaffen, denn als er stirbt, sind seine Hände leer. Sein wichtigstes Erbe – seine Weisheit, sein Glaube, sein Wissen um die Geheimnisse der Väter – geht nicht von Hand zu Hand. Er kann nur für eine Kraft zeugen, die sein Same und deren Same – darunter ich selbst – wenn überhaupt nur direkt und selbst erleben kann. Man nennt ihn seit Jahrhunderten einen Mann des Glaubens, er ist aber auch ein Zeuge für unbestreitbare Offenbarungen.

Avraham ist ein unheroischer Mann. Nicht, dass er etwas dagegen hätte, es trifft einfach nicht auf ihn zu, so wie heroische Werte eben auf Poeten, Musiker, Priester, Rabbis, Therapeuten oder Heiler nicht zutreffen. Diese Leute leben in jener wirklichen Welt, in der es um odysseische Dinge geht, und sie leben im Reich Avrahams. Avraham in uns fragt stets: Was hat das Leben für einen Sinn? Was zählt, wenn alle Geschäfte abgeschlossen sind und alle Gewinne gemacht? Woher kriegen wir unser innerstes Gefühl von Bedeutung, Wert und Zweck im Leben? Avraham ist der erste Führer auf diesem Weg und Botschafter dieser Fragen im Westen. Wenn wir diese Fragen stellen, treten wir in das Reich der Gedanken und Gefühle, wo er immer schon auf uns wartet.

Avraham war's, der zuerst verstand, dass Licht nur *nach* dem Dunkel, *durch* das Dunkel kommt, Kraft durch Machtlosigkeit kommt, Sieg dem zuteil wird, der sich gibt, Leben dem, der erstirbt. Diese spirituellen Paradoxe erwachen in den Geschichten des ersten Patriarchen. Er spricht zu dem Wanderer in mir, spricht zu jenen Zeiten in meinem Leben, als ich mich treiben liess im Fluss eines Universums voller Geheimnisse und dunklen, flüchtigen Sinns.

Wir kennen das Leben Avrahams nicht als Ganzes. Wir haben Fragmente wie Scherben, Szenen, wo wir Avraham als Sohn, als Verwandten, als Vater sehen. Zuerst wird er erwähnt als Angehöriger des Stammes von Terah. Damals noch als Avram reist er mit dem Vater westwärts von seiner Heimat im Herzen Mesopotamiens ins Land Kenaan an den Ufern des Mittelmeers.

> „*Und dies sind die Nachkommen Terahs: Terah zeugte Avram, Nahor und Haran, und Haran zeugte Lot. Und Haran starb angesichts seines Vaters in seinem Geburtsland Ur der Kasdäer. Avram und Nahor nahmen sich Frauen; Avrams Weib hiess Sarai und Nahors Weib hiess Milka, die Tochter Harans, des Vaters der Milka und der Jiska. Sarai aber war unfruchtbar, sie hatte kein Kind.*
>
> *Dann nahm Terah seinen Sohn Avram und Lot, den Sohn Harans, seines Sohnes Sohn, und seine Schwiegertochter Sarai, das Weib des Sohnes Avram, und sie zogen aus Ur der Kasdäer, um nach dem Land Kenaan zu ziehen; und sie kamen bis Haran und blieben dort. Und die Tage Terahs waren zweihundertfünfzig Jahre, dann starb Terah in Haran. (11, 27–32)*

Wir wissen nichts darüber, warum Terah auszieht, doch wissen wir, dass er nicht viel weiter kam als bis an die Grenze seines Heimatlandes. Dort, in Haran, liess er sich mit seinem Stamm nieder; und starb.

Sofort nach dieser Beobachtung kommt der folgende Satz:

> „*Und der Ewige sprach zu Avram: ‚Verlass dein Land, deine Verwandtschaft und das Haus deines Vaters und geh' in das Land, das ich dir zeigen werde.“ (12, 1)*

In diesem Moment richtet sich ein Schlaglicht auf Avram und hebt ihn heraus aus dem Wirrwarr der Figuren. Das geschäftige Getriebe in Haran tritt in den Hintergrund und ein Mensch, kein besonderer, wird mitten aus seinem Alltag geholt; der Fluss des Lebens wird unterbrochen durch eine Stimme. Unwirklich spricht sie zu ihm, ohne Kontext, ohne Vorbereitung, ohne Beweis. Ein Mann hört eine Stimme – Dämon, Einbildung, Gott –, die ihn ruft und auffordert, anweist: „Verlass … und geh".

Die Aufforderung folgt direkt auf die Bemerkung, dass sein Vater sich niederliess und dann starb. Diese Sequenz deutet darauf hin, dass die kraftvolle geistige Energie auf Avram trifft unmittelbar nachdem seines Vaters Lebensenergie diesen verlassen hatte. Terahs Vision, nach Kenaan zu gelangen, ging nicht in Erfüllung. Avram wird berufen, sie zu vollenden, auf eine Art und Weise jedoch, die sich sein Vater nie hätte träumen lassen.

Gibt es einen Zusammenhang zwischen dem Tod des Vaters und der Kraft, die auf den Sohn trifft? Macht der Tod des Vaters etwas möglich für den Sohn, gibt er etwas frei zum Weitertragen, Vertiefen, Übertreffen? Ich denke schon, wobei ich nochmals sage, dass die Formulierung Vater-Sohn rein metaphorisch ist, weder von Geschlecht noch Verwandtschaftsgrad abhängt. Als Mann kann ich diese Beziehungsmuster in meinem Leben sehen, genauso wie im Leben anderer Männer. Das Paradigma, um das es mir geht, ist allerdings dasjenige von Eltern-Kind, von der Generationenweitergabe alt-jung.

Ich lese in dieser Sequenz etwas über den Zusammenhang zwischen dem Tod des Vaters und der Bereitschaft des Sohnes, sich rufen zu lassen, ich lese etwas über Träume, die von Generation zu Generation – vielleicht etwas erneuert – weitergegeben werden.

> *„Und der Ewige sprach zu Avram: ‚Verlass dein Land, deine Verwandtschaft und das Haus deines Vaters und geh' in das Land, das ich dir zeigen werde.'" (12, 1)*

Terah, so hören wir, kam bis an die Grenze seines Geburtslandes, aber konnte die Grenze in ein neues Land nie überschreiten. Terah siedelte innerhalb seines Mutterlandes. Dort baute er sein Haus. Dort zog er seine Kinder auf. Dort starb er auch. Sein Sohn nun wird berufen, darüber hinaus zu gehen, die Familie und alles Vertraute hinter sich zu lassen und in eine Welt zu ziehen, in die ihn der Vater Allen Seins beruft.

Für die Seele, die hört „Verlass ... und geh'", ist die Zukunft und das Ziel ungewiss. Einzig das Überschreiten der Grenze, nicht aus eigenem Plan, nicht unter seiner Kontrolle, nimmt Avram aus dem normalen Fluss des Lebens, hinein in eine „Traumzeit" (Mirca Eliade). Terah reiste noch auf sicherem Grund, Avram jedoch tritt in einen Raum, in dem einzig seine Vorstellungskraft ihn führt. Er fühlt sich geleitet und berufen von einem ungreifbaren, unvorhersehbaren Grossen Vater. Wie Adam, Kajin, Noach und die verstreuten Seelen von Babel vor ihm macht sich Avram auf die Reise in die Wildnis und in die Einsamkeit, erschliesst eine neue Welt und bleibt doch immer Pilger und Gast. Er wird, wie wir noch sehen werden, das Leben eines Fremdlings führen. Ungleich Adam, Kajin und Noach jedoch ist Avram nicht ausgestossen oder exiliert. Sein „Fremdsein in einem fremden Land" ist willentlich und absichtlich. Arbeit wartet auf ihn, eine Aufgabe, die seinem Leben einen Sinn gibt. Für ein höheres Ziel werden von ihm aussergewöhnliche Opfer verlangt.

In genau dem Moment der Erzählung, den wir gerade erreicht haben, liegt der Anfang von Genesis, die Genese von Bereschit, dem Projekt der Väter. Es ist im Kern Fortschritt, als Voranschreiten und Vorankommen, nicht als Verbesserung. Soweit ich weiss, bezeichnet das lateinische Verb progredior (vom dem das Wort Progress, Fortschritt, abgeleitet wird) im ursprünglichen Sinn den Akt des Hinausgehens aus dem Vaterhaus. In der Terah-Avram-Geschichte beginnt dieser Fort-Schritt mit der Vision Terahs von Kenaan, wird erneuert und erweitert im Sohn, geistlich aufgeladen und unterstützt von einer weit grösseren Kraft, als der Vater Terah sie kannte. Avram wird Avraham und wird den Traum weitergeben, an seinen Sohn Jizchak, dann dieser an seinen Sohn Jaakov – immer noch als Traum, immer wieder erweitert und erneuert, zu seiner Zeit.

Und genau dadurch, dass dieser Traum sich nie ganz erfüllt, bleibt er paradoxerweise stetig lebendig. Die Reise in das „Land, das ich Dir zeigen werde", irgendwann dann das „verheissene Land" genannt, kommt nie an ihr Ziel. Avrahams Nachkommen enden als Sklaven in Ägypten. Später wird ein gewisser Jehoschua über Mosche hinausgehen und die Kinder Jisraels in das „verheissene Land" führen, aus dem wiederum sie irgendwann ins Exil geführt werden und so weiter. Auf dem Land lasten die Bewegungen der Geschichte. Sion ist ein Traumland, seine Besetzung war eine Traumzeit. Selbst der Messias und sein universelles Friedensreich, alles ist Zukunft. Juden und Christen leben in Erwartung, reisen als Pilger und Fremdlinge auf ein Land zu, das nie erreicht wird, auf eine Zeit zu, die nie sein wird.

Die Väter lehren uns, dass jede Generation neu auf ihre Reise geschickt wird, jede Seele ihren Mutterboden und ihr Vaterhaus verlassen muss, um zu wandern. Söhne und Töchter müssen in die Fremde, ihren Sinn finden, ihren Zugang zur Vergangenheit, ihren Sinn der Gegenwart. Und jeder Ruf ist eine Erinnerung an den vorherigen. Der Traum überdauert die Träumer. Der alte will erinnert sein, doch muss von jeder Generation neu geträumt werden. Immer wenn der Vater sich niederlässt und stirbt, muss das Kind los in die Weite und seinen Traum leben.

Dieser Bezug Eltern-Kind, ein Generationen übergreifendes Unternehmen der Traumweitergabe, macht den tiefen Sinn der Vätertradition im Anfang, der Genesis aus. Und wie ich bereits gesagt habe: Paradoxerweise ist das Erbe, das weitergegeben wird – zutiefst immateriell, unberührbar, mystisch, visionär – fast wie ein Lied oder eine Geschichte, gegeben und genommen aus Glauben.

Die römischen oder griechischen Mythen kennen solch ein Verständnis von „Pro-gress“, Fortschritt, nicht: Der Held erlangt sein Ziel, seine Reise endet in der Vermählung und Kinderzeugung und endlosem Glück. Eine Dynastie ersetzt die Unsterblichkeit. Häufig ist der Held nicht zimperlich, wenn er sein Erbe sichern will. Nie aber hören wir von dem Traum einer besseren Welt, als Verbindung zwischen den Generationen.

Den Vätern ist diese Vision zentral. Ihre Vorstellung gründet und mündet in einem Unternehmen – einem Bund, einer Gemeinschaft, einer Familie der Menschheit –, das Generationen und deren Seelen verbindet. Wir sind hier im Herzen der Mytheologie der Väter, und sein Schlagen schmiedet gleichsam einen Bund: Männer und Frauen sind Teil, fühlen ihre eigentliche Berufung, fühlen, wie ihre Seele wächst. In dieser Welt wächst Seele nur aus einem: der Berufung.

Heute haben wir diese spirituelle Tradition verloren. Das liegt nicht mal nur daran, dass seit der industriellen Revolution die wenigsten von uns in Westeuropa noch wirklich mühsame Arbeit vollbringen müssen. Wahrscheinlich auch nicht daran, dass wohl kein Kind mehr den Vater bei seiner Hände Arbeit schwitzen sieht. Was uns wirklich fehlt, ist ein Vater oder eine Mutter, die noch träumen kann, noch auf Stimmen hört und darum von der Gesellschaft vielleicht als Narr oder Närrin verschrien ist.

Unsere Gesellschaft ist voller Torheit, doch wo sind die heiligen Toren? Avram gehört in diese Kategorie. Jedenfalls würde das sein Bruder Nahor unterschreiben. Mindestens misstrauisch ist auch Sarai, Avrams Frau, obwohl auch sie berufen ist hinauszugehen. Am meisten jedoch wundert sich Avram über sich selbst. „Das ist doch Wahnsinn", sagte er zu sich, „ich muss verrückt sein. Und diese Stimme, die muss mich narren und irreführen.

Kann ich meinen Ohren trauen? Einsames Fragen eines Menschen, der ausserhalb seiner selbst keine Antwort finden kann. Wer sollte ihm „draussen" eine Antwort geben können? Er muss handeln, frei in seiner Wahl, dabei auf alles genau achten, die Stimmen in ihm unterscheiden. Wenn er dem Ruf folgt, bekommt sein Leben einen „Ausdruck von Torheit" (Casteneda), der nur durch seinen Glauben gestützt wird. Niemand weiss wirklich, um was es ihm geht, noch kann er es in Worte fassen, denn in seiner Welt greifen Erklärungen zu kurz. Er bezeugt einzig seine eigene Erfahrung. Und sein Vertrauen. Seiner Berufung folgen heisst sehr oft, in den Augen der Welt zu scheitern.

In dieser Welt ist alles, was wir aufs Spiel setzen können, materiell. Selbst unser Leben. Für was? Fürs Vaterland oder für den ultimativen Kick, vielleicht. Für einen grossen Traum jedoch, für unsere Mitmenschen und diese Erde, kaum. Unsere Träume werden oft im Laufe unseres Lebens zu einem unterhaltssichernden Unternehmen zugunsten unseres Bankkontos und unserer Absicherung. Wir leben für den Erfolg. Solche odysseischen Unternehmungen brauchen Mut und Geld. Aber Babel war nur eine Randnotiz der Väterzeit. Es geht darum, Gott zu treffen oder von ihm getroffen zu werden. Wir behaupten, dass Gott eine reale Kategorie menschlicher Erfahrung ist und Gott – auf welche Art auch immer – unser Verhältnis zu Vergangenheit, Gegenwart und Zukunft unterbrechen kann durch einen Ruf. Danach leben wir nur noch im Moment, denn nur in der absoluten Gegenwart hören wir, was wir brauchen, um weiterzugehen. Geduldig sein, ruhig, nach innen gehen und allein sein sind die Tugenden, in denen wir uns üben müssen. Berufung ist Leben im Dienste alles Ewigen, ein Leben in Gehorsam.

Gehorsam hat durch die Geschichte einen schlechten Klang. Zu viele Lämmer sind widerspruchslos zur Schlachtbank geführt worden. Zu oft standen Befehlsempfänger und Mörder dahinter. Hören wir heute das

Wort Gehorsam, empfinden wir mindestens Gespaltenheit, meistens Furcht. Hinzu kommt Abscheu vor allen erzwungenen Unterwerfungen unserer Kindheit, unsere unterdrückte Wut auf eigene Ohnmacht. Früher gehorchten wir, wir mussten ja, doch beschämte uns das. Wir schworen uns, nie wieder würden wir. Gehorsam ist für Kinder, für dressierte Hündchen. Der Diener, der gehorcht, ist schlimmer als der Sklave. Nur ein Soldat gehorcht dem Vorgesetzten. Gehorsam heisst seine eigene Kraft loslassen: Kontrollverlust.

Doch die Seelen-Weisheit der Väter meint einen anderen Gehorsam: Gehorsam kommt von „hören". Avram *horcht auf* den Ruf aus seinem Land und seines Vaters Haus. Und ge-horcht. Er nimmt den Ruf wahr als von einem Gott kommend, der ausserhalb seiner selbst und ganz anders ist. Und gleichzeitig in ihm. Echt spricht zu echt, Kraft zu Kraft; etwas entflammt in Avram. Vorstellungskraft ist die Fähigkeit, sein inneres Ohr zu öffnen für die innere Stimme. Vorstellungskraft ist genauso aufnehmend wie formend.

Avram gehorcht nicht irgendeinem externen Diktat, irgendeiner Kommandokette. Im Gegenteil: Er bricht mit jeglicher üblichen Konvention, mit Pflichten und Rechten aus seines Vaters Besitz. Ein kurzes Orientierungslicht scheint für Avram aufzuleuchten und sofort wieder zu verschwinden. Er hat keine Ahnung von dem, was auf ihn zukommen wird, und muss mit jeder Stufe, die er weitergeht, erneut seine Ergebenheit erneuern, denn sein Gehorsam ist freiwillig, nicht erzwungen.

Einst hörte auch ich einen solchen Ruf, doch war ich nicht mutig genug zu gehorchen. Es war am Ende eines Winters, nach dem Ende meiner ersten Ehe, kurz vor dem Abschluss meiner Promotion. Ich war nach New York gekommen und wohnte in der Wohnung meines Vaters an der Westside. Kurz vorher war ich einer Frau wieder begegnet, einer alten Collegeflamme. Sie hatte mich zum Abendessen eingeladen. Als ich mich zu ihr aufmachte, beschloss ich trotz des stürmischen Märzwetters die zwölf Blöcke zu ihr zu laufen, freudig erregt. Noch eine Ecke, ich schlug den Kragen hoch gegen den kalten vom Fluss kommenden Ostwind. Es war schon dunkel und ich hatte das seltsame Murmeln aus dem Schatten zwischen Autos und Gehsteig fast überhört.

Da lag ein Mann, halb im Rinnstein und stammelte „Mir ist kalt, ... mir ist kalt." Sicher merkte er nicht, dass jemand an ihm vorüberging, doch ich bemerkte ihn. Als Grossstädter war ich es gewöhnt, Armut und Obdachlosigkeit zu übersehen und war schon fast an ihm vorbeigezogen in

Richtung eines romantischen Abends. Doch blieb mir seine Stimme im Ohr und ich erinnerte mich an die Geschichte vom barmherzigen Samariter und wurde die Vorstellung nicht mehr los. So kehrte ich um, griff ins Dunkel zwischen Autos und Rinnstein und schleppte den Mann in einen Hauseingang. Sein „Mir ist kalt“ roch inzwischen aus der Nähe nach viel billigem Fusel. Ich sagte ihm, ich wäre auf dem Weg zu Freunden und würde von dort zurückkommen, um ihm etwas Wärmendes zu bringen. „Bin gleich wieder da“, versprach ich.

Bei Caroline, der Frau, die ich besuchen wollte, angekommen, erzählte ich, was ich erlebt hatte. Sie sah mich etwas skeptisch an, aber gab mir schliesslich eine alte Decke, die sie irgendwo fand. Als ich zu dem Mann zurückkam, legte ich ihm die Decke um die Schultern und drehte mich wieder um in Richtung Caroline. Doch plötzlich, wie aus dem Nichts, lag dort, von wo ich den ersten Mann aufgelesen hatte, ein zweiter. Vielleicht hatte dieser meine Gutmütigkeit bemerkt, vielleicht hatte sich bereits das Gerücht um einen gutmütigen Schwachkopf, der zitternde Trunkenbolde zudeckt, verbreitet, jedenfalls hörte ich wieder „Mir ist kalt“. Ich hielt an und mir schwante, falls ich auch für diesen Mann mit einer Decke zurückkehren würde, läge dort sicher ein Dritter im Rinnstein. Und dass ich dann mich schützende Sehschwäche in Bezug auf Armut und Obdachlosigkeit verlieren würde und überall Hilfsbedürftige sehen würde, die mich rufen. Und wenn ich jetzt noch mal umkehren würde, bräuchte ich nicht mehr zu Caroline zu kommen. Und ich würde auch nie meine Hochschule abschliessen, um einen grossartigen Weg in der Welt zu beginnen. In dieser Nacht hörte ich einen Ruf, der so klar war, wie wenn jemand meinen Namen gerufen hatte. Doch er war mir zu schwer, zu selbstlos. Ich rannte weg, hin zu Caroline, und schloss die Tür hinter mir. Ich war nicht bereit für diese Art Gehorsam.

Avram schon.

Der Ruf an Avram in jenem Moment in Haran schloss mit der Verheissung einer immensen Zukunft.

> *„Ich will dich zu einem grossen Volk machen und ich will dich segnen und du sollst ein Segen sein. Und ich segne, die dich segnen, und fluche, die dir fluchen. Und mit dir sollen sich segnen alle Geschlechter der Erde.“ (12, 1–3)*

Zukunft mit einem Versprechen: Avram wird Vater eines grossen Volkes, sein Name wird gross und wir ein Segen sein jenen, die ihn ehren, und ein Fluch, jenen, die ihm fluchen. In den Worten „alle Geschlechter der Erde" leuchtet kurz wieder ein erneuertes Eden auf, eine neue Welt, in der die Menschheit als Gemeinschaft aus Verwandten gesehen wird, die sich auf die gleichen Ahnen zurückführen, auf die gleichen spirituellen Wurzeln: auf Avram, seinen Ruf und seine Antwort. Die Vätertradition ist unterwegs als Unternehmen aus Generationen und klarem Zweck. Das Ziel der Seele ist nicht eine Theokratie des Grossen Vaters, eine Restauration der ursprünglichen Einheit im erneuerten Eden. Die Vision ist das Wohl aller. Berufung heisst nicht „persönliches Wachstum". Seele ist durch Avram verbunden mit der gesamten Menschheit. In seiner reifsten Form ist Berufung, wie wir sie hier lesen, eine Hinwendung zu Welt und Erde, zu Gabe und Hingabe.

Avrams Berufung – jene, die er hörte, und jene, die er uns hinterlässt – enthält ein Versprechen: Gottes Versprechen, uns mit der jeweils benötigten Kraft auszustatten, und – weit mehr noch – das Versprechen aneinander, dass unsere eigene innere Reise mit der der ganzen Erde verbunden ist. Es spricht ein tiefes Bedürfnis in uns allen an, uns einem höheren Ziel als wir selbst zu widmen. Etwas, das über Biologie hinausgeht, ruft diesen Mann, die Welt zu einer Familie aus Menschen zu machen.

> *„Und so ging Avram, wie der Ewige zu ihm geredet hatte, und mit ihm zog Lot. Avram war fünfundsiebzig Jahre alt, als er von Haran auszog. Und Avram nahm sein Weib Sarai und seines Bruders Sohn Lot und alle ihre Habe, die sie erworben, und alles Menschenleben, das sie in Haran sich geschaffen, und sie zogen aus, um nach dem Land Kenaan zu gehen, und sie kamen in das Land Kenaan. (12, 4–6)*

Dies ist die Geschichte der Reise der Seele nach ihrer Berufung. Vom Moment an, in dem Avram „sein Heimatland und seines Vaters Haus" verlassen und Kenaan betreten hatte, lebte er in den zwei Dimensionen – und lebte beide als Fremdling.

Die erste Dimension ist das Reich der naturalistischen und interpersonalen Wirklichkeiten: Er reist ja wirklich mit Kind und Kegel, er begegnet ja wirklich einer Hungersnot, disputiert mit Pharao, macht Geschäfte mit seinem Neffen Lot und erobert sich einen Platz innerhalb der Stammesfürsten von Kenaan. Doch siedeln lässt man ihn nicht. Als Migrant und Im-migrant lebt er mit dem, womit er das Land betreten hat, seinen Herden und seinem Anhang: „Als Fremdling in einem fremden Land.“ Er erlebt die Prüfungen, die stumm und hilflos ertragene Schmach des Flüchtlings. Nirgendwo gehört er hin. In dieser Welt und Dimension bleibt er – wiewohl irgendwann geehrt – ein Fremder: sein Heimatland hinter sich und das Zielland weder angegeben noch gefunden.

Fremder ist er auch in der zweiten Dimension. Seine Reise durch äussere Landschaften und Ereignisse korrespondiert inneren Begebenheiten von geheimer, enormer Konsequenz, seinen Begegnungen mit dem Grossen Vater, dessen Wille und Weg er zu erkennen sucht. Gott kommt zu Avram ungefragt, nicht aber, wenn er gerufen wird. Der Ewige wiederholt seine Versprechen, aber verweigert die Erfüllung. Wir ahnen jenes endlose Selbstgespräch in Avrams Herzen, wenn er mit jenem Gott streitet, in dessen geheimnisvoller Umarmung er liegt. Diese innige und irritierende Nähe, dieses Ringen der persönlichen Vorstellungskraft mit der transzendenten Kraft, verlängern sich mit Avrams Wanderungen in der Welt. In dieser inneren Welt dunkler Intimität ist Avram genauso fremd wie in der äusseren von Kenaan und Ägypten.

Die äussere Reise ohne Ziel ist im Kern ein Bild für seine innere Erfahrung. Avram realisiert aussen und innen, was es heisst, Fremdling im fremden Land zu sein.

Fremdsein ist eines der zentralen Bilder der Schrift für die Seele. Die Erfahrung des Fremdseins, der Entfremdung und der Nichtzuhörigkeit im physischen und im geistlichen Sinn ist – wortwörtlich – existentiell, ist tief und wahr. Avram und Sarai sind die Archetypen der Fremden. Sie wandern nicht nur durch eine Welt, in der sie sich nicht niederlassen können, sie durchmessen dabei auch ihre innere Welt, in der sie immer wieder entwurzelt werden aus einem erhofften Boden oder einer ersehnten Sicherheit. Ohne jegliches Vertrautes durchleben sie eine Wirklichkeit, in der ihnen der ganz Unvertraute ständig begegnet.

Ein Fremder hinterlässt kein Testament. Fremdsein ist jener Teil in uns, der weiss, dass wir nie ganz dazugehören, nirgendwo. Dieses Grundgefühl entzieht sich selbst der Psychotherapie, die sie irgendwann erklären und mit der Welt kompatibel machen würde. Der Fremde in uns wird nie irgendwo ankommen, wird nie von seiner Wanderschaft erlöst. Das Land, durch das die Seele geht, wird nie ihr gehören; ihr Name ist jenen, die sie trifft, unbekannt; sie ist der Aussenseiter, sie wird – wenn sie stark ist –

gefürchtet oder gejagt – wenn sie schwach ist, toleriert, vielleicht angenommen, immer aber an anderem Ort, von anderer Sippe. Der Fremde ist keiner von uns.

Avram wurde allem Vertrauten enthoben durch den Ruf. Der Ruf eröffnete ihm innere Welten ewiger Kraft, seine Begegnungen mit Gott in Beth'El, Ägypten und Kenaan sind weitere Stufen einer Initiation. Was Avram durch den Ruf entgegenkommt, ist nichts weniger denn seine eigene Seele, seine allerstärkste Imagination, sein Hunger nach Endlosigkeit, seine Fähigkeit zu träumen, zu wandern, zu suchen, durchzuhalten, zu lernen und zu wachsen. Seele entsteht auf der Reise durch beide Dimensionen; in beiden fremd doch unbefremdet. Weil sie das Unbekannte durchreist, lernt sie fast unmerklich zu glauben. Gott – wie man ihn auch immer nennen mag, wie nah oder fern man sich ihn vorstellt – umwirkt den Wanderer mit dem Wunder eines unermesslichen Geheimnisses, bis dann irgendwann beide Dimensionen in eine einzige Wirklichkeit fliessen werden.

Mitte der Siebziger war ich Dozent am Brooklyn College. Nach dem Unterricht fuhr ich jeweils mit der U-Bahn nach Hause. Irgendwann wurde dieser Weg für mich zum Spiessrutenlauf: Am Ausgang des Campus stand eine Gruppe von augenscheinlich orthodoxen Juden, junge Männer mit langen Schläfenlocken und Schaufäden, die am Ende ihrer Gebetsschals unter den weissen Hemden hervorlugten, schwarzen Mänteln und Hüten. Sie standen dort bei Wind und Wetter vor einem Tisch mit Flugblättern und Schriften. Ihre Rufe überfielen mich wie Vögel: „Sind Sie Jude? Sind Sie Jude?"

Damals fühlte ich mich nicht wie einer und ging darum an den Campus-Chassiden vorbei, aber ihre Fragen höhlten mich wie der Wassertropfen den Stein. Die Fliege auf dem Fenster hatte ich ja schon als Junge bemerkt und war mit ihr ins Licht geflogen; auch zu christlichen Melodien hatte ich im Internat schon gesungen, und mit den Quäkern sass ich auch schon an ihren Versammlungen, als ich in Harvard war. Transzendentale Meditation hatte ich auch gemacht und mich intensiv mit Sri Chinmoi beschäftigt. Alles war ich, nur kein Jude.

Doch steter Tropfen höhlt den Stein. Nach Monaten und Jahren spürte ich die Frage noch immer, inzwischen mit wachsendem Unmut, inzwischen eindringlicher und persönlicher als je. Sie wurde zur Anfrage an mich selbst, machte sich selbständig: Bin ich Jude? Bin ich Jude?

Was heisst das eigentlich, fragte ich mich nun selbst zum ersten Mal. Fühlte sich wie ein fremdes Volk an für mich, mit fremder Geschichte, jedenfalls nicht meiner, und doch irgendwie ... ein schwacher Bezug zu meiner Herkunft, meinen Eltern, meiner Spiritualität. „Jude". Mir wurde klar, dass ich das Wort fürchtete. Man riskierte sein Leben, wenn man einer war. Sechs Millionen starben, während ich Kind war, einzig weil sie jene Frage, die die jungen Chassidim auf dem College-Campus mir zuriefen, damals mit Ja! beantwortet hatten. Hinter meinem Unmut angesichts ihrer Beharrlichkeit fühlte ich so etwas wie Schuld, dass ich kein Jude war; ich fühlte mich als Betrüger, als habe ich durch meine Nichtanerkennung, Jude zu sein, den Holocaust ignoriert. Ich fühlte, als entzöge ich mich einer Verbindung zu einer Lerngemeinschaft, einer Wissensgemeinschaft, eine Lebensgemeinschaft, in die ich – durch glücklichen Umstand – geboren wurde.

Diese Frage beschäftigte mich wie ein Koan. Ich nahm wahr, dass ich mich überall als Aussenseiter fühlte. Im Internat war es mir immer bewusst, einer von fünf Juden unter hunderten von Nichtjuden zu sein. Selbst fühlte ich mich aber als Nichtjude unter Juden, denn oft hatte ich bereits am Abendmahl teilgenommen und fand es herzig.

Bei meinem östlichen Guru merkte ich stets meinen westlichen Hintergrund. Und unter Anhängern reinen rationalen Denkens fühlte ich mich oft verbunden mit östlicher Weisheit und Mystik. Zusammen mit der weissen Mittelschicht Neuenglands spürte ich häufig einen fast mediterranen Pulsschlag, doch unter Griechen wurde ich mir der russischen Herkunft meiner Grossmutter bewusst. Im Gespräch mit den intellektuellen Freunden meines Vaters fühlte ich mich wie ein Aufschneider, aber auf den grossbürgerlichen Teegesellschaften meiner Jugendzeit wurde mir deutlich, dass ich nicht dazugehörte. Unter Sportlern fühlte ich mich als Stubenhocker und unter Stubenhockern als Sportskanone. Meiner Tochter brachte ich bei, dass sie auf Fragen nach ihrer Religion antworten solle: „Ich bin halb jüdisch, halb christlich und ein Viertel alles andere." Obwohl ich immer sehr stolz war auf solche Zahlenspiele, die die Menschen durcheinander brachten, merkte ich auch, dass sie meine innere Zerrissenheit bezeugten.

Als ich mich mit der Geschichte von Avraham beschäftigte, fand ich wenigstens und zum ersten Mal ein Vorbild. Was würde er wohl geantwortet haben auf die Frage nach seiner Religion? Avraham war ja noch kein Jude. Institutionalisierte, organisierte Religion gab es noch nicht, und mit seinem Gefühl, ein Aussenseiter zu sein, war ihm Frömmelei, Angepasstheit und Gruppenbewusstsein fremd. Er war einsam (Gab's jemals jemand Einsameren?), aber frei. Weit mehr: Er hatte Visionen. Er wusste, was ich wusste, dass die Welt und alles in ihr in Beziehung stand zum Ewigen, zum Geheimnis. Er wusste, was Hamlet wusste: „Es gibt mehr Dinge zwischen Himmel und Erde, als eure Schulweisheit sich träumt." Er wusste, was Casteneda wusste: Es gibt einen Riss in der Welt, durch den etwas scheint. Er war Taoist vor allem Taoismus, er war Pilger, bevor noch ein Heiligtum war, er war der erste Sucher nach Gott. Das war Avraham; er war und ist mein Mentor, mein Lehrer, ein Fremder, doch Vater meiner Seele.

6

Szenen einer Ehe

Die Intimität zwischen Gott und Avram kontrastiert aufs schärfste mit dem Schweigen zwischen Avram und Sarai. Wir erfahren in den Texten auch sehr wenig darüber, was zwischen den beiden passiert. Sie geht mit ihm, sie tut, was er ihr sagt. Bereschit schweigt über ihre Antworten oder Gedanken. Die Genesis erzählt nichts über die Intensität der Beziehung, über ihre Zustimmung zu Avrams Träumen oder Ambitionen. Mann und Frau, wiewohl gemeinsam unterwegs, scheinen getrennt in ihrem inneren Leben. In ihrer Innenwelt scheinen Avram und Sarai allein.

Diese scheinbare Nicht-Beziehung, in deren Erzählung Sarai als dienende, zweitrangige Figur hinter ihrem Mann dargestellt wird, scheint zu bestätigen, was ein heutiger Leser an Vorurteilen gegen die Vätergeschichte hat: Sie scheinen als negativ verstandenes Patriarchat. Die Gaben und Stärken von Frauen scheinen übersehen, ja unterdrückt. Wohl mag sie Freundin und Vertraute gewesen sein, doch hören wir nichts von ihrem eigenen Ruf, ihren eigenen Riten und Gebeten. Die reinen Worte der Genesis im Anfang scheinen eine Männerwelt zu zeigen.

Jedoch hören wir auch über Avram nicht sehr viel. Diesen inneren Monolog, das innere Ringen, das wir wahrnehmen unter der Oberfläche seines Lebens – das alles müssen wir uns vorstellen, fast nichts lesen wir wirklich über sein Inneres und seine Gefühle. Unter die Oberfläche zu schauen, zwischen den Zeilen zu lesen, ob für Avram oder Sarai, das ist

Midrasch. Die Szenen ihrer Ehe, dessen Skizze wir haben, können nur wir Lesende, wir Spielende beleben.

Hier höre ich eine Warnung in mir: Warum denn erfinden? Wir haben doch bereits alles in der Geschichte, hoch verdichtet zwar, hoch geladen, aber wir haben es. Mit welchem Recht willst Du die „Leerstellen" füllen und deine heutige Erfahrung in diese Figuren der Antike einbringen? Ihr Schweigen kann nicht aus der Entfernung dieses Buches treten und in unseren Worten zu reden beginnen, um mehr über ihre Geschichten zu erfahren. Und schliesslich ist es Tora, ist es Bibel.

Diese Fragen stellen sich mir immer noch jedes Mal, wenn ich mit Menschen zusammen vom einfachen Vorlesen zum Neubeleben komme. Die Worte des Textes sind dann wie Wächter, sind wie die Vorleser an der Bima oder die Diakone am Pult: Spiel nicht rum mit dem Heiligen Text, warnen sie mich. Durch all die Jahre psychodramatischer Erfahrung habe ich aber inzwischen die enorme Lebendigkeit der Figuren erkannt, und dass eine Stille manchmal mehr die Einladung ist, meine Vorstellungskraft einzubringen, die uns selbst widerspiegelt und die alten Geschichten auf einer tiefen, inneren, menschlichen Ebene öffnet.

Diese einfühlsame Projektion macht den Kern des von mir geplanten postpatriarchalen Midrasch aus. Frauen haben mit einem eigenen Zugang bereits begonnen, sie machen Midraschim, die Neues eröffnen. Männer zogen nach, scheinen aber noch erst am Anfang solch eigenen Nachvollzugs zu sein. Klar: Warum sollten wir auch eine Tradition herausfordern, die unsere althergebrachte Position in Frage stellt?

Natürlich habe ich beim Mit-Leiten und -Gestalten solcher Midraschim gemerkt, dass hinter jedem Schweigen, unter jeder Leerstelle unendliche Möglichkeiten liegen. Verschiedene Gruppen und Leser formulieren verschiedene Gespräche zwischen Avram und Sarai, finden harmonische und widersprüchliche Möglichkeiten. In der Welt des psychodramatischen Midrasch gibt es keinen Konsens. Und er wäre auch nicht wünschenswert.

Mit einer Gruppe lasen wir den folgenden Text:

> *Es war aber Hunger im Land; da zog Avram nach Ägypten hinunter, um dort zu verweilen; denn schwer war der Hunger im Land. Es war nun,*

als er in die Nähe von Ägypten kam, da sprach er zu seinem Weib Sarai: Sieh doch, ich weiss, dass Du ein Weib von schönem Aussehen bist. Und es wird sein, wenn dich die Ägypter sehen und sagen: ‚Sein Weib ist sie', so werden sie mich erschlagen, dich aber werden sie am Leben lassen. So sage doch, du seist meine Schwester, damit es mir wohl ergehe um deinetwillen, und ich deinetwillen am Leben bleibe."

Nun war es, als Avram nach Ägypten kam, da sahen die Ägypter das Weib, dass es sehr schön war. Und es sahen sie die Obersten Par'os und rühmten sie vor Par'o; da wurde das Weib in das Haus Par'os geholt. Avram aber erwies er Gutes um ihretwillen, und er bekam Schafe und Rinder und Esel, Knechte und Mägde, Eselstuten und Kamele.

Der Ewige aber schlug Par'o mit schweren Plagen und sein Haus wegen Sarai, des Weibs Avrams. Da berief Par'o Avram und sprach: ‚Was hast du mir da getan? Warum hast du mir nicht gesagt, dass sie deine Frau ist? Warum hast du gesagt Meine Schwester ist sie, dass ich sie mir zum Weib genommen habe? Doch nun: Hier hast du dein Weib. Nimm sie und geh!'

Par'o entbot Leute für ihn Leute, die ihn, sein Weib und seine Habe geleiteten … Zug um Zug bis nach Beth-El." (12,10–13,4)

Unser Spiel begann abrupt, als eine Frau aufstand und ihren Stuhl in die Mitte schleuderte und rief: „Dies ist Avraham und ich hab ihm etwas zu sagen." Dann sprach sie direkt zu ihm. Und das klang ungefähr so:

Was du mit deiner Frau in Ägypten angestellt hast, schreit zum Himmel. Du selbstsüchtiges Arschloch. Denkst nur dran, wie du dein Leben retten kannst, deine Frau ist ein Tauschgegenstand für dein Leben. Du hast nicht mal drauf gewartet, dass sie dir das anbot, du hast auch nicht mit ihr die Alternativen erwogen. Willst du sie eigentlich loswerden?

Und warum? Klar: Deine Vision! Du bist in sie vernarrt, ein grosses Volk zu werden und eine Weltfamilie. Und deine unfruchtbare Frau funktioniert nicht wie sie soll. Also runter nach Ägypten und flugs eine Geschichte erfunden von lokalen Sitten und möglichen Gefahren, das bringt sie dann in den moralischen Konflikt, entweder Nein sagen zu müssen, deinen Tod zu riskieren oder sich selbst in den Harem des Herrschers zu begeben. Alles nur wegen deinem Wahn, Gott habe zu dir gesprochen und du seist etwas Besonderes.

„Nicht zwingend“, sagte ein Mann aus der Gruppe und nahm den hingeschleuderten Stuhl auf und sprach als Avram:

Wir hatten schlicht Hunger. Schweren Hunger. Darum kamen meine Frau und ich nach Ägypten, ein altes, hoch zivilisiertes Land. An der Grenze bekam ich aber plötzlich Angst. Was wenn die ägyptischen Herren mir meine schöne Frau neideten und sie für sich wollten? Dann würden sie mich umbringen, um sie zu haben. Zwischen Hunger und Angst schlug ich Sarai einen Trick vor, der uns beiden das Leben rettet und uns zusammenlässt. Sie verstand und willigte ein, und jeder, der Sarai kennt, weiss, dass sie das nur tut, wenn sie wirklich zustimmt. Sie kann schon laut werden, wenn's sein muss. Der Punkt war nur: Wir haben die List nicht zu Ende gedacht. Wir wollten einfach überleben.“

„Moment“, wand jemand anderes ein. „Dann gehen wir jetzt mal weiter.“ Sie nahm einen zweiten Stuhl und stellte den in die Mitte. Sarai:

Wir träumten von Ägypten, einen Traum aus Grün und Gold. In Kenaan hing Fruchtbarkeit von den Zufällen des Regens ab. Ägyptens Überfluss kam jährlich, durch die Nilhochwasser. Als Land ist es nicht grundsätzlich gegen Fremde, verlangt aber einen Preis. Und wir sind arm.

Ich hab auch von den Mutterkulten der Isis geträumt. Ich hab ihre Geschichten bereits als Mädchen in Ur gehört. Ich hörte die Bruder-Schwester-Geschichten der ägyptischen Religion; wir hatten sogar einige dort, wo ich aufgewachsen bin in Mesopotamien. Ich wollte zum Heiligtum dieser Geschwister-Gottheit pilgern. Dieses Land ist voller Fruchtbarkeit. Vielleicht könnte ich mit diesem Wissen aus Ägypten den Willen unseres Gottes erfüllen.

„Also steckst du mit Avram unter einer Decke?“ fragte ein anderer. „Jawohl“, antwortete Sarai, „obwohl niemand unsere Gespräche aufgezeichnet hat, liebten wir einander und unsere Liebe hatte ihre Sprache.“

Dann trat noch ein anderer aus der Gruppe nach vorne und nahm Sarais Hand: „Wir liebten uns. Mit wem sollte ich auch sonst reden? Ich dachte schon, ich werde verrückt. Nur bei dir fand ich Trost.

Du schienst mich zu verstehen. Ich dachte, der grosse Vater, der zu mir sprach, sprach auch zu dir.“

„Lass uns das jetzt nicht übertreiben", sagte Sarai. „Es gab Zeiten, wo ich nicht wirklich wusste, was grad abgeht. Als wir nach Kenaan kamen, hatten wir nichts, und ich hab oft zurückgeblickt nach Haran. Als der Hunger kam, hatte ich Angst. Wahrscheinlich wollte ich noch eher aus Haran weg, als Avram. Irgendwas in den Aufforderungen dieses Gottes sprach mich an, wenn nicht den Kopf, so vielleicht mein Blut. Und wie mich meine Kinderlosigkeit belastete. Ich dachte: Hoffnung auf einen neuen Anfang."

Und Avram nahm den Faden auf:

> *„Wir kamen immer näher an die Grenze zu Ägypten; wir nahmen uns unsere besten Kleider hervor und Schmuck, wir wollten ja nicht als Bettler erscheinen an der Türschwelle zu Ägypten. Sarai trug ihr schönsten Kleider und Armreife, die von ihrer Mutter; auch in ihren Ohren die Juwelen ihrer Mutter. Als ich sie anblickte, war ich erstaunt. Wie wenn ich lang weg gewesen wäre und würde meine Frau zum ersten Mal wiedersehen, schöner als ich sie in Erinnerung hatte.*
>
> *Und plötzlich bekam ich Angst. Mein Verlangen nach ihr machte mir bewusst, wie sehr sie auch auf die Ägypter wirken musste – die Ägypter, über deren Raubgier ich so viele Geschichten gehört hatte. Hinter uns Hunger und ein stummer Gott, vor uns ein fruchtbares Tal, aber mit seinem ägyptischen Preis. Da schlug ich es vor: Lass uns als Bruder und Schwester reisen. Wir hatten ja wirklich keine Kinder. Die Geschichte würde fast stimmen, denn wir waren ja wirklich blutsverwandt durch die Ehe. Aber als Bruder und Schwester wären wir geschützt. Keiner dachte an die Folgen. Wer überleben muss, denkt nur an den nächsten Moment.*
>
> *Und so überschritten wir die Grenze. Wir sahen, dass das Land so reich war wie in den Erzählungen, und für einige Zeit lebten wir in Frieden und schlugen uns Zelte auf, wo die Fremden leben durften. Unsere Herden wurden eingeschätzt, unser Haushalt überprüft, gezählt. Und irgendwann sprach es sich herum, dass eine ausserordentliche Schönheit mit den jüngsten Einwanderern die Grenze überschritten hatte, erotisch, östlich, königlich in ihrer Anmutung; sie sei mit ihrem Bruder gekommen, einem Schafhirten und einem etwas abgerissenen Gefolge. Das gab zu reden. Bis zum König hinauf, zu ihm, der immer auf der Suche nach frischer Schönheit zum Schmuck seines Hofes war."*

Sarai sprach weiter:

Es geschah nicht aus Plan oder Absicht. Eines Tages erschienen einfach einige Wachen des Königs und befahlen mir, in eine Sänfte einzusteigen. Avram besänftigten sie mit einem Sack voll Gold, und gegen allfälligen Widerstand waren die Speere bereit.

Mit blieb gerade noch Zeit, das Nötigste zusammenzusuchen; zwar sagte man mir, man würde mir alles Nötige geben, doch griff ich trotzdem schnell nach meinem bisschen Schmuck und dem Amulett meines Gottes. Noch schnell ein Blick auf meinen zurückbleibenden Mann und dann kam das neue Leben."

„Und in einem Augenblick wurden meine schlimmsten Träume wahr", sagte Avram. „Ich wünschte, sie hätten mich wirklich getötet, und ich hasste mich für meine Feigheit."

Wir dachten daran, wie Avrams Nächte nun aussehen würden. Wenn Pharao Avram mit Gunstbeweisen überhäufte („Avram aber erwies er Gutes um ihretwillen, und er bekam Schafe und Rinder und Esel, Knechte und Mägde, Eselstuten und Kamele."), welche Gefühle musste Avram gehabt haben, als er diese erhielt? Und für welche Gegenleistung kamen sie wohl? Und als er erfahren musste, dass Pharao Sarai zur Frau nahm, welche Eifersucht muss wohl in seinem Herz gebrannt haben? Wie verzweifelt muss seine Suche nach einer Lösung gewesen sein, wissend, dass jeder Tag sie noch gefährlicher machte. Welches Gebet mag sich aus dem Herzen dieses Mannes gerungen haben? Wie könnte er nicht nach jenem Gott gesucht haben, der ihm einst so vielversprechend erschien vor all den Jahren?

Unsere Gruppe sitzt um diese Fragen und ein leerer Stuhl vor uns ist der grosse Patriarch, Avram. Mehr und mehr sehen wir einen gebrochenen Mann vor uns.

Da plötzlich trat wieder jemand aus der Gruppe in seine Rolle; eine Frau dieses Mal. Den Blick gesenkt, in den Händen ein Stück Stoff, beginnt sie als Avram zu reden: „Welche Strafe gebührt mir? Nie werde ich mir vergeben können." Sie blickt nach hinten, ein weiterer Stuhl für die verschwundene Sarai. „Und ich denk an sie. Wie ist es nur für sie?"

Wir stellen sie uns vor. Gefangen im Luxus, eine Lüge als Leben, im Bett mit einem König, hoffend, nie schwanger zu werden, und doch mit der Verheissung im Kopf, dass aus ihr ein grosses Volk entstehen wird – aus dieser Beziehung mit dem König Ägyptens? „Mein Leben war ein Alptraum.“ Soll das die Lösung sein für alles? Ja, sicher, als eine Frau des Königs musste sie irgendwie lernen, nichts Eigenes mehr zu empfinden. „Ich war ein königliches Spielzeug geworden. Meine einzige Freude war es, Pharao immer wieder an meinen Bruder zu erinnern.“ Sie tritt für ihn ein und bewahrt so ein klein wenig Freiheit in diesem goldenen Käfig.

„Welche Art Gott ist der Grosse Vater?“ fragt eine Sarai. „Wer wird meine Wut hören? Ich wurde verlassen. Er hat uns beide verlassen. Er versprach uns Land, eine Familie, einen Namen, und gegeben hat er uns Fremdheit, Hunger und diese … mir fällt nicht mal ein Name dafür ein … Hölle in Ägypten, diese Schande. Wer braucht diesen Gott?“

Niemand hatte eine Antwort für sie. Wir lasen die Geschichte bis ans Ende.

Eine Bedrängnis kommt über Ägypten – wie lange wissen wir nicht. „Schwere Plagen schlugen Pharao und sein Haus“ (12, 17).

„Was waren das für Plagen?“ fragte ich eine Sarai. Sie lachte. „Was wohl ist die schwerste Plage für einen Mann?“ Alle zuckten mit den Schultern. „Impotenz“ sagte Sarai und erzählte uns die ganze Geschichte.

> *Es begann ganz schlicht in der ersten Nacht. Pharao kam zu mir, aber bekam ihn nicht hoch. Ich bekam zuerst Angst, dann empfand ich eine gewisse Genugtuung, und musste nur noch ruhig sein, um meine Erleichterung zu verbergen. Und nächste Nacht wieder und die dritte ebenso. In der vierten Nacht sandte er schon gar nicht mehr nach mir, sondern nach einer jungen Gespielin. Am Morgen jedoch erzählte sein aschgraues Gesicht die Wahrheit. Doch nicht nur Pharaos Gesicht wurde an diesem Tag bitter. Aus dem Nicken der Höflinge wurde ein Entsetzensschrei; die Schande eines Einzigen wurde zu einem kollektiven Wutschrei: Kein anderer Mann an Par'os Hof konnte mehr Liebe machen, und bis zum Ende der Woche hatte sich diese Krankheit bis ins letzte Dorf hinaus ausgebreitet.*
>
> *Die Hofärzte waren überfragt. Die Hellseher wurden aufgesucht. Die Sterne wurden befragt. Eine Woche der Enthaltsamkeit empfahlen sie. Niemand sollte für sieben Tage sich einer Frau nähern. Doch mit dem Ende der Woche schien sich nichts geändert zu haben. Dann endlich wusste ich, dass dies das Werk unseres Gottes war. Eines Nachts ging ich zu Pharao in seiner Depression und deutete an, ich wisse, was der Grund für die Impotenz in seinem ganzen Land sei.*

Er blickte mich mit einer Mischung aus Hoffnung und Furcht an: „Wann hat das alles angefangen?“ fragte ich arglos. Er dachte einen Augenblick nach: „Vor zwei Wochen.“ „Vor zwei Wochen wurde ich von meinem Bruder weg zu Dir gebracht.“ „Wirklich“, sagte er und ich bemerkte, er hatte diese Verbindung bereits erwogen. „Dieser Mann jedoch ist nicht mein Bruder. Er ist mein Ehemann und wir stehen unter dem Schutz eines mächtigen Gottes.“

Und dann erzählte ich ihm die ganze Geschichte: Vom Ruf, unserer Abreise aus Haran, Kenaan und dem Hunger und unserem ach so guten Plan. Und den Rest kennt ihr: Wie wir aus Ägypten rausgebracht wurden. Pharao war wütend und erleichtert. Zum Schluss hatte er wahrscheinlich sogar etwas Respekt vor mir und fragte mich also, ob ich ein Geschenk von seinem Hof mitnehmen wolle. Und wirklich: Da war eine Frau in der Schar seiner Konkubinen, die mich immer freundlich behandelt hatte und deren Ehemann ‚getötet‘ wurde, als Par'o nach ihr griff. Ich bedauerte sie. So hätte es uns schliesslich auch gehen können. Sie wollte ich als ‚Geschenk‘. Hagar hiess sie und sie verliess mit uns Ägypten.“

Nun aus Ägypten verstossen, um viel bitteren Schutt ‚reicher‘, reisten sie weiter nach Norden in ein Land, das Gott ihnen auf seine zweifelhafte Art versprochen hatte. „Aber wird es je wieder so sein wie vorher?“ fragte einer aus der Gruppe. „Es kann ja gar nicht. Sie ist gefühllos geworden, musste eine Beziehung über sich ergehen lassen, wenn auch erfolglos. Er war eifersüchtig und fühlte sich verlassen. Das würde wohl eine langwierige Heilung werden, eine unvollständige. Beide waren nun gebrochen.“

Als Ergebnis dieser Trennung waren sie einander fremd geworden. Das Band zwischen ihnen hielt wohl noch, aber war sehr schwach. Was sie in ihrer jeweiligen Trennungszeit an Angst und Schmerz erlebt hatten, machte ihnen bewusst, wie einsam sie wirklich waren. Was sie noch zusammenhielt, konnten sie nicht einmal sagen, vielleicht einfach nur noch die blanke Sorge ums Überleben. Mit jedem Schritt ihrer Reise nordwärts nach Kenaan spürten sie die Distanz zwischeneinander.

Wenn Avram und Sarai ihren Verlust überlebt, wenn sie ihren Weg wieder zueinander gefunden und auch in ihr Land, in ihren Traum, zurückgefunden haben, dann muss das wohl so etwas sein wie „den Glauben behalten lernen“.

Unser Spiel beschlossen Sarai und Avram mit den Worten: „Am Ende ging es einfach um Vergebung, und das ging sehr langsam."

„Am Ende ging es auch darum, dass wir einander zuhörten, dass jeder den Schmerz des andern wirklich fühlte." Und plötzlich – mit diesem befreienden Satz – begannen alle, miteinander ihre Erfahrungen mit der Geschichte zu teilen:

„Als Avram musste ich erkennen, dass ich diese Frau nicht besass. Ich musste diesen Schmerz überwinden, dass ich sie nicht besitzen konnte."

„Als Sarai lernte ich, dass ich auf eine untergründige Art immer ‚sein' war. Ich war ja alles, was er hatte. Sein Gott war körperlos und fern. Mich zu verlieren, war umso schmerzvoller, weil er sonst nichts hatte."

Mann und Frau verlassen Ägypten. Verglichen mit Ägypten, war das Leben vorher, mit all seinen Sorgen und Nöten, ein Eden. Und Ägypten war dessen Verlust. Einmal mehr.

Viele Gedanken schossen uns durch den Kopf, viele Reflexionen teilten wir miteinander. Mit dieser Gruppe von gegen 15 Menschen waren mehr als 25 Partnerschaften zugegen. Diese Szenen einer Ehe wurden auf verschiedenste Art durchgegangen und neu erzählt.

Zum Beispiel durch – nennen wir ihn – David.

> *„Ich musste an meine erste Frau denken. Wir waren uns so nahe. Wie Sarai und Avram denk ich mal. Viel haben wir miteinander durchgemacht. Ich traf sie, nachdem ich aus dem Gefängnis gekommen war, und ich machte sie zu meinem Lebensinhalt. Ich konnte sie nie aus den Augen lassen. Ich war eifersüchtig, nervös, ängstlich manchmal, dass sie mich verlassen könnte. Dann geschah es: Nach der Geburt unseres zweiten Kindes sagte sie, sie brauche etwas Freiraum für sich und ging immer in diese Frauengruppe.*
>
> *Und eines Abends kam sie sehr spät nach Hause, also wirklich sehr spät! Und ich merkte sofort, als ich sie ansah, sie hatte jemanden getroffen. Ich beschuldigte sie. Sie bestritt. Ich schlug sie. Sie schlug zurück. Irgendwann liess uns erst das hilflose Heulen unserer Kinder aufhören.*
>
> *Das war der Anfang vom Ende. Doch das Ende kam langsam. Ich wollte sie nicht loslassen. Ich verfolgte sie, um herauszufinden, wen sie traf. Ich*

wurde verrückt. Es tat so weh, doch im Kern hatte ich einfach unglaublich Angst, wieder mit mir allein leben zu müssen. Ich stelle mir Avram so vor, als er daran dachte, was sie mit Par'o machte: In ihm war nur Hölle.

Eine Judith schloss mit ihrer vollkommen anderen Geschichte die alte Geschichte ab:

Diese Geschichte habe ich in einem Buch über Lebensgeschichten aus dem Holocaust gelesen: Ein Paar wurde an einen Ort gebracht, von dem sie später erfuhren, dass er Dachau hiess. Die Frau stand eingepfercht in einem Güterwagen, der durch die brennende Sommerhitze ratterte. Vor lauter Gerüchten und Vorahnungen waren sie verängstigt. Was nur tun, fragten sie sich. Sie war eine wunderschöne Frau, vielleicht würden sie sie ihm wegnehmen, um an sie zu gelangen, ihn töten.

Er nahm ihre Hand. Im schwachen Licht konnten sie den Ehering blinken sehen, den sie zu jener Zeit noch trugen. „Schatz, ich habe solche Angst", sagte sie. „Die Soldaten werden dich sehen und denken, schön ist sie. Sie werden mich als deinen Mann erkennen und mich erschiessen. Vielleicht sollten wir sagen, wir seien Bruder und Schwester, so wäre mein Leben nicht in Gefahr. Kannst du mir vergeben, wenn ich dich um diesen Gefallen bitte würde?" Sein Kopf neigte sich. Er hörte sie im Dunklen flüstern: „Nimm mir den Ring ab". Er tat so und all die gemeinsamen Jahren zogen im Flug an ihm vorbei, gleich wie – so hörte ich – die Vergangenheit vorbeizieht, im Moment unseres Todes.

7

Jischmael: Einm Midrasch

Immer wieder, während ich dieses Buch schreibe, begegnen mir gewisse Figuren, die mir besonders lebendig erscheinen, und versichern sich, dass ich noch an sie denke, erinnern mich, auf die Seiten zu kommen. Ich habe Bereschit so häufig gelesen, dass ich manchmal meine, nun wirklich alle Winkel und jede Spalte der Erzählungen erkundet zu haben, jede Stimme einmal gehört zu haben, und selbst jene Leben bemerkt zu haben, die im Text nur angedeutet werden. Es war ja mein Hauptinteresse als Leser der Genesis und auch der ganzen Bibel, diese Leben und Stimmen in ihrer Gänze vorzustellen. Ich stehe vor diesen Mythen wie vor einer Reihe Fenster und sehe durch sie in eine Welt, die mich auf vielfältigste Weise umgibt. Und ich weiss, dass einige der Handelnden in dieser Welt Dinge sagen, die mich überraschen, Dinge die ich nicht wüsste, hätte ich sie nicht reden lassen.

Eine Figur setzt mich immer wieder unter Druck, in diesem Buch zur Sprache zu kommen. Eine kleinere Figur im Text, ein von den Ausgestossenen Ausgestossener. Nie sagt er in Bereschit auch nur ein einziges Wort. Dort werden nur die Fragmente seines Lebens beschrieben. Jetzt aber verlangt er das Wort. Sein Name: Jischmael.

Eine der dramatischen Spannungen in der Avrams-Geschichte ist die Vaterschaft. Um Gottes Zusage zu erfüllen, musste Avram Vater werden, doch Sarais Kinderlosigkeit, die während aller Wanderungen anhält, macht es vorerst unmöglich, durch sie Vater zu werden. In allem ihrem Aufbruch scheinen sie an diesem Punkt gefangen. Wie die Zusage des Landes, die auftaucht und verschwindet belastet sie das Versprechen der Elternschaft mit Fragen über sich selbst und die Wirklichkeit Gottes, an den sie weiterhin glauben. Doch wann und wie würde dieses Versprechen erfüllt. Würde es je?

Zuletzt will Sarai ihr Schicksal selbst in die Hand nehmen und arrangiert ein Treffen ihres Mannes mit der ägyptischen Magd Hagar. Es wird ernst. Eine gewisse Zeit tritt Sarai in den Hintergrund ihrer Magd; die schwangere Hagar aber missfällt ihrer Herrin; trotz ihres Wunsches, einen Sohn (für Avram) zu gebären, wirft sie das Mädchen hinaus. Dem Text nach trifft die ausländische Sklavin in der Wüste, in die sie geschickt wurde, den Gott Avrams (den ja selbst Sarai noch nie gesehen hatte) und erhält die Verheissung, einen Sohn zu gebären, und den Auftrag, diesen Jischmael zu nennen. Hagar selbst nennt den Ort ihrer Verheissung „Brunnen vom Lebendigen, der mich sieht". Sie soll zurückgehen und ihr Kind gebären.

Jischmael ist das einzige Kind, das in Bereschit von Gott selbst einen Namen bekommt. Er wird von Avram und Sarai als Sohn angenommen. Sollte er der langerwartete Erbe sein? Dreizehn Jahre wenigstens schienen sie daraufhin als Familie in Frieden zu leben. Eine Spannung scheint genommen.

Doch dann rief der Grosse Vater Avram und erneuerte sein Versprechen an ihn. Avram war inzwischen neunundneunzig Jahre alt. Im Verlauf dieser beunruhigenden Begegnung erhält Avram erneut die Verheissung unermesslicher Fruchtbarkeit. Der Vater sprach zu ihm:

> *„Ich bin der gewaltige Gott, El Schaddaj. Wandle vor mir und sei untadelig. Und ich will meinen Bund setzen zwischen mir und dir, und ich will dich mehren über alle Massen."*
>
> *Avram fiel auf sein Angesicht und Gott redete mit ihm und sprach:*
>
> *„Ich, siehe, mein Bund besteht mit dir, und du wirst werden zum Vater eines Heers von Völkern (Av hamon gojim). Darum sollst du nicht mehr Avram, sondern Avraham soll dein Name sein; denn zum Vater eines Heers von Völkern habe ich dich bestimmt. Und ich mache dich fruchtbar über alle Massen und lasse Dich werden zu Völkern und Könige sollen aus dir hervorgehen. Und ich errichte meinen Bund zwischen mir*

> *und dir und deinem Samen nach dir für ihre Geschlechter als ewigen Bund, Gott zu sein dir und deinem Samen nach dir. Und ich will dir geben, dir und deinem Samen nach dir das Land deines Aufenthalts, das ganze Land Kenaan, zum ewigen Besitz, und ich will ihnen Gott sein." (17, 1–8)*

Dann bittet Gott als erstes, dass Avraham sich und alle Männer in seinem Hause beschneidet als Zeichen seiner Verpflichtung in diesem Handel – dem Bund – den Er, der Grosse Vater, mit ihm beschlossen hatte. Avraham wird weiter verheissen, dass Sarai – von nun an und für immer Sara genannt – einen Sohn haben wird. Das macht Avraham lachen. Welch ein Witz: Soll ich mit hundert und Sara mit neunzig noch Eltern werden?

Doch er gehorcht dem göttlichen Gebot und beschneidet sich, den dreizehnjährigen Jischmael und alle Männer seines Hauses, Freie und Sklaven, Inländer und Ausländer.

Ein Jahr später empfängt Sara tatsächlich und gebiert einen Sohn. Avraham nennt ihn Jizchak, was auf Hebräisch „Der, der lacht" heisst. Doch nachdem Jizchak entwöhnt ist, beobachtet Sara die beiden Söhne beim Spielen und befiehlt ihrem Mann, Hagar fortzuschicken: „Dieser Sohn einer Sklavin soll nicht erben mit meinem Sohn, mit Jizchak." (21, 10) Schweren Herzens tut Avraham wie ihm geheissen. Und obwohl er an die Verheissung denkt, dass Jischmael ein grosses Volk werden wird, schickt er sie in die gefahrvolle Wildnis. Hätte Gott Hagar nicht einen Brunnen gezeigt, wäre sie dort umgekommen. Mit dem Kind.

Und Jizchak wuchs ohne Bruder auf.

Jischmael spricht:

Noch das Beste, was ich über dieses abscheuliche Buch sagen kann, ist, dass sie wenigstens so kühn sind, über uns zu schreiben. Die meisten von uns wurden ja rausgeschrieben, wegredigiert, vergessen. Ganz Stämme und Völker, Familien, Mütter, Töchter, Frauen (meine eigene Mutter ist ein Beispiel) wurden dem Vergessen anheimgegeben. Nur seine eigene Linie, sein eigenes Blut, blieb bestehen. Seine Linie mit Sara – nicht zu vergessen – steht nun in ihrem Buch als massgebender Strang. Ihre Überheblichkeit und ihre List werden weitergegeben, ihre Unterdrückung und ihr Verrat werden vererbt – weil sie die Nicht-erwählten ausstiessen, die Nichtbeschnittenen ermordeten. Einige würden dies dämonisch nennen. Ja, wirklich, das einzig gute, das man sagen kann ist, dass sie meine Mutter und mich wenigstens erwähnen. Mich, Jischmael, den ersten und einzigen Sohn Avrams. Avram! Ich bin der Sohn Avrams, nicht des Mannes mit dem neuen Namen, der mich enterbt hat.

Was sie meiner Mutter antaten, lässt sich kaum in Worte fassen. Sara missbrauchte sie, wurde eifersüchtig auf sie, warf sie hinaus, nahm sie wieder auf, stahl ihren Sohn, mich, und schliesslich sandte sie uns beide fort. Und diesmal wären wir wirklich umgekommen, hätte ich nicht Wasser gefunden und etwas Wild erlegt, während meine arme Mutter vor Durst und Schrecken schier verrückt wurde. Sie hörte sogar Stimmen in ihrem Wahn. Das alles war Saras Verdienst, verflucht sei ihr Name auf ewig. Meine Mutter und sie waren einmal Freundinnen, Schwestern fast. Sie wurde Sarai, als sie noch so hiess, zum Geschenk gemacht von Pharao. Sie hat Sara wieder gesund gepflegt, nachdem sie Ägypten verlassen hatten, als ihr Herz bitter und gebrochen war. Sie verstanden sich immer, selbst wenn sie stritten.

Und Avram! Er war einst mein Vater. Ich dachte, er liebt mich. Er stellte sich aber als erbärmlicher Weichling heraus. Ich werde euch jetzt mal erzählen, wie es war, wie es wirklich war.

In meinen jüngsten Jahren kannte ich nur eine Mutter: Sarai. Dem musste meine wahre Mutter zustimmen. Nie durfte sie sich mir nähern oder gar mich kennenlernen. Sie lebte bei den ausländischen Sklaven, in der Nähe der Herden. Doch niemand kann ein Geheimnis in einer Wüstensippe bewahren. Immer gab es Geflüster, und als ich sieben war, wusste ich, dass Sarai nicht meine wirkliche Mutter war. Ich zog mich zurück und spielte fortan mit den Kindern der Diener. Ich ging auf die Felder zu den Herden, um unbeobachtet meine Mutter Hagar zu sehen.

So wuchs ich in einem gespaltenen Elternhaus auf. Nirgendwo gehörte ich wirklich hin. Mein Vater liebte mich, wie ein Ausgehungerter. Ich band mich mit Geschichten über sein Volk und seinen Gott an sich. Ich bezweifle, dass er meine Zurückhaltung und Zweifel bemerkt hat, denn ich behielt ihm etwas vor, misstrauisch gegenüber seinem Glaubenseifer und Enthusiasmus. Ich war auch nicht wirklich ein gelehriger Schüler. Wollte eher immer jagen gehen, im wilden weiten Land mit den anderen Jungs sein. Sarai war immer förmlich mit mir, und als ich begriff, dass sie gar nicht meine richtige Mutter war, begann ich sie mit stiller Verachtung zu hassen.

Eine der schrägsten Erlebnisse, die ich mit diesem Vater-Mann und seinem Vater-Gott hatte, war es, mit dem Messer verstümmelt zu werden. Ernsthaft. Er brachte mich mit dreizehn auf einen erhöhten Platz und eröffnete mir, dass sein Gott ihn angewiesen habe, alle Vorhäute abzuschneiden, zuerst meine, und dann die von allen anderen Männern in seinem Stamm und Haushalt.

Wenn ein anderer Mann auf dich mit einem Messer zukommt, ist das schon ziemlich schrecklich, aber dann auch noch *dort.* Könnt ihr ernsthaft einen Gott verstehen, der eine solche Gegenleistung für seinen Handel mit ihm verlangt? Ich konnte das nie. Avraham versicherte uns zwar, dass das nie als Erniedrigung gemeint gewesen sei, nur ein Zeichen sei es, unserer besonderen Beziehung zu Gott. Ein Zeichen, wie der Regenbogen, einfach auf unserer Haut sei das. Ich wusste nur, dass es verdammt weh tat.

Dann erfuhr ich, dass von nun alle männlichen Babys im Alter von acht Tagen so beschnitten werden sollten. Und ich war dabei, als Avraham Jizchak schnitt. Niemand lachte an diesem Tag, kann ich euch sagen. Ich weiss ja nicht, wie es für andere ist, aber wenn es um Frauen geht, weiss ich immer, dass ich anders bin als andere Männer. Als wenn man mir einen Teil von mir weggenommen hätte. Ich wurde verstümmelt um einer Zukunft willen, die nie meine sein würde, zum Zeichen eines Pakts mit einem Gott, der nie mein Gott sein würde.

Avram hat immer versucht, mir diesen Gott nahezubringen. Er hat mir diese Geschichten erzählt, doch wann immer ich konnte, hab ich mich zu meiner Mutter gestohlen und sie erzählte mir andere Geschichten. Ich wollte immer ein grosser Jäger sein, wie der ägyptische Gott Osiris, nicht ein Schafhirte wie Avram. Und doch: Da waren wir, singend und betend und das Messer wetzend.

Jetzt erkannte ich Avram als den, der er war: Als Fanatiker, der alles für seinen Gott tun würde. Seit diesem Schnitt liebte er mich mehr, ich ihn immer weniger. Ich fürchtete ihn, nicht weil er mich irgendwann willentlich verletzen würde – nie hatte er, in all den Jahren, gegen mich die Hand erhoben, obwohl ich das mehr als einmal herausgefordert hatte –, sondern weil er alles tun würde für seinen Gott, und sein Gott würde alles von ihm verlangen. Wahrscheinlich hätte er mir dort oben auch den Hals durchgeschnitten, wenn sein Gott ihm das gesagt hätte.

Wir waren gerade in Gerar unterwegs, als alles endlich eskalierte. Sarai war immer bitterer geworden und einsam, denn sie hatte in meiner Mutter eine Schwester verloren, und hatte in mir keinen Sohn. Avram war nun nur noch Vater und ihr kein Ehemann mehr. In Gerar trennten sie sich. Sie verliess sein Zelt und zog in ein eigenes. Er verkündete, sie seien nicht Mann und Frau, sondern Bruder und Schwester, und als dann der lokale König Avimelech Sarai zu sich bringen liess, wehrte sie sich nicht und auch Avram sagte nichts. Irgendwie hatte jeder, was er wollte: Er seinen Sohn, und sie war endlich von dem ganzen Nomadenleben weg. Ich erinnere mich noch, dass ich sehr froh war, als sie auszog, und hoffte insgeheim, dass meine richtige Mutter nun in Avrams Zelt einziehen würde. So wie es sich wirklich gehört hätte.

In der Nacht, als Sarai ging, kam meine Mutter zu mir. „Es ist wieder wie in Ägypten“, begann sie. Und zum ersten Mal hörte ich die ganze Geschichte, wie es dazu kam, dass meine Mutter Sarai dienen musste, und wie ihr Schicksal in Ägypten war. Meine Mutter weinte – trotz allem! – um Sarai und ging sogar zu Avram ins Zelt, nur um ihn zu bitten, sie zurückzuholen: „Daraus kann nichts Gutes kommen.“ Doch Avram blieb untätig.

In jener Nacht hatte Avimelech einen Traum, in dem der Herr ihn warnte, Sarai von ihrem Mann wegzunehmen. Dann würde er sterben. Jedenfalls war das die Geschichte, die Sarai erzählte, als sie zurückkehrte. Avimelech habe sie nicht angefasst. Verständlicherweise war Avimelech ziemlich wütend, dass ihn Avram angelogen hatte und Sarai und sein ganzes Haus in Gefahr gebracht hatte. Wer könnte ihm das verdenken?

Ich war sogar dabei, als sie sich wieder versöhnten. Und mein Herz war nicht mal verhärtet in diesem Moment, nur um meiner Mutter willen, ich hätte ihnen alles verziehen. Beim Abendessen sassen sie einander im Zelt gegenüber, seltsam still. Alt wirkten sie da auf mich, und als sie miteinander sprachen, schien ich gar nicht zu existieren. Jeder bat den anderen um Verzeihung, und als sie sich anheulten, wegen all der Schmerzen und Probleme, in die sie sich manövriert hatten, musste ich das Zelt verlassen und flüchtete nach draussen. Nirgendwo gehörte ich dazu. Ich ging zu den Hirten und schlief unter den Sternen. Es war wohl diese Nacht, in der Sarai – endlich – schwanger wurde. Ich war vierzehn, als sie einen

Jungen zur Welt brachte. Und bis zum Schluss gab es Getuschel, er sei wohl doch Avimelechs Samen, der Junge.

Avraham nannte ihn Jizchak. Was ist das denn für ein Name für einen Mann? Das wurde schnell zum Witz unter den jungen Männern. Und ich war vielleicht etwas daneben, aber nie vergessen. Avraham versicherte mir immer, dass ich den gleichen Platz in seinem Herzen hätte, obwohl ich mich sehr wunderte, als ich ihn lachen hörte mit Jizchak auf dem Arm. Da lachte auch Sarai.

Diese Tage des Lachens wurden zu Monaten. Ich wurde zum Mann, ein Prinz und ein Bankert zugleich. Man gehorchte mir und fürchtete mich. Wenig hatte ich gemein mit diesem Baby. Bis auf den Tag, an dem alles sich änderte.

Jizchak war gerade zwei geworden, ein besonderer Geburtstag für den Sohn eines Clanfürsten. Wir nannten den Tag das Entwöhnungsfest. Mein eigenes hatte ich nur noch schwach in Erinnerung. Für die Frauen hiess das Abschied nehmen vom kleinen Jungen. Sara und die Amme bedeckten ihre Brüste mit Asche und legten schwarze Schleier auf ihre Häupter. Avraham nahm den Jungen aufs Feld und baute ihm dort ein Zelt bei den Herden. Alle Männer umtanzten den Jungen und sangen dabei. Ziegenkäse und Milch wurden ihm serviert, als wäre er jetzt schon ein Fürst. Und zum ersten Mal wurden ihm die Haare geschoren. Er sass auf einem kleinen Thron, inmitten von Schmuck und Schafshäuten. Er stolperte in die Welt der Männer. Zum ersten Mal gaben sie ihm roten Wein zu trinken, nur einen kleinen Schluck. Er musste mit ansehen, wie ein Hammel geschlachtet wurde und hörte den Klang des vom Kopf getrennten Hammelhorns wie eine Trompete. In dieser Nacht wurde er von Avraham in den Schlaf gesungen, der in seiner tiefen, melodiösen Stimme das Lied vom Beginn der Welt sang. Alles das hatte ich schon gehört. Ich schlich mich auf die Felder, wo ich eine der Mägde traf.

Mit der Zeit wurde Jizchak für mich zur Last, war es doch meine Aufgabe, all die Künste und Fähigkeiten, die mir Avraham beigebracht hatte, nun ihm beizubringen. Sara konnte das nicht ertragen. Wahrscheinlich meinte sie, ich würde ihrem Jüngelchen etwas antun. Ja, sicher, ich fasste ihn manchmal etwas härter an, aber war nie wirklich grob oder gemein zu ihm. Sie sagte zu Avraham – und konnte jedes Wort hören – „Schick diesen Sklaven und seine Sklavenmutter fort. Nicht soll der Sohn dieser Magd erben mit meinem Sohn, Jizchak.“

So war diese Frau.

Den Rest der Geschichte könnt ihr in ihrem Buch lesen. Obwohl der Grossteil gelogen ist. Jedenfalls das, was ich gesagt habe, das ist wahr. Es hiess, Avraham missfiel es, als Sara ihm befahl, uns rauszuschmeissen. Er weinte. Ich sah ihn am Morgen, als er aufstand und meiner Mutter und mir etwas Brot und einen Wasserbeutel gab. Ich hab ihn nie weinen sehen. Er häufte Staub auf sich und sass an der Seite der Strasse, bis wir ihn nicht mehr sehen konnten. Ich war sein Sohn, und er war der einzige Vater, den ich je haben würde. Ich wusste, dass er uns in den sicheren Tod schickte, denn in einer solchen Wildnis kann nur Unglück geschehen einer Frau, die allein mit ihrem Jungen wandert. Dieser ihr Gott – er zerbricht Herzen.

Sie schreiben in ihrem Buch, dass dieser Gott mich gerettet habe, und meine Mutter auch; nichts davon stimmt. Ich war es, der Wasser fand. Und mein Bogen war es, der das Wild erlegte, um die Wüste von Paran zu überleben. Von nun an kam ich nicht mehr vor in ihren Geschichten. Avrahams Reichtum ging auf Jizchak über. Wir bekamen nichts.

Ihr habt meinen Zorn gehört. Zornig bin ich auf ihr Buch. Es sagte voraus, dass ich ein „Wildmensch“ werden sollte, der sich gegen jedermann und selbst gegen seine Brüder auflehnen würde, und wegen dieses Fluches wurde ich zum Ausgestossenen und Feind meiner Brüder, noch hundert Generationen nachher. Ich wurde zum Vater aller Beduinen, zum Urahn von Mohammed, und nun ist mein Same auf ewig im Krieg mit den Söhnen Avrahams. So hätte es nicht kommen müssen. Denn an der Höhle von Machpelah traf ich Jizchak und wir versöhnten uns.

Machpelah war der Ort, wo sie Avraham beisetzen. Erst Sara, und dann ihn selbst. Viele Jahre waren seitdem vergangen, und ich erhielt die Nachricht, dass Avraham nun gestorben sei und zu Grabe gelegt in der Höhle von Machpelah. So zog ich – nun selbst als König – zu meinem Vater, dem toten König, um ihm meinen Respekt zu erweisen, denn ich liebte ihn. Dort traf ich den sanften Jizchak, der sich von seinem Vater so unterschied wie eine Taube von einer Eule. Und doch, auf seine Art, ein Mann. In seinen Augen sah ich dieses Flackern.

Wir trafen uns in der Höhle. Wir redeten. Wir weinten. Wir erneuerten unsere Bruderschaft und wussten, dass es keinen Grund gab, dass wir die verwirrende Feindschaft unserer Mütter weiterführen müssten. Denn das Land war weit und gross genug für uns beide. Für Brüder gab es immer genügend Platz. Und so konnten wir uns im Frieden ziehen lassen und ich spürte regelrecht, wie mein Herz für meinen kleinen Bruder aufging. Ich wünschte ihm alles Gute dieser Welt, denn ich hörte, was er alles hatte erdulden müssen. Ich wusste, er war dem grossen Licht sehr nahe – oder dem grossen Wahn? – das oder der mir erspart blieb. Ich hatte Angst um ihn.

Jischmaels Worte, seine Stimme, sie sind mir und meinen Zeitgenossen nahe. Überall höre ich sie. In unseren modernen Midraschim souffliert er häufig den Stimmen des Protestes gegen Ungerechtigkeiten, besonders in Familienbezügen, oft voller Schmerz über die Wunden, die sie schlugen. Ich erkannte Jischmael im Scheidungskind oder in jenem wütenden, vaterlosen Jungen. In der Verbannung des Jischmael erkennen sich alle, die je zurückgewiesen wurden.

Jischmael ist die Stimme der Ausgestossenen, der Waisen, aller, die in unseren Gesellschaften entwurzelt sind, die zu Bekehrungen oder versecktem Dasein gezwungen wurden, die zum Feind gemacht werden. Jischmael steht im Anfang, in der Genesis, für alle, die unterprivilegiert sind, die durch ihr Geschlecht, ihre Hautfarbe, ihre Herkunft oder sexuelle Orientierung als „Andere“ gesehen werden. Viele Schwestern hat Jischmael, die Hagar als ihre Mutter behaupten, nicht Sara, und die die Feigheit Avrahams verachten. Viele Schwarze hören seine Geschichte mit Bitterkeit und wissen sich in ihrer Wut mit Jischmael verbunden. Schwule Männer und lesbische Frauen kennen die Verbannung in Schattenexistenzen und Parallelgesellschaften. Und, ja, die Muslime, sie, die sich nun wirklich auf Hagars Samen zurückführen, leben in ewiger Feindschaft mit Saras Kindern.

Thematisch lebt in Jischmael der Geist von Kajin, die dunkle Seite, das Subthema aller Brüdergeschichten, und erinnert uns daran, dass die Frage vom Beginn – „Bin ich meines Bruders Hüter?“ – noch immer auf Antwort wartet.

8

Der Mythos vom Opfer

Zwischen Avrahams und Saras Rückkehr aus Ägypten und der Verbannung Jischmaels liegen einige Geschichten, die Avrahams Leben in Kenaan beschrieben und seine Beziehung zu seinem Neffen Lot: Ich erlaube mir darüber hinwegzugehen. Ich gehe hinweg über den „Krieger Avraham", der Lot aus Gefangenschaft befreit. Auch gehe ich damit hinweg über eine der eindrücklichsten Avrahams-Geschichten, nämlich wie er mit Gott um Gnade für die Einwohner Sedoms feilscht. Ich gehe hinweg über den Anwalt, den Gastgeber, den weitherum in Kenaan anerkannten Stammesfürsten. Wiewohl er und seine Frau immer die Aussenseiter bleiben, kommt in diesen Geschichten ein bemerkenswerter Grad an Sicherheit, Reichtum und Freiheit zum Ausdruck. Aber all das soll an anderer Stelle Raum finden. Nicht hier.

Wir setzen wieder ein, wo Sara Mutter eines Kindes wird. Endlich scheint die Verheissung, die an Avraham erging, bevor er noch seines Vaters Haus verliess, wahr zu werden. Jischmael ist fort und Hagar verbannt: So scheint der Stamm für geraume Zeit in Frieden leben zu können.

Eine Teilnehmerin beschrieb es einmal auf eine Weise, die mir das Leben dieser „Ur-Familie" auf einmal erschloss. Als Sara sagte sie:

> *Lange Zeit haben wir nun bei den Philistern in Kenaan gelebt. Oft erinnere ich mich an Avrahams Vater in Haran, denn damals führten wir ein zufriedenes Leben.*

Unterdessen hat uns Gott in Ruhe gelassen und ich muss ehrlich zugeben, ich habe Ihn auch nicht vermisst. Vielleicht ist Er ja endlich zufrieden mit uns. Vielleicht muss Er sich ja auch mal gerade um Menschen in anderen Ländern kümmern. Wir jedenfalls haben uns hier eingerichtet und ich versuche nicht an das Versprechen der grossen Zukunft zu denken. Das Leben geht seinen Gang und das ist schon sehr viel, angesichts all der Unbill, die wir schon hatten. Obwohl ich Zeugin und Bestandteil mancher Wunder und Geheimnisse war, fühle ich mich in der Gewöhnlichkeit eigentlich sehr wohl. Endlich kann ich dem Leben in seinen Rhythmen und Abläufen wieder vertrauen. Mein Herz hat die Verluste verarbeitet, ich liebe wieder, wie eine Frau eben liebt: Meinen Sohn, meine Arbeit, mein Leben. Und nebenbei werden wir miteinander alt, in Frieden.

Ein kleines Leben, das am Ende von Kapitel 21 und bis Kapitel 22 vor sich hin zu dümpeln scheint: „Und Avraham lebte im Land der Philister für viele Jahre“ (21, 34). Da ruft Gott ihn ein letztes Mal heraus aus seinem gesetzten Leben und ruft: „Mach dich auf … und geh.“

Diese Geschichte ist der Höhepunkt aller Rufe und Opfer. Wir treten ein in die Herzkammer der Vätertradition: Ein Alptraum war's, als Geheimnis seinen letzten, grossen Befehl gab. Obwohl ja diese Geschichte nur gerade neunzehn Verse umfasst, verfolgt sie mich seit meiner Jugend. Wie oft ich sie auch lese, immer fühle ich, wie verschiedene Seiten in mir an mir reissen: Der Richter, der Verständnisvolle, der Entsetzte, der Ängstliche, der Verständnislose und der, der alles zurückweist.

In seinem Leben voller Initiation wird diese Geschichte der Schlussstein von allen. Wir bewegen uns in einer Sphäre, wo Genie und Wahnsinn, Glaube und Verblendung, Gut und Böse nicht mehr unterschieden werden können: Die Opferung des Sohnes durch den Vater und die Beteiligung des Sohnes daran.

Es war nun nach diesen Dingen, da prüfte Gott Avraham und sprach zu ihm: „Avraham!“ und der sprach: „Hier bin ich!“ Da sprach er: „Nimm deinen Sohn, den einzigen, den du lieb hast, den Jizchak und geh in das Land der Weisung (Morija) und bringe ihn dort zum Hochopfer dar auf einem der Berge, den ich dir nennen werde.“

Da stand Avraham des Morgens früh auf, sattelte seinen Esel, nahm seine zwei Burschen mit sich und Jizchak den Sohn, spaltete Holz zum Hochopfer, machte sich auf und zog nach dem Ort, den Gott ihm genannt hatte. Am dritten Tag, da hob Avraham seine Augen auf und sah den Ort von ferne. Da sprach Avraham zu seinen Burschen: „Bleibt ihr hier mit dem Esel! Ich aber und der Knabe, wir wollen bis dorthin gehen; wir wollen uns niederwerfen und dann zu euch zurückkehren." Da nahm Avraham das Holz zum Hochopfer und legte es auf seinen Sohn Jizchak und nahm in seine Hand das Feuer und das Schlachtmesser, und sie gingen beide zusammen. Da sprach Jizchak zu seinem Vater Avraham und sagte: „Vater!" Und der sprach: „Hier bin ich, mein Sohn!" Und er sprach: „Hier ist das Feuer und das Holz, wo aber ist das Lamm zum Hochopfer?" Da sprach Avraham: „Gott wird sich das Lamm zum Hochopfer ersehen, mein Sohn." Und sie gingen beide zusammen.

Und sie kamen an den Ort, den Gott ihm genannt hatte, dort baute Avraham seinen Altar und schichtete das Holz auf und band und seinen Sohn Jizchak und legte ihn auf den Altar oben auf das Holz. Und Avraham streckte seine Hand aus und nahm das Messer, um seinen Sohn zu schlachten. Da rief ihm ein Bote des Ewigen vom Himmel zu: „Avraham, Avraham!" und er sprach „Hier bin ich". Er aber sprach: „Strecke Deine Hand nicht aus gegen den Knaben und tue ihm nichts. Denn nun weiss ich, dass du gottesfürchtig bist, da du deinen einzigen Sohn mir nicht verweigert hast."

Da hob Avraham seine Augen auf und sah, da war ein Widder, der hatte sich im Gebüsch mit seinen Hörnern verfangen. Da ging Avraham hin und nahm den Widder und brachte ihn zum Hochopfer dar statt seines Sohnes. Und Avraham nannte diesen Ort „Den Ewigen sieht er", wie man heute sagt „Auf dem Berg des Ewigen wird gesehen".

Und Gott segnete ihn erneut mit dem Versprechen von Zukunft und Volk. (22, 1–14, 17–19)

Viele, viele Male hab ich diese Geschichte dargestellt. Einige Bruchstücke möchte ich an dieser Stelle vorlegen:

Nimm deinen Sohn, den einzigen, den du lieb hast, den Jizchak und geh in das Land der Weisung.

Ein erster Avraham: „Wieder muss ich aufbrechen und gehen, wie schon so viele Male vorher. Ich weiss noch bestens, was mich der erste Ruf kostete: Alles oder zumindest alles, was ich mir damals vorstellen konnte. Doch wieder muss ich auf und los, dieses Mal mit meinem Sohn. Wohin und warum? Ich bin es so müde, ich hab solche Angst."

Ein anderer Avraham ringt: „Er ist ja nicht mein einziger Sohn. Ich hab doch noch Jischmael. Ich erinnere mich an seine Geburt, seine Jugend. Da war ein anderer Ritus, ein anderes Opfer. Auch damals wurde der Junge blass im Gesicht, als er mich mit dem Messer sah. ‚Warum?' sagten seine Augen. Da tat ich es zuerst an mir, und wollte so seine Ängste lösen. ‚Gott hat's uns so erbeten', sagte ich. Muss ich nun schon wieder in das erschreckte Gesicht meines Sohnes blicken?"

„Und Sara … was werde ich ihr sagen?"

> *Geh in das Land der Weisung (Morija) und bringe ihn dort zum Hochopfer dar auf einem der Berge, den ich dir nennen werde.*

Ein anderer Avraham nimmt die Geschichte auf: „Als Gott mir sagte, ins Land Morija zu ziehen und Jizchak als Hochopfer darzubringen – als Hoch-Opfer! –, da … hatte ich keine Worte mehr. Wie klingt ein Herz, das bricht? In diesem Moment starb etwas in mir, und es war nicht irgendein ‚Glaube' an diesen Gott. Wäre mein Glaube gestorben, dann hätte ich ja abbrechen können an dieser Stelle. Aber es war meine Liebe, die starb: Alle Liebe, die ich noch je hätte empfinden können, für diesen Gott."

„Ich hatte immer diese Bilder vor Augen, mein Sohn auf dem Brandopferaltar, gebunden auf dem Holz, die Flamme an den Scheiten waren das letzte, an das ich mich erinnern konnte, bevor ich einschlief, in den drei Nächten, als ich mich nach Morija auf den Weg machte. Jede Nacht musste ich diesen Bildern trotzen: Glaube! Glaube trotzdem! Du weisst es nicht … vielleicht nicht. Ich wurde Zeuge meiner eigenen brennenden Einbildungskraft, die mich – wenn ich sie nicht überwinden konnte – zu Asche verbrennen wird."

Und noch eine Stimme: „In dumpfer Leere setzte ich einen Fuss vor den anderen und jedesmal schaute ich zur Seite auf Jizchak, sah das Sonnenlicht auf seinen Schultern, den Wind in seinen Haaren, und musste wegschauen, ganz schnell … Zu viel! Zu viel willst du von mir."

Der Vater wandert mit dem Sohn. Bilder steigen auf, Erinnerungen, obwohl er sich fast bis zur Abstumpfung zwang, an seiner Prüfung festzuhalten, seine Schritte wie aus hölzernem Gehorsam. Er kann nicht aufhören zu fühlen. Wie geht es einem solchen Vater?

Nimm deinen Sohn … den du lieb hast, den Jizchak.

Jizchak heisst „Er lacht". An diesen drei Tagen erstarb alles Lachen.

Drei Tage. So lange geht ein Sterben. Lang genug, für einen Mann, an alles mehr als einmal zu denken, die Schwelle wieder und wieder zu überschreiten, hinein, hinaus, kommen, gehen … bis man sie nicht mehr sieht. Lang genug, damit ein Mann sich genau kennenlernt, alle Stimmen hört in sich, alle, die so vieles sagen. Zeit genug für Erinnerungen, Zeit genug um zu merken, dass es keinen Ausweg gibt. Hinter dem, was nun kommt, wird es nichts mehr geben. Oder wenn, dann nur noch Leere. Nichts kann sich Avraham mehr vorstellen, keine Verheissung, kein Land, nichts, für das er freiwillig ein solches Opfer bringen würde.

„Und immer wieder die gleiche Frage: Kann ich weitergehen? Soll ich weitergehen, wenn doch jede Faser in mir Halt! schreit? Und doch gehe ich, und könnte doch jederzeit anhalten, doch gehe ich weiter."

„Land und Volk, welch ein Irrsinn, welch ein Wahn! Meine Hoffnung aber soll ich schlachten. Das macht doch keinen Sinn, den zu töten, auf dem die Zukunft liegt. Vielleicht soll nur meine Bereitschaft dazu getestet werden. Aber wer weiss das schon?"

Am dritten Tag, da hob Avraham seine Augen auf und sah den Ort von ferne. Da sprach Avraham zu seinen Burschen: „Bleibt ihr hier mit dem Esel! Ich aber und der Knabe, wir wollen bis dorthin gehen; wir wollen uns niederwerfen und dann zu euch zurückkehren." Da nahm Avraham das Holz zum Hochopfer und legte es auf seinen Sohn Jizchak und nahm in seine Hand das Feuer und das Schlachtmesser, und sie gingen beide zusammen.

Und endlich kommen wir an, hoch auf dem Berg, auf dem uralten Brandaltar, die Reisigbündel auf dem Stein, das Seil für die Bindung ist bereit. Wir teilen uns auf in Avraham und Jizchak, alles in stillem Spiel. Einige verbitten es sich, gebunden zu werden, Avraham kann sie nicht überzeugen. Die Szene kippt ins Traumatische, traumatisierende. Nur Jizchaks seltsame Bereitschaft und Avrahams Leiden bewahrt uns vor einem realen Missbrauchserlebnis. Nachher berichten jene, die die Bindung an sich zuliessen, von einer äusserst befremdlichen Mischung aus Scham und innerer Ruhe:

„Ich wusste, dass ich in letzter Minute bewahrt würde. Ich wusste, dass die Geschichte ein glückliches Ende nehmen würde. Das konnte ich nie vergessen."

Und Avraham? „Ich wollte, dass sich mein Sohn wehren würde, weglaufen würde, durch sein Eingreifen diesem Spuk eine Ende machen würde. Und ich wünschte mir gleichzeitig, er möge ruhig liegen."

„Ich war so leer, innerlich wund gekratzt. Und am Ende brauchte es dann gar keine Bindung mehr, als meine innere Ruhe auf meinen Sohn überging. Meine Tränen wie Flüsse, doch kein Schluchzen, keine Schreie, keine Worte. Nur seine Augen."

„Avraham!"

Der Vater hält inne. Die Erlösung?

„Ich kann mir nicht vertrauen. Ich habe so lang dafür gebetet, so innig. Die Stimme, die meinen Namen ruft, klingt wie meine eigene, wie ich, der Gott spielt."

„Avraham!"

Das Messer fällt aus seiner Hand, die nun die Augen gegen ein gleissendes Licht deckt und schützt.

Ein Widder wird gefunden, ein Tieropfer ersetzt das menschliche, und dann endet die Geschichte mit einer Wiederholung der Verheissung, mit dem letzten Wort, das Avraham je zu Gott spricht. Oder vielleicht mit dem letzten Wort, das Avraham je von Gott noch hören will.

Am Ende blicken wir zurück: Einer sagte, Avraham habe von Anfang an gewusst, dass es so passieren würde, ein anderer wand ein, Avraham erprobte Gott, während Gott ihn erprobte, wie weit er gehen würde. Ein dritter sagte, Gott sei entsetzt gewesen, wie weit er mit Avraham habe gehen können und habe von da an nie wieder solches gefordert. Ein vierter beschrieb, wie ein Engel Avraham während der Tat zu sich nahm, um ihn zu trösten, doch es sei schon zu spät gewesen: seine Seele sei bereits ins ewige Dunkel getaumelt. Ein fünfter behauptete, Avrahams Messerspitze zeigte auf die Brust des Engels, nicht des Jungen. Ein sechster war sich sicher, dass Avraham den Widder – nachdem er ihn aus den Dornen befreit hatte – erst in den Arm nahm und schaukelte, wie ein kleines Kind, und dass es dann Jizchak war, der das Tier töten musste, der bemitleidenswerte Alte konnte es nicht. Ein siebter sah die beiden von Morija herunterkommen und von nun an auf ewig getrennten Wege gehen. Ein achter erzählte die Geschichte von einem innerlich zerrissenen Mann, der seine Gemütslage auf einen zerrissenen Gott projizierte. Der neunte schliesslich sagte, dass Avraham auf ewig ein Bild sein wird für alles, was schrecklich und für alles, was wunderbar ist an dem Unternehmen „Glauben".

Alle Väter sind in meinem Herzen. Und noch vier andere.

Der erste spricht: Es ist Peter, der Vater von Zacharias. Er ist jetzt sechzehn, mein Sohn. Ich weiss es noch wie gestern, als ich ihm beim Fussballspielen, hinten in den Feldern von Vermont Hill, zuschaute. Es war Spätsommer, die Bäume wurden schon golden. An einem solchen Tag hatte ich vor mehr als 35 Jahren eine Fliege an einer Fensterscheibe kämpfen sehen; und auch ich habe an solchen Nachmittagen Fussball gespielt und wusste, dass mein Vater mir dabei zusah.

Mir sind vor kurzem wieder Fotos in die Hände gekommen, auch Spätsommer, unten an der Küste von Jersey, mit meiner Frau, meiner Tochter, Zacher und mir. Fotos von Zacher: auf einem Surfbrett, mit einer Frisbeescheibe, und eines, auf dem sein dunkelblondes Haar golden von der Sonne über seine Augen fällt, sein schwarzes T-Shirt spannt sich in der Bewegung über seinen Schultern, er lächelt in die Kamera, also zu mir her, mit unverhohlener Freude.

Ich denke, jeder Vater, jeder männliche Erziehende, hat solche Fotos, ob nun auf Film oder im Herzen: der Kleine lacht, wenn er in die Höhe geworfen wird. Der besondere Blick, wenn der Junge stolz deine Zufriedenheit mit ihm bemerkt und zurückgibt. Wenn er mit weit geöffneten Armen auf dich zuläuft. Wenn er vor Lachen über einen Witz von dir fast platzt. Wie er rot wird, wenn du einem Freund oder Kollegen berichtest, was er vollbracht hat. Wie er ein Geschenk öffnet, das du für ihn besorgt hast, aufgeregt und zittrig. Wie er genau zuhört, wenn du ihm eine Geschichte erzählst oder ein Lied vorsingst. Als alleinerziehender Vater habe ich diesen Jungen tausende Mal zu Bett gebracht, sass noch bei ihm, als er auf den Tag zurückblickte, bis seine Augen zufielen, und noch länger sah ich ihn an. Seine Schönheit und seine Unschuld haben mir mehr als einmal Tränen in die Augen getrieben. Es war, als habe in dieser Zeit mein eigener, innerer kleiner Junge bei mir gestanden und habe seine Hand leicht in meine gelegt. Unvorstellbar, dass mein eigener Vater mich mehr hätte lieben können, als ich meinen Sohn in jenen Augenblicken liebte.

Dies ist mein Sohn, mein einziger, ich liebe ihn.

Und durch die Mitte meiner väterlichen Gefühle fliesst ein Fluss, wie aus Gold. Manchmal glitzert das Gold, wenn der Fluss sich verzweigt und verästelt. Das Gold ist die Unschuld des Knaben, seine Hände in deiner, wenn man zum ersten Mal durch die Stadt geht oder durch den Wald in der Nacht. Das Gold ist die Schönheit des Knaben, schlank, schnell, animalisch wild in seinen Bewegungen. Das Gold ist die Zartheit in allen Knaben, ihre Tränen nach einem unbedachten Witz von dir, der hätte foppen sollen, nicht verletzen. Gold ist auch seine Aufmerksamkeit, mit der er scheinbar sinnlose Fingerübungen macht oder sich Schattenspielen hingibt – und nicht bemerkt, dass du ihn beobachtest. Sohn ist Sonne. Jene schiere Freude, jener reine Stolz, es ist Gold, das glänzt im Licht seiner eigenen, verlorenen Jugend.

Mein innerer Vater liest die Geschichte von Avraham mit, der sein „Lachen", seine Liebe töten soll und wird sprachlos. Mein innerer Vater weiss, er würde das nie können, aus welchem Grund auch immer. Ein Vater, der so was machen würde, müsste zuerst seinen inneren Vater abtöten. Nur in den unsagbaren Schrecken der Todeslager vielleicht, auf einer kranken, vor Hass und Verblendung brennenden Massada-Festung, nur im finalen Alptraum auswegloser Situationen mag ein Vater fähig sein, so etwas zu tun.

Doch würde eine solche Tat die Seele zerstören statt sie zu erhöhen. Hier ist keine Grösse, nur Verblendung, und jeder Gott, der einen Vater auf eine solche Art zu „prüfen" meint, ist ein verkleideter Teufel. Eine Religion, die einen solchen Vater verehrt, seinen Glauben zum Vorbild nimmt, ist einfach nur krank.

Ein zweiter Vater tritt aus dem Dunkel und Schatten des ersten.

Eine Sommernacht war's, nach dem Abendessen. Mein Sohn saust vom Tisch ans Telefon und dann mit dem Skateboard unter dem Arm nach draussen, zu den Freunden. Beim Essen war er wie immer mürrisch, weit weg, schlang die Mahlzeit hinunter. Einsilbig. „Mhm“, „Gut“, „Nein“, „Lass mich in Ruhe“. Ketchup auf dem Tischset. Pommes auf dem Boden.

„Zachi“ beginn ich vorsichtig, „nimm bitte deinen Teller, räum den Platz auf, wo du gesessen warst und spül den Teller, bevor du ihn in die Geschirrspülmaschine tust.“ Sein Skateboard wird donnernd auf den Boden fallen gelassen und hinterlässt im Linoleum einige unschöne Spuren. Ein genervter Gesichtsausdruck, der vielleicht Herkules zugestanden hätte, als er den Auftrag erhielt, den Augiasstall zu misten. Auf dem Weg zum Spülbecken tritt er auf ein Tomatenstück und verteilt es mit seinen Sohlen quer über den Fussboden. Ohne dass er Kenntnis davon nimmt. Als er mit dem Schwamm widerwillig sein Tischset wischt, wird aus dem Ketchupfleck eine Blutspur über den Tisch. Er wirft den Schwamm Richtung Spülbecken und trifft dabei zufällig gleich noch das Küchenfenster. Er greift sein Board und will zur Tür speeden.

„Zachi, mach langsam.“

„Was?“ blökt er zurück. „Papa, ich bin spät dran.“ Ich zeige auf die Tomate auf dem Fussboden. Seine Augen drehen sich gen Zimmerdecke. Er trampelt widerwillig Richtung Schwamm.

„Nimm bitte ein Küchentuch, der Schwamm ist nicht für den Boden.“

Sein Ausatmen ist nun mit einem unverständlichen Grummeln unterlegt. Die Luft wird dicker. Der Wischer über den Boden hinterlässt deutliche Spuren. Meine Stimme ebenso in der Atmosphäre: „Mach’s richtig.“

Sein Murmeln wird nun hörbar: „Was für ein Scheiss, das alles.“

„Was war das?“ Die Glut schwebt über der Zündschnur.

„Nichts.“ Das Küchentuch fliegt Richtung Mülleimer aber trifft ihn nicht. „Scheisse noch mal“ und wird wieder aufgelesen. Er stolpert über den Hundenapf und kickt ihn wütend über den Küchenfussboden, das Wasser verteilt sich ungleichmässig auf den Bodenplatten. Wieder keine Reaktion. Er Richtung Haustür unterwegs. Beide nur eine Zehntelsekunde von der Zündung entfernt.

Mir waren solche Situationen ja bekannt. Während er rauswärts strebte, fielen mir in Sekundenbruchteilen scheinbar ähnliche Weigerungen von

Respekt oder Mitarbeit im Haushalt ein, die mich in der Bewertung dieser eigentlich sehr kurzen Episode bestätigten: Schon wieder! Was bildet sich der Junge eigentlich ein? Ich reiss mir den Arsch auf für ihn und er hält mich für seinen Hausangestellten, oder wie? Ich werd's ihm zeigen. Die Luft brennt.

„Zachi", meine metallne Stimme schneidet die Luft, „Du legst jetzt sofort dein Skateboard ab, und zwar langsam. Und dann wischt du auf, was du verschüttet hast."

„Ganz toll!" brüllt er „Da will man mal rausgehen und dann so was. Verdammter Scheissdreck." Er wirft sein Skateboard donnernd durch den Hausflur. Es schlägt am Schuhschrank an und bleibt liegen. Er stürmt durch die Küche, zertrampelt die Wasserspur und springt die Treppe hoch, zwei Stufen auf einmal, und knallt die Tür seines Zimmers hinter sich so fest zu, dass die Gläser auf dem Küchentisch klirren.

Ich jetzt nur noch neurochemisch reagierend, ohne Herz, ohne Hirn. Die enzymatische Reaktion rötet meine Haut, ich koche unter Hochdampf. Niemand kann mich so in Rage bringen wie er. Ich gerate in eine Ur-Wut, wie unsere Primatenvorfahren. Die magnetischen Pole zwischen uns haben sich in Abstossung verwandelt. Sturm! Wut! Zorn! Ich könnte ihn totschlagen in diesem Moment, ihn zum Fenster rauswerfen, die Treppe runter, so lange, bis er weiss, wer hier der Boss ist. Ich bin der, vor dem er zu zittern hat und dem er zu gehorchen hat. Ich bin nun Mr. Hyde.

Was soll mich nun noch abhalten, ihn am Hals zu packen? Die Schwelle zum rasenden Wahn ist niedrig. Wenn ich jetzt getrunken hätte, oder meine Frau mich nicht lieben würde, oder mein Chef mich schikaniert hätte oder ich eine drückende Mahnung im Briefkasten hätte oder einfach nur einen höllisch schmerzenden Zahn hinten rechts, ich wäre – drei Stufen auf einmal – die Treppe hochgestürmt, hätte die Türe aufgestossen und ihn an den Haaren genommen.

Tatsächlich aber beruhige ich mich … immer mehr.

Spät abends schrieb ich in mein Tagebuch:

> *Ich verstehe nun alte Kulturen, die Knaben ungefähr im Alter meines Sohnes aus dem Elternhaus nehmen und in ein Haus der Jungen führen, wo deren Energie reguliert und kanalisiert wird, wo ihre Körper gezüchtigt werden, und ihre trotzige, plumpe Launenhaftigkeit ein wirkliches*

Gegenüber bekommt. Aber hier und heute gibt's so was nicht. Auch Avraham hatte es nicht. Damals wie heute scheint es manchmal nur die zarte Hand eines Engels zu sein, die die Hand eines Vaters zurückhält, wenn sie sich gegen den Sohn erhebt, ihn zu schlagen, zu verwunden und ihn so unter meinen Willen zu zwingen. Vielleicht steht die Avrahams-Geschichte auf Morija auch ein klein wenig für diesen Sieg der Vernunft über die urtümliche Wut.

Ein dritter Vater löst sich aus dem Dunkel. Er ist nicht ich, aber ich kenne ihn. Mit gesenktem Blick, hängenden Schultern, beginnt er zu reden:

Ich habe meinen Sohn in den Krieg geschickt. Ein Mann muss ja Folge leisten, wenn das Vaterland ruft. Eine Pflicht ist das. Mein Sohn, mein Sohn, er hatte alle Arten von Ideen im Kopf, er protestierte, er diskutierte. Aber als der Marschbefehl kam, redete er die Nacht durch mit seiner Mutter. Ich hörte ihn weinen, durch die Zimmertüre. Ich schämte mich vor ihm und vor ihr. Warum verstanden sie nur nicht?

Sehr spät nachts dann kam er auch zu mir. Ich wusste, was ich ihm sagen musste, und sagte es geradeheraus: ‚Wenn du diesen Dienst am Vaterland nicht machst, bist du nicht mehr mein Sohn.' Werd' nie seinen Blick in diesem Augenblick vergessen, kann ihn nicht beschreiben, hielt mich ewig lang fest. Dann drehte er sich um. Ging nicht mehr zu seiner Mutter. Sie kam früh am Morgen zu mir ins Bett, tupfte sich die tränenden Augen, fragte, was ich ihm gesagt hätte. Hab's ihr nicht gesagt. Geht sie nichts an. Nur was zwischen mir und dem Jungen. Am Morgen nahm er seine Sachen. Er kam nie zurück.

Bei diesem Vater standen Millionen anderer Väter, die ihre Söhne in den Krieg geschickt haben. Ich sah sie in Habt-acht-Stellung unter wehenden Flaggen. Ich sah sie in stillen Nächten im Garten sitzen und zu den lichtlosen Fenstern der Kinderzimmer blicken, hinter denen nie wieder ein Sohn schlafen wird. Ich sah die Felder voller Grabsteine in Flandern und in Marathon, die Strände von Iwo Jima und die weite Ebene vor Troja. Was für Väter! Was für absolute Gründe, ihre Söhne zu opfern. Krieger. Welche Verschwendung der Tod ist. Söhne schlachten Söhne, endlose Kriege zwischen Brüdern, die Vätern gehorchen, deren Habsucht oder deren Ideale, deren Nationalstolz oder deren Verbohrtheit ebenso endlos ist.

Irgendwo zwischen diesen drei Vätern steht Avraham. Kennen wir seine Persönlichkeit? Für welche tiefe menschliche Wahrheit steht er? Er will seinen Sohn nicht für sich schlachten, nur für einen Glauben, den er nicht hinterfragt, einen Glauben, der seinem Leben Sinn gibt.

So tritt ein vierter Vater aus dem Dunkel, auch aus der Tiefe meiner Erinnerungen:

> *Ihr lest diese Geschichte rein wörtlich und das ist falsch. Hier geht es nicht um einen Mann, der seinen Sohn töten will; das ist nur die Oberfläche, die Aussenhülle. Dabei hat jeder Mann etwas, das er am allermeisten vor allem anderen liebt. Etwas, woran er mit allergrösster Liebe hängt, mit Leidenschaft, mit – kaum verhohlenem – Egoismus, sein ureigenes Götzenbild. Wo solche Liebe ist, ist auch Opfer und Unterdrückung.*
>
> *Avraham wird aufgefordert, alles zu töten, was selbstbezogen ist in seiner Liebe. Sein Messer erhebt sich nicht, um den Sohn zu treffen, sondern sein inneres Bild vom Sohn, seine Träume und seine Wünsche rund um diesen Sohn, sogar seine Urheberschaft an all dem soll er abtöten. Was Gott von ihm verlangt, ist nicht vollkommener Gehorsam, sondern vollkommenes Freisein. In seiner dunkelsten Agonie auf Morija erreicht er diesen Zustand. Er geht durch Morija in einen Zustand der Annahme von allen, ohne an irgendetwas gebunden zu sein.*

Die Sage vom Sohnesopfer ist der Zentralmythos der Väterherrschaft. Dass Avraham nach Morija ging mit allen Konsequenzen, wird von jüdischen Gelehrten aller Zeiten als Akt höchsten Glaubensgehorsams gefeiert, der den Glauben und die Verheissung besiegelt. Am vermeintlichen Ort dieses Ereignisses baute Israel den ersten Tempel und zu seinen Füssen bildete sich die Stadt Jerusalem. Die Muslime glauben übrigens – wenig überraschend –, dass es Jischmael gewesen sein soll, den Avraham mit zum Morija nahm, und der Felsendom steht für dieses Faktum. Und noch eins: Morija ist nur einen Steinwurf vom Kalvarienberg entfernt, von Golgatha, wo ein anderer Sohn wirklich hingerichtet wurde, dessen Tod-und-doch-nicht-Tod der Grund für einen anderen Glauben wurde.

Der opfernde Vater und der geopferte Sohn – ihre jeweiligen Taten beschämen alles, was einem Menschenherzen heilig ist, sollen uns erlösen oder eines grösseren Segens versichern. Dieser Mythos wird in allen Religionen hochgehalten. Einst begegneten die Menschen diesen monumentalen Taten mit uneingeschränkter Ehrfurcht. Mit dem Zusammenbruch institutionalisierter Religiosität und durch die Einsichten des Feminismus und der Psychotherapie gewannen wir die Freiheit, das alles neu anzuschauen. Diese Männer zu beurteilen oder gar zu verdammen, würde bedeuten, nur mit dem Kopf an die Sache heranzugehen. Sie jedoch einfach zu „verstehen", wäre das andere Extrem. Wie auch immer: Dieser Mythos fasziniert, in all seiner Grausamkeit und seiner Kraft.

Und wie es nur ein Mythos kann, gibt er uns Zugang zu einer tiefen Schicht von Wahrheit in der Seele.

Welche Wahrheit genau dies ist, kann ich nicht abschliessend sagen, wiewohl ich's bis hierher probiert habe.

Das Gedanke des Opfers hat seitdem Kunst und Literatur beflügelt. Im Kern des Mythos ist die Sehnsucht nach einem Vater und die Bereitschaft, für ihn alle moralischen und menschlichen Grenzen zu überschreiten. Wir *wollen* das. Mag es Wahnsinn heissen oder Glaube, ja, mögen beide dasselbe sein, und doch ist diese Bereitschaft, selbst das Allerwichtigste in seinem Leben dahinzugeben, eine alleredelste Verlockung. Natürlich suchen wir das nie bewusst. Avraham hat nie darum gebeten, jedenfalls nicht bewusst. Doch weil er einmal gehorcht hat, war die Türe offen, auch irgendwann den letzten Gehorsam einzufordern.

Wieder sehe ich hier das Ringen als Bild für einen inneren Kampf, für eine Seele im Ausnahmezustand, in Stücke gehauen, gegen sich selbst gerichtet. Nirgendwo in Bereschit – Genesis ist das so deutlich wie hier, gibt es doch keine Liebe, auf die so lange gewartet werden musste, wie die Liebe dieses Vaters für seinen Sohn. Keine Verheissung blieb so lange unerfüllt. Keine väterliche Zuwendung, an die sich westliche Gedanken erinnern können, geht tiefer als ich denke, dass dieser Vater an seinem Sohn hängt.

Diese Vater-Sohn-Liebe hat ihren Hintergrund in der Abwendung Avrahams von seinem eigenen Vater und in der Hinwendung zum Grossen Vater und seinem Auftrag. Den Gehorsam zu diesem Gott und seinem Auftrag schneidet Avraham dann sich und später seinem Sohn Jischmael ins Fleisch, verstösst diesen Sohn aber auf Geheiss seiner Frau, um einzig den anderen Sohn als Alleinerben einzusetzen. Je mehr es diesen Gott gibt, umso mehr scheint er zu fordern, je tiefer seine Schuld, umso schwerer sein Schicksal. Was in ihm menschlich ist, kämpft: Hoffnung mit Wut, Zweifel mit Angst. Ich kenne keine Geschichten unserer Zivilisation, die die Pein eines Vaters deutlicher zeichnet.

Wir haben den Vater angeschaut – doch was ist mit dem Sohn, wie stellen wir uns ihn vor? Zwar sagte er während der ganzen Dreitagereise nichts, doch was für einen Eindruck muss das alles auf ihn gemacht haben? Wir können diesen Mythos nicht verstehen, ohne dass wir seine Sicht der Dinge kennen.

9

Jizchak: Ein Midrasch

Als Gruppe auf dem Berg Morija konnten wir uns natürlich nie ganz nur auf Avraham konzentrieren. Es schien, als seien Vater und Sohn in diesem Drama gebunden, verbunden, und beide seien für den Ausgang unersetzbar – zwei Seiten einer Medaille: der Vater und der Sohn. Hier oben treffen sich beide in schrecklicher Gegenseitigkeit. Das Opfer geschieht zwischen ihnen, im Mythos geht es grundlegend darum, was die beiden zusammenhält. Ihr Band und ihre Vertrautheit, mitsamt ihrer Begeisterung und ihren Belastungen, ist Thema auf dem Weg nach und auf der Höhe von Morija.

Ich bin natürlich nicht der erste, der sich die ganze Sache aus Jizchaks Perspektive vorstellen will. Alice Miller skizzierte dies in ihrem Buch „Der gemiedene Schlüssel". Jeder, der Alice Miller und ihre hartnäckige und beherzte Sorge um die kindlichen Seelenqualen und die Folgen elterlichen Narzissmus' oder autoritärer Erziehungsmethoden kennt, kann sich ihre Sicht der Dinge in Bezug auf die Bindung Jizchaks vorstellen. Sie schreibt:

> *„Wenn wir das Leben mehr lieben als den Gehorsam, und wenn wir nicht in ihrem Namen sterben wollen, weil unser Vater sein kritisches Denken ausser Kraft gesetzt hat, dann können wir nicht länger warten wie Isaak, mit gebundenen Händen und verbundenen Augen, damit unsere Väter ihre Pflicht erfüllen können.*

> *Was würde passieren, wenn Isaak, statt nach dem Messer zu greifen, all seine Kraft aufwenden würde, um seine Fesseln zu zerreissen und Abrahams Hand von seiner Kehle zu drücken. (...) Er würde nicht länger als Opferlamm da liegen, sondern aufstehen; er würde sich trauen, seinem Vater ins Gesicht zu sehen, ihn zu sehen, wie er wirklich ist: unsicher und zweifelnd, doch gewillt einen Befehl zu befolgen, den er nicht versteht.“*

Der Jizchak von Alice Miller würde seinen Vater vom Kindsmord abhalten und ihm helfen, diesen Gott zu hinterfragen. Miller plädiert für finalen Ungehorsam.

Für mich jedoch ist Jizchak noch ein anderer. Ich kann ihn sehen. Obwohl einige sagen, er war zu dieser Zeit bereits erwachsen, sehe ich ihn an genau der Schwelle zur Männlichkeit, zum Kern dessen, was den Mann vom Knaben unterscheidet. Er und Avraham werden gemeinsam initiiert ins Geheimnis. Ich sehe die Hand des Knaben in der Hand des Vaters, einige sagen, damit er nicht weglaufen kann, einige sagen das Gegenteil. Ja, es ist Angst in Jizchak, das dürfen wir nicht übersehen. Aber das ist nicht alles. Lest diesen Midrasch für Jizchak.

Ich hatte Angst, vielerlei Angst. Ich hatte auch Vorahnungen, kann ich jetzt rückblickend sagen. Als er mich aufforderte, mich für die Reise zu rüsten, war eine ungewohnte Schwere in ihm, die ich nie zuvor gesehen hatte. Wahrscheinlich sage ich euch nichts Neues, wenn ich darauf hinweise, dass mein Vater keiner war, der die Dinge auf die leichte Schulter nahm, doch diese Schwere war besonders, von dunkler Art, kroch wie Angst auf mich zu. Heute weiss ich, dass hinter seiner Ernsthaftigkeit ebenso Angst steckte. Je weiter wir liefen, umso deutlicher wurde sie, als würden wir in den wildesten aller Wälder ziehen, den dunkelsten aller Wege gehen. Und so war es dann auch. Ein wenig war ich aufgeregt, so wie man im dunklen Wald oder im Unbekannten aufgeregt ist.

Ich war ihm ausgeliefert, er war ja mein Vater, ein grosser Vater, dessen Hand die meine hielt, auf dem Weg. Nie zuvor hatte er meine Hand so gehalten. Ich hab mit ihm Schafe gehütet und Berge erklommen, hab mit ihm beim Feuer gesessen und gegessen. Ich erinnere mich an Hagar und Jischmael, ich weiss noch, wie sie fortzogen. Ich höre harte Worte, sehe kalte Tränen, seine Tränen um Jischmael – und weiss, wie er ihn liebte und er musste ihn doch fortweisen. Seinen ersten Sohn. Mein Vater war ein grosser Mann, ein dunkler Mann, der aufragte wie die Eichen in

Mamre, an denen wir mal vorbeizogen, genauso schweigend, genauso alt. Wenn er hörte oder sah, war mein Vater anwesend, und doch auch nicht. Unsere Worte schienen in ihn hineinzufallen, wie Steine in einen tiefen Brunnen. Das Schweigen meines Vaters war wie die Stille eines tiefen Brunnens.

Ich kann euch gar nicht sagen, was es heisst, von ihm ein Sohn zu sein. Ich wusste um seine Grösse und seine Gewichtigkeit. Ich las es am Respekt unseres Clans vor ihm als Fürsten. Selbst die kenaanischen Ureinwohner kamen mit ihren Rechtstreitigkeiten vor ihn. Fürsten und Könige trafen ihn bei Nacht oder vor wichtigen Entscheidungen. Man erzählt sich, dass er sogar mit Gott selbst stritt, bevor dieser Sedom zerstörte. So war mein Vater. Und ich war sein – nun – einziger Sohn.

Als er diese Reise ankündete, fragte ich ihn nach dem Grund. Ein Opfer zu bringen, sagte er mir. Was für eines, fragte ich. Das werde ich dir auf dem Weg sagen, und wir griffen einige Dinge und gingen früh am nächsten Morgen los.

Das Gesicht meiner Mutter werde ich nie vergessen. Ihr Blick auf mich, als wir die Esel sattelten, vom Eingang ihres Zeltes, sagte mir, sie fürchtete ihren Jungen nie wieder zu sehen. Und ich weiss nun, dass sie Recht hatte. Sie weinte nicht. Zu meinem Glück.

So begann unsere Reise.

Noch nie war ich mit meinem Vater auf diesem Weg gegangen. Bisher waren wir zusammen unterwegs, wenn er mir etwas zeigen wollte über die Herdenführung, über Aufzucht oder Scheren. Manchmal, wenn wir so liefen, erzählte er mir auch über die Kenaaniter. Das waren die einzigen Male, wo ich ihn mal lachen hörte. Für gewöhnlich war er in seiner Welt. Und ich war ja erst ein Kind.

Mit meinem Vater plauderte man auch nicht einfach, und ich war sowieso kein Plauderer. Tagsdurch sprachen wir nur das Nötigste. Bei der ersten Nachtrast kamen wir an einen Fluss. Die Knechte warteten uns auf mit gebratenen Kaninchen, die sie auf dem Weg gefangen hatten. Gern hätte ich mit ihnen gejagt, doch mein Vater hatte es mir verboten.

Nach dem Essen entzündete er ein Feuer, weiter weg vom Lager, auf flachem Boden zwischen einige Felsen. Der Mond stand voll am Himmel. Er wandte sich zu mir und ich sah die Flammen tanzen auf seinem Gesicht. Ich fühlte mich in seiner wuchtigen Gegenwart beschützt und kroch zu ihm. Er begann: „Jizchak, ich will dir die Geschichten unseres Gottes erzählen."

Seine Stimme war leise und während der ganzen Zeit blickte er ins Feuer. Ich konnte die Flammen in seinen Augen sehen. Sie, die sonst tiefblau waren, schienen nun ganz schwarz. Zuerst hatte ich Angst, es schien mir, als brenne ein Busch und werde doch nicht verzehrt, oder eine Wolkensäule stände regungslos da. Ich war gefesselt. Es gab keine Steine mehr um mich rum, keinen Fluss, und auch keinen Vater mehr, nur noch diesen Mann, der vom Mond gekrönt zu sein schien.

Er begann im Anfang. Er sang mir vor in jenen alten Weisen. Er sang von der Schaffung, dessen was ist, vom Geheimnis, das über dem Angesicht der Tiefe lag, das Leben in die Erde atmete und Menschen schuf. Er sang vom Garten und von Schlange, von der Welt nach Eden. Er sang die Sagen von der Ur-Familie Adam und Chawas und vom Tod des Hewel und dem Exil des Kajin. Er sang von den Generationen seit Seth bis zur Geburt Noachs, und besang ihre Taten. Er sang von der Zerstörung der Welt durch die Flut und vom Fluch auf Ham. Er sang vom Bau Babels und der Zerstreuung der Menschheit. Und wieder sang er von Generationen bis Terah, seinem Vater. Dort unterbrach er.

Ich fühlte, als stünde ich auf einem hohen Berg und sähe alle Reiche der Welt und ihre Herrlichkeit, nicht nur wie sie heute aussahen, sondern auch wie sie durch alle Generationen geformt worden waren. Ich hatte ja auch vorher schon Teile und Brocken dieser Geschichte aufgeschnappt, doch vermischt mit den Sagen der Kenaaniter, die ich von den Hirtenjungen gehört hatte, in den Nächten, als wir auf den Feldern waren. Man glaubte auch nicht alle Sagen. Als aber mein Vater sang, mit einer Stimme fest wie der Mond am Himmelszelt, wusste ich, dass er mir seinen Glauben vorstellte, ein Wissen in ihm, strotzend vor Kraft. Die Geschichten säten Licht in mir, unzählige Funken, wie die Lichter am Nachthimmel, Namen und Bilder, Worte und Offenbarungen, die mir erzählten von allen Wundern hinter dieser dunklen Welt. Geheimnis, ja!, Geheimnis sagte er, und als er mir die Geheimnis-Geschichten sang, wurde in mir eine Sehnsucht geboren.

Er schloss seine Augen und sog die Luft so tief ein, dass ich aufschrak. Als wenn dies der erste Atemzug wäre, seitdem er begonnen hatte zu singen, sprach er: „Das wirst du erinnern, wie ein Zeichen auf deiner Hand."

Er legte mich auf die Tierhäute, die er auf dem Boden ausgebreitet hatte, und wickelte mich in sie ein, denn das Feuer ging langsam aus. Er wickelte mich wie einen Säugling eng in die Tierhäute und küsste mich auf die Stirne. Dann brachte er seine Lippen nahe an mein Ohr und sang leise: „Schm'a: Adonaj Elohejnu, Adonaj Echad ... Sei ruhig und höre, denn Gross ist Geheimnis und Geheimnis ist Eins." Er streckte eine Hand in den Nachthimmel, als wolle er nach etwas greifen. Dann zog er sie still zu sich zurück, als wolle er mir Schlaf vom Himmel holen, und seine Hand bedeckte meine Augen für eine kleine Weile, warm, und schloss meine Lider. Dort blieb sie, bis ich einschlief.

Ich träumte von Schlange, und hörte meinen Namen gelacht.

Am nächsten Morgen hatten die Knechte Wachteln gejagt. Dieses Mal wollte ich gar nicht mit ihnen auf die Jagd gehen. Ich wollte nur mit meinem Vater gehen, neben ihm her, und den ganzen Tag nichts sehen als den Weg, mit den Geschichtsliedern der vergangenen Nacht. Mein Vater war eher noch stiller, doch gingen immerhin unsere Schatten nebeneinander, bis sie von der sinkenden Sonne immer länger gezogen wurden. Einige Male wanderten wir an Brunnen vorbei, wo die Einheimischen ihre Tiere tränkten. Doch hielten wir nie an, obwohl unsere Haut und unsere Zunge trocken zu werden begannen.

Gegen Sonnenuntergang wanderten wir unter alten Bäumen am Rande einer ehemaligen Oase. Hinter uns färbte die untergehende Sonne die Bergketten orange. Endlich kamen auch wir an einen Brunnen, staubig und ausgemergelt. Die Knechte begehrten auf, weil so wenig Wasser im Brunnen war. Sie hätten lieber an einem belebteren Brunnen gehalten. Hier lagen auch überall Steine, vielleicht nach einem Kampf. Kein frischer Dung zum Feuermachen, keine Wege, einfach ein alter Ort, verlassen und fast tot, so schien es mir. Als die Knechte dann doch unser Mahl bereiteten, nahm Vater einige Steine und legte sie rund um den Brunnenkopf. Ich half ihm und gemeinsam stellten wir den Brunnenrand wieder her.

Nach dem Essen trugen wir Holz aus einer trockenen Schlucht und fanden die Öffnung einer Höhle. Die Berge in der Ferne waren nur mehr Schattenrisse. Ich sah, wie Vater ein Feuer machte. Wir waren ausser Sicht der Knechte, wir hörten weder ihr Lachen noch ihre Stimmen. Und wieder nahm Vater meine Hand, wieder sah er mir in die Augen.

„Dies sind die Nachkommen Terahs", begann er. Mein Grossvater also. Er sprach von Terahs Söhnen, sprach von Avram. Er sprach von ihm, als sei er, der später Avraham wurde, nur eine Figur in einer Geschichte, die er einstmals gehört hatte. Ich hörte seinen Namen und wie er mit seiner Frau Sarai wanderte, ich sah ihre Wanderschaften in Kenaan und Ägypten; ich hörte von dem Krieg, an dem er beteiligt war und von Lot seinem Neffen, vom Bund und von der Geburt Jischmaels, von der Beschneidung des Stammes und den Boten, die vor Sedom warnten. Ich hörte, dass mein Vater mit Gott selbst stritt, von Feuer und den Städten in der Ebene, und endlich von meiner eigenen Geburt, der wahren Geschichte von der Verbannung Hagars und vom Verlust meines Bruders Jischmael. Alles lief durch seine Worte wie eine Bilderfolge vor mir ab. Ich fühlte, wie er in seinem Gott lebte und dieser in ihm, und alles war so furchtbar und fürchterlich, unnahbar und hoch.

Die Geschichten der ersten Nacht und die der zweiten zerflossen zu einer; es war, als würde alles notwendig zu ihm führen, zur Verheissung an ihn, wie seine Träume weitergegeben werden von seinen Nachkommen, ich dachte an Jischmael, ich dachte an mich. Seine Geschichte wurde meine Geschichte. Sagen einer alten Zeit reichten hinein in diese Zeit, bis in eine ferne Zukunft. Zeit hatte ein Muster; unter dem scheinbaren Chaos des Alltags lag ein unsichtbarer Plan, durch alle Generationen hindurch. Es hatte meinen Vater ergriffen, jetzt griff es nach mir.

Dann sprach er die Worte: „Und Gott redete zu Avraham und sprach: ‚Avraham!‘ und der sprach: ‚Hier bin ich!‘. Da sprach er: ‚Nimm deinen Sohn, den einzigen, den du lieb hast, und geh in das Land der Weisung (Morija) und bringe ihn dort zum Hochopfer dar auf einem der Berge, den ich dir nennen werde.‘“

„Das hier“, sagte mein Vater und zeigte über seinen Umhang in das Dunkel bis hin zum Horizont und zurück, „das hier ist Morija.“

Seine Stimme versagte und wahrscheinlich auch mein Herzschlag. In diesem Schweigen blickte er mich an. In mir tobte es wegen all der Geschichten, die ich gehört hatte. Neben uns brannte das Feuer auf die Glut herunter, und ich kann gar nicht mehr genau sagen, was in mir geschah. Ich war verwirrt, ich zitterte, wollte weglaufen, mich verstecken, um Gnade bitten oder ganz still sein, mich widersetzen oder zustimmen.

„Was wird geschehen, Vater?“ Die Worte waren ein Krächzen.

„Gott wird sich ein Lamm aussuchen“, sagte er leise, aber ich verstand nicht. Er wirkte stark, wie ein alter Stein, und ich wusste, wir würden Gott treffen auf Morija. Ich wusste, mein Vater würde Gott auf sich ziehen, nur durch die Kraft seines Willens. Rückblickend weiss ich nun, dass es dieser Moment war, wo das Opfer geschah, das Messer war bereits gefallen. Plötzlich wurde mir übel. Ich fühle mich leer und krank. Wahrscheinlich wäre ich ohnmächtig geworden.

Wieder legte er mich auf den Boden. Wieder wickelte er mich in die Tierhäute, doch nun fühlten sich die Streifen wie Bindungen an. Ich hielt es aus. Er war ja da. Als er sich dieses Mal vorbeugte, berührte er meine Lippen und ich sah in die Sterne und spürte seinen Bart, wie er meine Lippen kitzelte. Sein Kuss war ein Gebet, und seine Lippen sprachen mir vor und ich bewegte sie mit seinen: „Adonaj Elohejnu, Adonaj Echad ... Gross ist Geheimnis und Geheimnis ist Eins.“ Dann zog er seine Lippen zurück und streckte seine rechte Hand himmelwärts ins Dunkle, und seine Hand schien eine Faust, die sich gegen den Mond reckte. Ich schloss meine Augen und hörte den Ton des Gebets, der sich drehte in meinem Kopf.

Noch bevor es Tag wurde, als die Sterne verblassten, erwachte ich, war vielleicht nie wirklich eingeschlafen, und öffnete meine Augen und sah meinen Vater sitzen, gen Osten blickend, den Oberkörper vor und zurück schaukelnd, seine Lippen sprachen noch immer das gleiche Gebet, seine Wangen waren nass vor Tränen.

Das nächste, was ich wieder bemerkte, war der Sonnenaufgang. Er schlief nun, und plötzlich schoss mir die Geschichte wieder durch den Sinn. Es war noch nicht passiert, also musste es noch passieren und ich wusste, es musste heute sein. Ich sah einen Vogelschwarm über den fernen Hügeln aufsteigen. Ich hörte, wie eine wilde Ziege über die Steine trippelte. Ich sah den Rauch der Feuerstelle aufsteigen. Ich sah das gelbe Licht sich wandeln zu warmem Gold. Ich fühlte den Wind und roch den Staub und sogar etwas Feuchtigkeit von der Quelle. Ich war am Leben: Dies war der erste und der letzte Tag meines Lebens. Ich sah meinen schlafenden Vater. Ich sah in Gedanken meine Mutter am Zelteingang stehen, als wir fortzogen. Ich sah Jischmaels staubiges Gesicht, seine eingetrockneten Tränen. Ich wusste, was es heisst frei zu sein.

Unmöglich euch zu sagen, was mir durch den Kopf schoss, welche Möglichkeiten ich im Geiste durchging, alle Leben, die ich lebte, während ich da im Sonnenaufgang sass. So viel zu sehen, so viel zu tun. Aber könnt ihr mich verstehen, wenn ich euch sage, dass nichts der Kraft gleichkam, die von der Mission meines Vaters ausging, nichts zog mich mehr an, als durch diesen Tag zu gehen und mit meinem Vater Geheimnis zu begegnen. Ich weckte meinen Vater.

Danach gibt's nur noch wenig zu erzählen. Ich hatte mich entschieden. Ich denke, mein Vater konnte nicht wirklich verstehen, was in mir ablief, und ich bin – rückblickend – sogar etwas erstaunt, nicht über meinen Mut, sondern über meine ... ich trau mich gar nicht es auszusprechen ... meine Neugier.

Ein viel zu zahmes Wort dafür, wie wir diese Geschichte nun weiterspielten. Irgendwas führte uns, leitete uns, irgendwas vibrierte in mir, als wäre ich tausend Seile. Ich war den ganzen Tag in einer nicht wirklichen Welt. Ich sah jeden Grashalm. Ich fühlte jeden Stein in seinem Gewicht. Ich ehrte jeden Windwechsel. Am Mittag schmeckte ich meinen Schweiss. Wenn man sein ganzes Leben in einigen wenigen Stunden leben kann, dann habe ich das an jenem Tag getan. Und ich hielt seine Hand, von Zeit zu Zeit führte ich sie an meine Lippen. Er war nicht mehr gross und schrecklich für mich; er war für einen Tag fast wie mein Kind. Aber ich erreichte ihn nicht, er war in sich versunken, jeder Schritt wurde zu einem Willensakt.

Als die Sonne hoch stand, hiessen wir die Knechte anhalten und gingen alleine weiter, steiler nach oben. Etwas liess mich fragen: „Vater". „Hier bin ich." Erst da merkte ich überhaupt wieder, dass er immer noch bereit war: „Hier sind Feuersteine und hier ist das Holz; doch wo ist das Schaf für das Hochopfer?", obwohl ich sehr wohl wusste, wo das Lamm heute war.

Er sagte: „Geheimnis wird sich ein Lamm suchen für das Hochopfer, mein Sohn." Wir gingen gemeinsam weiter. Ich umklammerte seine Hand etwas fester, nicht weil ich Angst hatte, sondern weil wir gemeinsam gebunden waren an etwas hinter allem Anderen.

Vater schichtete die Steine auf und legte mich darauf. Er legte seinen Mantel ab, um meinen Platz zu polstern. Er nahm die ledernen Bänder und umwickelte mich. Ich roch seinen Geruch. Er war sanft. Ich erinnere mich an seine Augen, sie zerflossen vor Tränen. Ich blickte ihn fest an und wollte ihn fast trösten. Als ich seine Trauer nicht mehr ertragen konnte, richtete ich meinen Blick in den Himmel. Der Nachmittag war golden, ich sah die Wolken hinter ihm ziehen, dann starrte ich direkt in die Sonne und wollte das ganze Gewicht ihrer Strahlen mein Gesicht blenden lassen, bis ich nichts mehr sehen würde.

In dieser strahlenden Dunkelheit verliess mich jegliche Lebensfreude. Ich war nur noch still, und ob es die Stimme meiner Mutter oder die eines

Engels war, konnte ich nicht unterscheiden, ich hörte nur seinen Namen: „Avraham!"

„Schm'a: Adonaj Elohejnu, Adonaj Echad … Sei ruhig und höre, denn Gross ist Geheimnis und Geheimnis ist Eins." Murmelte er das für mich oder für sich? Dann überschlugen sich die Ereignisse. Ich sah es nicht, ich fühlte es nur, wie man Wind oder Wasser fühlt. Wieder hörte ich seinen Namen, und ich könnte schwören, es war die Stimme meiner Mutter …

„Hier bin ich!" sagte er und schien zu erwachen. Ich schloss meine Augen. Er sprach sanft, wie jemand, der keine Kraft mehr hatte, vollkommen verbraucht war, nach einem Fieber wieder zu sich kam, als wollte er sagen: „Ich bin wieder da."

Ich öffnete meine Augen und sah, dass er mich losgelassen hatte und mit einem Widderbock rang, der sich im Dickicht verfangen hatte. Er rang ihn zu Boden mit wilder Kraft und setze sich auf ihn, bis dieser unter ihm ruhig wurde und matt. Ich erhob mich und stellte mich neben ihn. Mein Vater betete über dem Widder, schaukelte und betete, und band ihn und legte ihn, wieder kämpfend, auf die Steine. „Du wirst gegeben für meinen Sohn. Ich danke für dich." Dann fiel das Messer und das Blut floss und er entfachte das Feuer unter den Steinen. Eine Flamme leckte hoch.

Mein Augenlicht war noch immer geblendet von der Sonne und trüb. Ich fühlte, als würde der Rauch mich selbst in den Himmel heben.

Wir gingen gemeinsam den Berg hinunter, genauso wie wir gekommen waren. Was das alles für ihn war, würde ich nie erfahren. Wir sprachen nur wenig. Mir schien, als hätte ich mein ganzes Leben an einem Tag gelebt, alle Wege, Tage und Geschichten seien zu einem Heute zusammengeflossen. Ich war ruhig in mir und friedvoll wie der weite blaue Himmel. Ich begann wieder zu lachen, über ein Kaninchen, das sich in den Bau verkroch, oder eine Schlange, die wir aufschreckten. Oder einfach so lachte ich. Es war, als sei die Türe zwischen dieser und jener Welt nur mehr ein Vorhang, leicht und vom Wind bewegt. Es war mir, als blase der Wind, wie in Wirbeln, und der Wind war Geheimnis und der Schleier hob sich und ich sah nur das Gleissende, Blendende in meinen Augen, und das Licht machte mich lachen.

Vielleicht das Beste und Kraftvollste, was je zu dieser Stelle der Tora gesagt worden ist, war deren Benennung mit dem hebräischen Wort *Akedah* durch einen anonymen Kommentator. Darum wohl wurde dieser Ausdruck auch zur Abkürzung von Genesis 22 für Studierende und Eingeweihte. Deutsch heisst das hebräische Wort *Bindung* und kommt vom Verb akad, was wörtlich „binden mit Riemen" heisst, wie wir's in Vers 9 angetroffen haben.

Akedah ist eine Synekdoche, ein Wort, wo ein Teil für das Ganze steht. Hier steht der Akt des Bindens für die ganze Geschichte. Warum wohl ist es genau die Bindung, die hier in den Vordergrund gestellt wird. Man hätte es, wie die meisten christlichen Gelehrten bis in die Mitte des zwanzigsten Jahrhunderts die „Opferung Isaaks" nennen können, oder die „Überantwortung Isaaks". Oder man hätte es aus dem anderen Blickwinkel die Versuchung Avrahams nennen können. Und doch: „Bindung" hat sich durchgesetzt. Warum wohl?

Nun zuerst, weil Avraham seinen Sohn tatsächlich auf dem Altar gebunden hat und bereit gewesen wäre, ihn dort zu opfern. Die Riemen sollten ihn wohl still halten, damit der Schnitt mit dem Messer gezielt und tödlich hätte sein können.

Zweitens, weil damit der intensivste emotionale Moment der Geschichte fokussiert wird: Du kannst niemanden fesseln, den du nicht sehr fest und nah anpackst. Dann hörst du den Gefesselten schnaufen, riechst seinen Angstschweiss, siehst die Angst in seinen Augen, fühlst vielleicht gar seinen Puls. Jemanden zu binden, selbst jemanden, der dir dies zugesteht, ist Schwerarbeit in Schmerz und Nähe. Von jemandem gebunden zu werden, heisst sich an dessen Nähe zu binden. Zur Bindung gehört das gesamte Erfahrungsspektrum zwischen den Begriffen Passivität und Aktivität, Sadismus und Masochismus. Jizchak muss eingewilligt haben in die Bindung, ausser wir sehen in ihm noch einen unmündigen kleinen Jungen.

Das Wort Bindung hat in unserer Sprache ein grosses Set von Konnotationen, die es im Hebräischen nicht hat. Die Bindung bindet Jizchak an seinen Vater und dessen Kult, auf die direkteste Art und Weise. Eine Vertiefung der Beschneidung. Was geschieht, verbindet sie gegenseitig, fast möchte man an etwas Egalitäres denken: Gemeinsam stellen sie das Psychodrama einer Seele dar, sie glühen beide durch das furchtbare Feuer.

Bindung meint im schlimmsten Sinn: Versklavung, Unterdrückung. Auf dem Altar hat Jizchak all seine physische Freiheit verloren, während sein

Vater sich mit der Bindung in den Willen seines Gottes ergibt. Die Akedah scheint mir langsam als tiefste aller Meditationen über die Zweigesichtigkeit von Freiheit und Bindung. Die Bindung von Avraham und Jizchak geschieht paradoxerweise freiwillig und ist also der befremdlichste Ausdruck der Freiheit, sich selbst zu binden und Bindung anzunehmen. Es gibt keine Freiheit ohne ihr Gegenteil, der Bindung oder Begrenztheit.

Andere Geschichten in Bereschit verbinden das Bild der Bindung mit weiteren Aspekten. Bereits die Schöpfung war eine Selbstbescheidung, Selbstbegrenzung des Ewigen, des Unendlichen, unendlich Möglichen. Dass der Ewige freiwillig sich – natürliche und spirituelle – Gebote und Weisungen bindet, gibt der Welt ihren Zusammenhang. Eine erste Trennlinie wurde um den Baum gezogen in Gan Eden. Für den ersten Adam beschnitt dies seine Freiheit und so übertrat er die Linie und betrat eine Welt aus Ursache und Wirkung. Kajin sollte seine Leidenschaften beherrschen, seinen freien Willen zurückbinden im Dienste der Selbstkontrolle. In der Welt vor der Flut kannten die irdischen und die himmlischen Wesen keine klaren Grenzen mehr und verbanden sich. Die Menschen von Babel trachteten danach, ihre Grenzen zu überschreiten. Das Leben Avrahams ist eine stete Folge von Prüfungen seiner Freiheit und seines Glaubens; er wird zum Beispiel der Selbst-Kontrolle und sein Bund mit Gott zwingt zwei Seiten in einen Bund, der beide begrenzt.

Zum Binden gehören die Knoten. In der Psychologie, besonders in der Schizophrenieforschung, stehen Knoten auch für Doppelbindungen, sogenannte double binds. Diese Situationen kennzeichnet ihre Möglichkeitslosigkeit, ein Verlieren auf beiden Seiten, und die Angst davor. In ihrer intensivsten Form können uns Doppelbindungen aufbrechen und zerbrechen. Der Geist, der mit sich selbst ringt, übernimmt sich und wird wahnhaft. Wahn betäubt den Schmerz der Bindungen; man kann taub werden, kann abspalten und jedes Gefühl verdrängen, wie ein Schizophreniker. Wir können die Akedah nicht lesen, ohne zu spüren, wie Avraham wundreibt an den Doppelbindungen.

So ist die Akedah auch eine Geschichte mit all diesen Assoziationen über Band, Bindung, Begrenzung und Bescheidung, Verbindung und Verpflichtung, Hingabe und Freiheit, über Riemen und Knoten. Sie handelt auch von Richtung und Zugehörigkeit. Avraham und Jizchak sind gerichtet auf Geheimnis, gehören ihm an.

Die Akedah erzählt schliesslich die Geschichte einer Initiation: Wie ein Junge in das spirituelle Mannsein eingeführt wird. Die Bindung ist für beide traumatisch, verletzend, verwundend, genau also das, was eine Initiation macht: Verletzen, mit heiligem Schmerz, der das Leben auf eine neue Ebene hebt. In solchen Wunden ist unentwirrbar Schmerz und Segen verbunden. Es sind dies Wunden, die keine Therapie je wird heilen können und auch nicht wollen, sind sie doch Seelenbildende Ereignisse voll von Geheimnis.

10

Saras Träume: Ein Midrasch

Nacht Eins

Ich träume, ich sitze im offenen Zelt. Ich fühle mich so allein, als habe der ganze Stamm Avraham und Jizchak begleitet. Keine Zelte mehr von Dienern oder Knechten. Tief versunken ziehe ich durch ein Tal mit einem breiten Fluss in der Mitte. Ich sehe Auen und höher gelegene Weiden, Wildblumen und Wolkenschatten, die sich auf dem Gras abzeichnen.

Plötzlich wird mir klar, dass ich in Haran bin, dort, wo Avram und Lot und ich herstammen, wo unser langer Weg einst begann. Von dorther überflutet mich ein Gefühl der Sehnsucht vollkommen. Ich beginne zu weinen. Mit der Zeit bemerke ich, wie leer und fremd dieser Ort auf mich wirkt. Das ist Haran, bevor Avram und ich dort waren, bevor überhaupt jemand dort war. Es ist jungfräulich und unberührt, unbesiedelt, friedlich und schön, ruhig und still.

Ich bemerke eine Figur, die durch das Gras hindurch auf mich zukommt. Mit einem roten Kopftuch sind ihre Haare nach hinten aus dem Gesicht gebunden. Ich sehe den Widerschein kupferner Armreife und höre ihr Klingeln. Es ist eine Frau, und bevor ich sie noch wirklich sehen kann, weiss ich, dass es Hagar ist. Mein Herz schlägt zuerst heftig und steht dann still voller Angst.

Sie ist es! Sie geht durch die Hügel auf mich zu, durch verstreute Steine. Wie alt sie geworden ist, graue Strähnen im Haar, ihr Gesicht voller Falten und gegerbt von der Sonne. Oh arme Hagar, so gealtert bist du.

Sie tritt auf mich zu, ohne Ehrerbietung, keine Verbeugung der Dienerin. Sie steht vor mir und wartet. Kurz durchzuckt mich Erschrecken über ihre Nichtachtung, doch sie geht vorbei, und ich klopfe auf den Boden neben mir, sie möge sich setzen. Sie tut's. Sie schnauft vom Erklimmen des Hügels zu mir und plötzlich höre ich ihr Schnaufen, wie sie in den Wehen lag bei Jischmaels Geburt. Ja, damals keuchte sie wie ein Tier und ihr Schrei wurde zum Gebrüll, als das Kind aus ihr flutschte. In meinem Traum schau ich sie an, als würde ich ihr wieder ein Kind auf die Knie legen, die unter dem mit Blut überströmten Arbeitskittel hervorstaken.

„Ich bin weither zu dir gekommen."
„Warum kamst du?"
„Du hast mich gerufen."
„Ich? Nie im Leben."
„Du hast gerufen. Oder etwas in dir hat nach mir gerufen."
„Irgendwas ruft immer. Ich aber sicher nicht."
„Trotzdem, ich bin da."

Wir sitzen im Schweigen. Schatten treiben über die Hügel. Ich weiss plötzlich, dass wir beide an Avraham denken. Darum also war sie gekommen.

„Ich habe ihn geliebt."
„Ich weiss."
„Er war sanft und zart zu mir. Aber geliebt hat er mich nicht. Dich allein hat er immer geliebt. Trotzdem habe ich ihn immer geliebt."
„Er hat Jischmael geliebt."
„Meinen Sohn."

In meinem Traum erhebt sich nun ein Wind über die Felder und Hügel. Es ist Nacht und im glänzenden Mondlicht schwingen die hohen Gräser. Ein Geraschel: Ein Widder kämpft sich durch das hohe Gras am Zelt vorbei. Zu meinem Erschrecken klafft an seinem Hals eine tiefe, rohe Schnittwunde. Blut strömt, seine Augen sind in Erschrecken und Unverständnis aufgerissen. Ich erwache.

Nacht Zwei

Meine Augen scheinen weit offen für die Dunkelheit, die mich umgibt. Kein Mond, keine Sterne sind da und es scheint mir, dass einer bei mir steht, während ich ohnmächtig und erstarrt im Zelt liege. Wer bei mir ist, will ich wissen, und dann doch wieder nicht. Ich fühle ein Tier, etwas Erhabenes, Majestätisches, wie ein Löwe, doch stiller. Dann weiss ich, dass das, was um mich ist, sprechen kann, denn ich spüre seine Intelligenz.

„Wo ist mein Mann?"

Eine Stimme dringt zu mir, doch nicht durch meine Ohren. Ich nehme die Worte in mir wahr.

„Er hat deinen Sohn Jizchak auf eine Reise mitgenommen."
„Wohin sind sie gezogen?"
„Eine Tagesreise, ins Land Morija."
„Warum?"
„Ich bin ihm erschienen und hiess ihn, Jizchak zu nehmen. Es war Zeit, dass wir uns begegneten."
„Ich will nicht, dass Jizchak dich kennt. Ich will, dass er ein besseres Leben hat. Ich will nicht dieses Wanderleben für ihn. Sein Platz soll hier sein."
„Avraham gehorcht mir; Avraham wird mir seinen Sohn geben."
„Er ist auch mein Sohn. Und das wird er immer bleiben."
„Doch etwas in ihm gehört mir. Etwas, das eine Mutter nie verstehen wird."
„Ich verstehe sehr gut. Ich sehe den Wahn in der Reise meines Mannes."
„Jizchak will wissen, was sein Vater weiss."
„Will er nicht. Er sah mich mit vor Angst weit aufgerissenen Augen an, klammerte sich an mich. Er wusste damals schon, dass etwas Schreckliches passieren wird."
„So sehen alle Mütter das."
„So sieht es jeder. Er ist ein Kind. Er ist zu jung für deinen Ruf, erwählt zu sein."
„Er ist es bereits. Zwar hat er noch Angst, doch ein Teil in ihm, den du noch nicht sehen kannst, hat sich entschieden, mit dem Vater zu gehen. Sein Vater ist sein Schicksal. Er wird nun zum Mann."
„Was wird mit ihm geschehen?"
„Er wird sterben und ich werde ihn zu mir nehmen."

In meinem Traum reisse ich mich auf in einer einzigen Bewegung, einem stummen Schrei „Nein!“. Er steigt aus meinem Körper in den Himmel, wie ein Blitz wird er zu einem Heulen. Ich zwinge mich, durch das Dunkel um mich zu sehen. Und siehe! Meine Augen sehen – im Dunkel –, wie sich etwas riesig aufbäumt: Schlange.

Nacht Drei

Ich renne. Mit unermüdlicher Kraft renne ich. Aus den Feldern, über die ich renne, wächst mir die Kraft zu. Ich sauge die Kraft aus den Tieren, an denen ich vorbeirenne. Fluss und Strom rennen mit mir. Mond und Sterne bestrahlen meinen Weg in der Nacht, die Sonne singt in meinen Adern am Tag, als ich renne. Der Wind rennt mit mir und meine Haare flattern nach hinten wie die Mähne eines Wildpferds, wie der Schaum auf den Kronen der Wellen, fliegt mein Haar um mich. Funken stieben, wo meine Füsse den Boden berühren.

Ich renne gegen die Zeit, in der mein Mann und mein Sohn jenen Berg besteigen. Selbst auf diese Entfernung kann ich die Worte hören: „Schm'a, Adonaj Elohejnu, Adonaj Echad.“ Der Boden fliegt unter mir weg auf den Mann und das Kind zu, die gerade den Altar bauen, und die Worte des Mannes leiten mich: „Schm'a, Adonaj Elohejnu, Adonaj Echad.“ Die Baumspitzen teilen sich um mich und machen einen weiten Pfad auf den Mann und das Kind zu, die nun das Reisig auf die Brandstelle legen. Wieder und wieder der Ruf „Schm'a, Adonaj Elohejnu, Adonaj Echad“. Der Wind trägt mich über die Zweige und durch das Dickicht, als ich auf den Mann und Kind zubrause, das Kind nun gebunden auf dem Altar. Der Stimme des Mannes gesellt sich die Stimme des Jungen zu: „Schm'a, Adonaj Elohejnu, Adonaj Echad.“ Die Hand des Mannes hebt sich mit dem Messer. „Schm'a, Adonaj Elohejnu, Adonaj Echad“ sagen sie nun mit einer Stimme. Und gerade als sich der Arm senkt, wird meine Stimme zum Speer, der sich dem angreifenden Löwen entgegenwirft, zum Stein, der den Wolf zwischen den Augen trifft: „Avraham!“. Doch unterbricht meine Stimme weder die Stimmen, die wieder sagen „Schm'a, Adonaj Elohejnu, Adonaj Echad“, noch fällt sie in den Arm. Ich fahre nach unten, wie der Schrei des Adlers im Sturzflug „Avraham!“ Doch schon fährt die Klinge in mein Herz.

Nacht Vier

Wie eine Königin bin ich, im Kreise meiner Frauen. Ich kenne sie alle. Meine Mutter und meine Grossmutter sind da, Rivka ist da, die Frau, die einmal meinen Sohn heiraten wird, Rachel ist da, die meinen Enkel heiraten wird, und Lea, Zippora, Bilha, die meinen Enkeln Söhne geben werden. Die Frauen Jischmaels sind da, und die von Esaw; die Frauen aller Söhne Jisraels sind da und ihre Töchter mit ihnen: Dina und Tamar, und um sie, Kreis und Kreis, die Frauen von Ägypten, Mütter, die ihre Söhne verloren haben, Mütter, die erst werden, deren Geschichten noch ungeboren schlummern und wachsen im Bauch der Zeit.

Der Kreis all dieser Frauen öffnet sich für mich; als Königin ziehe ich ein auf den Thron, wo Chawa wartet und eine alte schwarze Königin, Lilith, die Mutter von Chawa. Ein Klang erhebt sich, ein Ton, ein Raunen, ein Rauschen, wie es der Wind macht durch die Bäume, und ich sehe mich selbst, Sara die Königin, ich sehe ihr Gesicht. Als sich der Kreis ehrerbietig um sie schliesst, sehe ich, wie ihr Blickt bricht, voll von Tränen.

11

Die Brunnen unserer Väter

Von Avraham erzählen zwölf Kapitel von Bereschit, der Genesis. Von Jizchak, dem zweiten Patriarchen, nurmehr noch vier. Das Leben Jaakovs, des dritten Patriarchen und Jizchaks jüngsten Sohnes, wird in elf Kapiteln erzählt. Dann schliesslich die Geschichte von dessen jüngstem Sohn Josef in dreizehn Kapiteln, die Bereschit beendet. Durch schlichtes Zählen also stellen wir fest, dass Jizchak den geringsten Raum der Erzählung einnimmt unter den Hauptfiguren der Genesis. Überdies scheinen die Ereignisse nach Morija nicht wirklich bemerkenswert zu sein. Er scheint ein schlichter, nicht wirklich aussergewöhnlicher Mann zu sein. Oder, um es anders zu sagen: Avram wurde Avraham, Jaakov wurde Jisrael, aber Jizchak blieb immer Jizchak.

Vier Bündel von Ereignissen markieren sein Leben. Das erste rund um Morija und seinen Vater, zweitens seine Heirat mit Rivka, drittens seine Erfahrungen mit den Philistern, und wie er in diesem Zusammenhang den Brunnen seines Vaters wieder freilegt, und schliesslich die Posse, die dem alten, blinden Jizchak durch die Hand seiner Frau Rivka und durch seinen Sohn Jakob geschieht. Die Vätergeschichten sind zuweilen sehr verblüffend und verwirrend. Jizchak ist ein besonders gutes Beispiel dafür.

Ich gebe gern zu, dass mich Jizchak persönlich besonders interessiert. Jedes Mal wenn ich ihn mit seinem Vater innerlich auf den Berg begleite, bin ich zutiefst berührt und verstört. Wie er dann aber den Brunnen seines Vaters freilegt und vertieft, das scheint mir ein äusserst passendes Bild für mein Unternehmen in diesem Buch und mit den biblischen Psychodramen, den Bibliologen. Ein Bild vielleicht auch für den Kern der Vätertradition.

Sicher, jede der Figuren in Bereschit – Genesis berührt mich auf ihre Art: Bei Avraham ist es das Thema der Berufung, bei Jischmael das Thema der Zerrissenheit und Befremdung, Jaakov berührt mich mit seinen Listen und Lügen, und in Joseph begegne ich meinen eigenen Träumen und dem Schicksal eines Bruders. Jizchak jedoch ist der Unspektakuläre, der Introvertierte, der sich lebenslang mit dem Erbe seines Vaters beschäftigt, berührt damit die verletzlichsten und gleichzeitig, so glaube ich, auch die fruchtbarsten Teile meiner Seele.

Einen Zusammenhang mit meinem Leben hatte ich bereits in jenem ausführlichen Selbstgespräch zu Beginn dieses Buches versucht zu zeigen: Mein Selbstbild als Mystiker erhielt seine Grundierung durch die Fliege auf der Scheibe an jenem Spätsommermorgen. Dieses – wahrscheinlich auf den ersten Blick seltsame – Erlebnis war mir so lebendig und authentisch, dass ich von da an Spiritualität begriff. Ich verstand, dass Theologie nicht eine spekulative, sondern eine (manchmal poetisch) deskriptive Wissenschaft ist.

So weiss ich auch, dass jegliche Spiritualität in einem Leben irgendwann initiiert und dann vorbereitet werden muss. Obwohl mich meine Erfahrungen im Erwachsenenleben mit einer unglaublichen Intensität trafen, muss ich mir eingestehen, dass sie aus einem Boden kamen, in den mein Vater die Brunnen gegraben hatte.

Mit eine intensiven, lebenslangen Vaterbeziehung bin ich wahrlich nicht einzigartig, doch habe ich – andererseits – genügend Söhne und Töchter gehört – während unserer Spiele und auch in Literatur, Kunst und öffentlichem Gespräch –, die von ihren Schmerzen durch einen missbrauchenden Vater berichteten. Frauen und Männer spürten ihre Narben, empfanden noch als Erwachsene das Desinteresse ihrer Väter als Verlust. Sie vermissten schmerzlich dessen Wegbegleitung, Führung und Liebe. Wer nun, wie ich, auf die Gefahren väterlicher Liebe hinweist, muss sich angesichts des grossen Mangels solcher Liebe fast schuldig vorkommen.

Ich kann die Väterzeit und das Patriarchat nur darum so gut verstehen, weil ich eine väterliche Herrschaft von zu Hause durch einen selbst eingesetzten Patriarch persönlich kenne. Ich habe die Last der Liebe meines Vaters besonders erlebt durch sein Überinteresse an mir, sein fast krankhaftes Eindringen in meine Ausbildungs- und Lebensplanung. Die Ambivalenzen, die ich gegenüber meinem Vater spüre, sind einem Leben gegenseitigen Einmischens geschuldet. Ich liebte und ich hasste ihn; ich habe mir versprochen, mich nie wie er zu benehmen, und doch muss ich heute erkennen: der Apfel fiel nicht weit vom Stamm. Ich konnte mich zwar recht bald seinem direkten Einfluss entziehen, doch waren meine Entscheidungen da schon durch ihn geprägt. Ich wollte immer selbst entscheiden, doch habe ich zu oft danach gefragt, wie er wohl handeln würde. Ich sehe rückblickend klar, wie seine Willenskraft und seine Zuneigung zu mir meinen Weg bestimmt haben, aber auch wie gut er mich doch kannte. Selbst seine Leidenschaften hat er mir weitergegeben, sei es für die Baseballmannschaft Brooklyn Dodgers oder für die Sixtinische Kapelle. Ich bin Sohn, wie Jizchak, von zu viel, nicht zu wenig Bevaterung. Und zu viel Bevaterung hinterlässt beim Sohn einen schwachen eigenen Willen, eine gewisse Passivität, eine Innenorientiertheit. Kann ein solcher Sohn die Kraft eines Vaters – mindestens – erreichen?

Die dunkle Seite des Patriarchats, der Väterherrschaft, legt verschiedenste Grenzüberschreitungen offen und die fast inzestuöse Verschmelzung im Geiste.

Als ich die Beschneidung Jischmaels durch Avraham las, kam ich zum ersten Mal auf diesen Gedanken. Einen Gedanken, den ich aus meinem eigenen Sohnsein kenne. Ich habe als Erwachsener für viele Jahre eine Therapie gemacht, um mich aus dieser Umklammerung durch meinen Vater zu lösen. Unsere höchst intensive Beziehung alterierte zwischen den Epizentren der Zurückweisung und der Verschmelzung. Als Mann musste ich mich daraus lösen, ein eigenständiges Individuum werden, ohne die eigentliche Beziehung zu zerstören.

Die Kraft eines solchen Vaters legt im Sohn die Basis für eine Schicksalsgläubigkeit; sie bereitet den Weg für den Glauben an einen Grossen Vater, einen Vater-Gott, einen Gott-Vater, dem sich der Sohn ergeben muss. Man fühlt sich geprägt und geformt von solch einem Gott, fast wie in jenem Akt, wo Adam aus Ton geschaffen wurde.

Erst in jüngster Zeit konnte ich meinen Frieden schliessen mit der Vergangenheit, konnte mein heutiges Wesen und meine gegenwärtige Arbeit als Früchte der hart erkämpften Freiheit von den Übergriffen der symbiotischen Vater-Sohn-Beziehung annehmen. Ich kann nun seine Kraft annehmen ohne mich selbst schwach zu fühlen. Ich kann jetzt auf mein Kindheit zurückblicken und anerkennen, dass er mir Zugang zu den Quellen der Erleuchtung verschaffte, oder – in den Worten von Bereschit – dass er mir zeigte, wo die Quellen waren und wie man graben muss.

Dass mein Vater mit Vornamen Merlin hiess, mag niemanden verwundern nach allem, was ich bisher über ihn gesagt habe: ein Magier, der sein Leben mit seinen Büchern, deren Sprüchen und Zaubern lebte. Und wiewohl es mir manchmal Angst machte, fühlte ich mich nie sicherer, als wenn ich die Nähe seines Gottes spürte. Sein Gott schien mir die Vorstellungskraft zu sein, dessen Heiligtümer die Kunst und die Literatur waren, Worte, flimmernde Farbpunkte, Ton und Bronze, eine Fensterrose in der Kathedrale von Chartres, der komplexe Duft einer guten Flasche Bordeaux, die Eleganz einer Partie Schach oder die wohlgewählte Sprache der King-James-Bibelübersetzung. Ein Mann von Geschmack war mein Vater, der seinem Sohn die Fähigkeit vermachte, zu schmecken, zu kosten, zu geniessen.

Mein Vater hat Gott nie so kennengelernt wie ich, doch betete er Schönheit an, mehr als alles andere, sowohl in ihrer irdischen als auch in ihrer metaphysischen Qualität. Er reiste durch die Welt, wie durch eine Geschichte, und erzählte die Welt wie aus einem Geschichtsbuch. Und um nun die Begrifflichkeit von Tora und Bibel zu benutzen: Er war ein Patriarch der Vorstellungskraft, einer der alten Könige in einem Land, über das ich heute schreibe. Mein Vater ging zwar nie mit mir fischen, aber führte manches Gespräch mit mir, das die Tiefen des Ozeans auslotete. Ich habe mir mit ihm nie die Finger schmutzig gemacht, aber gemeinsam haben wir nach dem Erz der Poesie und der Prosa geschürft.

Und weit mehr: Seine Welt wurde nicht zu meiner Welt. Wohl hat er mir Gedichte vorgelesen, doch habe ich die Welt dann durch die Augen des Dichters gesehen. Er bereitete mich auf die Fliege an der Spätsommerscheibe vor. Er überschritt die Grenzen eines Knaben, aber gab mir die Fähigkeit zu staunen, auch als ich zum Mann wurde. Er hat die Brunnen meiner Kindheit gegraben, in Tag und Traum, und auch in der Seele, und hat mir seine eigene Berufung weitergegeben. Inzwischen habe ich sie mir zu eigen gemacht.

Wir stehen jetzt an den Brunnen von Avraham und Jizchak, viele Jahre nach deren Reise nach Morija. Avraham hat gerade Eliezer ausgesandt, nach Haran zurück, um eine Frau für Jizchak zu suchen. Eliezer kam zurück mit Rivka, einer selbständigen jungen Frau, die Jizchak zu lieben begann und mit der er sich zu trösten schien über den Tod seiner Mutter.

Rivka war zuerst unfruchtbar, doch die Gebete Jizchaks zeitigten Wirkung und sie gebar Zwillinge, Esaw und Jaakov. Diesen Erzählstrang will ich im dritten Kapitel als „Geschichten vom Geschwisterstamm" verfolgen. Nur wenige Episoden aus Jizchaks erwachsenem Leben werden jetzt noch in Bereschit aufgezeichnet. Er wird sich selbst, doch bleibt immer wieder in jener seltsamen Verhaftung mit dem Leben des Vaters; er wirkt wie jemand, der ein vorgezeichnetes Schicksal lebt statt ein Leben zu gestalten.

Wir hören, wie Jizchak in Kenaan sät und erntet hundertfach. Sein Reichtum scheint den Zeitgenossen wundersam und unverhältnismässig. Er wächst an Herden und Weiden, denn der Ewige hatte ihn gesegnet, wurde reich und reicher, bis die Kenaanäer, Philister genannt, ihn beneideten. Boshaft schütten sie ihm die Brunnen zu, die sein Vater zu seiner Zeit gegraben hatte und die wahrscheinlich auch so etwas wie die Begrenzung seiner Weidegründe darstellten. Avimelech, König der Region, sagte gar zu Jizchak: „Geh weg von uns, denn du bist uns viel zu mächtig geworden." (26, 16)

Dies tat Jizchak denn auch und lagerte sich im Tale Gerar. Geschrieben darüber steht, dass Jizchak „die Wasserbrunnen wieder aufgrub, die man in den Tagen seines Vaters Avraham gegraben hatte, und die die Philister nach dem Tod Avrahams verstopft hatten; und er benannte sie mit Namen, gleich jenen, die sein Vater gegeben hatte" (26, 18). Als Jizchaks Diener gruben, um die Brunnen freizulegen, fanden sie aber auch einen „Brunnen lebenden Wassers", woraufhin die örtlichen Hirten mit ihnen zu streiten begannen: „Das Wasser ist unser" (26, 19). So nannte Jizchak diesen Brunnen Esek (Zank), da sie mit ihm gezankt hatten.

Wieder liess er graben und sie stritten wieder mit ihm um den Brunnen. So nannte er diesen Brunnen „Sitna" (Feindschaft). Als Jizchak dann einen dritten Brunnen grub, stritt niemand mehr mit ihm, und er nannte diesen Brunnen „Rehovot", was „verschaffter Raum" heisst, denn „der Ewige hat uns Raum verschafft (hirhiv), dass wir gedeihen in diesem Land".

Diese drei Grabungen, diese drei Freilegungen seines Vaters Brunnen sind die Zeichen von Jizchaks Reife, die ihn zum zweiten der Patriarchen, der Väterherrscher macht: In seiner Sohnschaft zeigt sich ein anderer Mythos: Jizchak ist der Sohn, der zurückkehrt und die Arbeit des Vaters wiederherstellt. Jizchak gleicht darin im Grundzug einer anderen, viel späteren Figur: Jesus dem Nazarener, der über sich sagte „Ich tue meines Vaters Werk". Unsere individualistische Kultur, die ständig zum Neuen aufbricht, kann diese restituierende Arbeit Jizchaks nicht schätzen. Jizchak geht in den Fussstapfen seines Vaters, legt die Brunnen wieder frei und weiht dieser Aufgabe den Grossteil seines Erwachsenenlebens. Indem er die Taten seines Vaters erneut tut, schafft er ein völlig neues Paradigma: die Bewahrung durch Wiederholung.

Die Vorsilbe „wieder-" könnte vor dem Leben Jizchaks als Motto stehen. Wieder heisst nicht, seine Taten sind weniger wichtig, einfach weniger dramatisch oder weniger innovativ. Avraham wurde zu seinen Taten von einer höheren Macht gedrängt, die ausserhalb seiner selbst stand. Jizchaks Motivation ist von innen her, sein Herz drängt ihn. Ohne ihn wären die Brunnen Avrahams versiegt, würden wir seine Geschichten nicht kennen, sein Erbe wäre in Vergessenheit geraten. Jizchak bewahrt und gibt dieses Erbe weiter. Er ist der Mittler, der erbende Vererber, der die Vergangenheit mit grossem Respekt lebendig erhält.

Er bewahrt jedoch nicht nur, sondern erlebt alles noch einmal neu. Er belebt die Werke des Vaters mit seiner eigenen Energie. Jizchak spürt die Wasserlinie seines Vaters unter der Erde und legt sie wieder frei, er hält die Songlines am Leben.

Songlines habe ich als Konzept bei den australischen Aborigines geborgt: Sie benennen jene eine unsichtbare, mythische Landkarte Australiens, die per Gesang von Generation zu Generation weitergetragen wird und die Grundlage der Wanderungen (Walkabouts) der australischen Urbevölkerung ist[7]. Sie zeigen die doppelte Natur der Welt: Einerseits gehören Wasseradern und Brunnen zur Erde; sie sind politische und ökonomische Fakten, über die auch gestritten werden kann: „Das Wasser ist unser." Andererseits haben sie einen Namen, stehen für eine Zeit und haben eine Bedeutung, sind somit Teil der Luft. Wenn wir Jizchak genau zuhören, erkennen wir in jedem Brunnen einen Teil Lebenswirklichkeit und mit jeder neuen Freilegung vertieft Jizchak diese Brunnen und damit auch ihre Geschichten. Er dient der Grossen Vorstellungskraft – ein anderer

---

7 Vgl. http://de.wikipedia.org/wiki/Songlines am 6.6.2011.

Name für den Grossen Vater. Jizchak schafft neu im Sinne des ersten Schöpfers, der durch Worte schuf.

Danach zieht er nach Beer-Scheba, und dort wird von ihm notiert:

> *Da erschien ihm der Ewige und sprach: „Ich bin der Gott deines Vaters Avraham; fürchte dich nicht, denn ich bin mit dir. Ich werde dich segnen und deinen Namen zahlreich machen, um meines Knechtes Avraham willen." Da baute er dort einen Altar und rief den Namen des Ewigen an und schlug dort sein Zelt auf, und Jizchaks Knechte gruben dort einen Brunnen. (26, 23–25)*

Nun hat Jizchak zum ersten Mal selbst eine Gotteserscheinung, wenngleich ohne die Pauken und Trompeten seines Vaters. Das Geheimnis seines Vaters wird für ihn wahr und Gott wiederholt das Versprechen, das Er Avraham gegeben hat. So baut auch er einen Altar.

In der folgenden Erzählung naht sich Jizchak nun der König der dortigen Region Avimelech.

> *Avimelech ging zu ihm aus Gerar mit Ahusat, seinem Vertrauten, und Pichol seinem Heeresobersten. Da sprach Jizchak zu ihnen: „Warum seid ihr gekommen, da ihr mich doch hasst und mich habt von euch ziehen lassen?" Sie aber sprachen: „Wir haben nun gesehen, dass der Ewige mit dir ist. Darum sprachen wir: Es möge ein Eid sein zwischen uns beiden, zwischen uns und dir, und wir wollen einen Bund mit dir schliessen." (26, 26–29)*

Jizchak tritt in seines Vaters Nachfolge als König, den Königen gleich. Er wird seinen Zeitgenossen nicht als Feldherr, sondern als spiritueller Führer bekannt. Er bekommt darum nicht Land zugewiesen oder zugesichert, sondern eine friedliche Koexistenz. Jizchak schliesst also einen Pakt mit dem „Vater-König" Avimelech (so lautet die wörtliche Übersetzung des Namens).

> *Da bereitete er ihnen ein Mahl und sie assen und tranken. Des morgens machten sie sich früh auf und sie schworen einer dem anderen. Und er liess sie ziehen und sie gingen in Frieden. (26, 30–31)*

Und dann lesen wir:

> *An jenem Tag kamen die Knechte Jizchaks zu ihm und berichteten ihm von dem Brunnen, den sie gegraben hatten und sprachen zu ihm: „Wir*

haben Wasser gefunden.“ Und er nannte den Ort „Schiv'a“, darum heisst diese Stadt Beer-Scheva bis zum heutigen Tag. (26, 32–33)

Schiv'a heisst Eid und Beer heisst Quelle oder Brunnen. Jizchak steht für die ersten Eide, Zeichen eines Glaubens. Das Zeichen des Bundes ist die Beschneidung für die Menschen und der Bogen im Himmel für Gott. Ein geheimnisvolles Zeichen auf beiden Seiten, gefasst in Worten. Die Väterherrschaft erinnert uns auch an die Kraft des Wortes. Es ist nicht die Sprache, die uns von den Tieren trennt, sondern die Gültigkeit, die Verbindlichkeit der Sprache, das Vertrauen, das wir in die Worte legen und aus den Worten beziehen. Worte haben nun die Möglichkeit und die Kraft, aneinander zu binden.

Der Bund in Worten wird so zum Gebet, zum Versprechen und zur Wirklichkeit. Jizchak ist der einzige der Väterherrscher, der durch seine blossen Worte, durch sein Gebet, seine unfruchtbare Frau schwanger machen kann. So schändlich das auch für feministische Ohren klingen mag, es ist eben die Form unserer Schriften, Jizchaks einzigartige Beziehung zur Sprache zu ehren.

Doch ist Jizchak nicht nur der Bewahrer von Geschichten und Sprache, der Vertiefer und Erneuerer der Vater-Traditionen, er ist auch Setzer von Neuem: Das Brunnen-Paradigma vermass die bekannte Welt, schuf eine Songline aus einer unüberschaubaren Landschaft, eine gegliederte, mythologische Landkarte der Welt. Eine Arbeit, die selbst sein Vater nicht tun konnte.

Jizchak folgte seinem Vater und vertiefte dessen Weg. Avraham lebt in einer Gegenwart, die stets offen war für die Zukunft.

Avraham wurde ins absolut Unbekannte gerufen. Jizchak bleibt dagegen in Kenaan. Als einziger der Patriarchen geht er weder nach Ägypten noch zurück nach Haran. Gott heisst ihn bleiben. Elie Wiesel fragt in seinem Essay über die *Boten Gottes*: „Was passierte mit Jizchak nach Morija? Er wurde zum Dichter ... und brach trotzdem nicht mit der Welt.“ Jizchak – also ein Dichter? Was schrieb er, was besang er? Dieser wohl stummste aller Patriarchen soll ein Poet sein? Ich habe meine eigene Ahnung, was der Holocaust-Überlebende wohl in Jizchak nach Morija gesehen haben mag.

Mit Jizchak enden die „Sagen von der Urfamilie", wie wir diesen zweiten der drei Hauptteile dieses Buches überschrieben haben. Die Brüder-Geschichten haben bereits seit langem begonnen. Wir haben sie gehört in Jischmael und Jizchak.

Das Thema des Geburtsrechts, des Erbes, lässt Sara bereits in der erzwungenen Verstossung Jizchaks und seiner Mutter anklingen. Dieses Thema wird in den folgenden Geschichten rund um Josef aufgenommen, und zwar zwölftonig.

All das später. Nun brauchen die Sagen der Urfamilie ein stimmiges Schlussbild. Dieses finden wir im Tod Avrahams, was wieder für sich selbst spricht.

Fast unmittelbar nach Morija erfahren wir den Tod Saras. Vielen schien diese Unmittelbarkeit ein Zeichen zu sein, dass der Schmerz über den mutmasslichen Verlust des Sohnes ihr das Herz brach. Andere sagen, der Zorn auf den Ehemann, der solches unternahm liess sie in Trauer sterben. Die Stelle, die uns hierüber berichtet, beginnt mit der Erzählung des Landkaufes für ihr Grab, eine Höhle in Machpelah, wo er sie denn auch zu Grabe legt. Später soll er selbst dort bestattet werden. Auf der direktesten Erzählebene hat das Ende Saras und Avrahams eine fast schmerzhafte Ironie: Er, dem Land und Zukunft versprochen ward, er muss nun mit den Hetitern schachern, um ein Stück Erde zu erwerben, in dem er seine Frau begraben kann. Das einzige kleine Fleckchen Land, das er zum Ende seines Lebens wirklich sein eigen nennen kann, ist ein Friedhof:

> *So wurde das Feld in Ephron, der Talgrund, der vor Mamre liegt, samt der Höhle darauf, nebst allen Bäumen darauf, Avraham zum Eigentum. (23, 17)*

Kein Wort über Tränen am Grab. Kein Wort über Erinnerungen, als er sie zu Grabe legt. Kein Wort über Jizchak. Einfach nur Schweigen. Fast wie eine Strafe scheint dies alles für den alten Mann, der zwar die Gunst seines Gottes gewonnen hat, dem aber beide Frauen starben und beide Söhne verloren sind.

Hier wieder die mythische Ebene unter der realen: Die Einsamkeit der Seele in der Höhle der Trauer ist ein Zeichen jener endlichen Einsamkeit aller menschlichen Seelen, von der Natur (wieder) getrennt, zurück zu ihrer geheimnisvollen Heimat. Eine weitere Bestätigung für unser Bild zu Anfang dieses Kapitels, nachdem Avraham für die menschliche Seele steht, die immer zwischen den Welten der Materie und der Idee wandert, nirgendwo ganz zu Hause. Diese Zwischenwelt, wo beide Welten sich treffen, ist die Welt der Fremdlinge. Eine Seele, die hier lebt, kennt keine wirklichen menschlichen Begrenzungen, keine wirklichen materiellen Bindungen. Am Ende ist Avraham allein mit seiner Trauer, im Schweigen einer dunklen Höhle, von der er weiss, dass sie auch sein letzter Ruheort sein wird. Er blickt so auf seine eigene Sterblichkeit und erkennt nach all den Jahren seine Grundbefindlichkeit wieder: Er ist ein Wanderer.

Teil III

Sagen von Geschwisterstämmen

Sieh an, wie schön,
wenn Brüder so mitsammen weilen!
Wie würzig Öl aufs Haupt,
das abfliesst auf den Bart,
den Bart Aharons;
das abfliesst über die Massen
Wie der Tau des Hermon;
das abfliesst über die Berge Zijons:
Ja, so hat dort der Ewige
den Segen entboten:
Leben in Ewigkeit

Tehillim / Psalm 133

12

Jaakov und Esaw

Wie ein Mensch zum Menschen wird, zu seiner Seele kommt, haben wir bisher vor allem auf dem Hintergrund der Vater-Sohn-Beziehung angeschaut. In der zweiten Hälfte von Bereschit jedoch wird uns eine Geschwisterwelt vorgestellt, eine Welt, wo die Seele vor allem durch Bruder- und Schwesterschaft geformt wird. Zwischen den Polen der Geschwisterlichkeit (Intimität und Feindschaft) ringen nun Menschen miteinander und mit sich selbst.

Die Urgeschichten der Genesis, um die wir uns jetzt kümmern, holen uns in diese Welt aus Schwestern und Brüdern, letztere natürlich weit mehr als erstere, einfach weil diese Schrift Kind ihrer (männlich dominierten) Zeit ist. Wiewohl wir die Väter und Mütter nicht ganz aus den Augen verlieren, ist das Zentrum unseres Interesses nun die Begegnung zwischen Gleichen.

Hier geht es jetzt weniger um Berufung und um Sohnschaft, dies alles scheint nun klar und ausser Frage: Hier treffen sich vielmehr Brüder von Angesicht zu Angesicht und ringen und vergeben. Gottes-Rede verschwindet dabei nicht, weit gefehlt. Sie wird nur geerdet auf dem Boden teils schmerzlicherWirklichkeitenin Beziehungen, Leidenschaften und Wunden, auf Augenhöhe. Die Seele entwickelt sich nun auf dem Boden der Wirklichkeit, im Ringen und Kämpfen um ein gemeinsames Erbe und in Bündnissen, nicht mehr nur mit Gott, sondern miteinander.

Über allem: Der Mythos von Kajin und Hewel mit seiner Grundfrage „Bin ich meiner Bruders Hüter?“. Sie wartet auf Antwortet und schwebt bis dahin wie ein Geist über allem. In der Väterherrschaft sind die Brudergeschichten die Feuerprobe für die Seele. Nachdem die Berge geschaffen, Rufe ergangen und Visionen geschehen waren, zeigen die uralten Geschichten, dass der Bruder sich gegen den Bruder wenden wird, dass Schwestern wieder versöhnt werden müssen. In solchen Versöhnungsszenen geht nun das Herz auf, werden Tränen vergossen und Vertrauen wiederhergestellt. Im Gesicht des Bruders nehmen wir eine Variation des eigenen Gesichtes wahr, die Gabe der Schwester verstärkt die eigene und die geschwisterliche Liebe scheint ein Lernfeld für die Menschenliebe an und für sich.

Das Brudermotiv taucht also zum ersten Mal kurz nach dem Garten auf, in Gestalt der Brüder Kajin und Hewel, die den mythopoetischen Ausdruck des Wechsels der Geschichte in die lineare Zeitlichkeit bezeichnen. Dann wieder schlüpft das Motiv unter die Bedeutung der folgenden Geschichten, verschwindet aber nie ganz. Wir würden es sicher bei Noach und seinen Söhnen wiedererkennen und als gesellschaftliche Parodie in den Verhältnissen der Turmbauer zu Babel. Bruderschaft ahnen wir in den Tiefenschichten der Abreise Avrams aus Ur, wo er einen Bruder zurücklässt, von dem der mitgenommene Neffe Lot indirekt kündet. Erst jetzt steigt das Motiv wieder an die Oberfläche mit Jischmael, dem Erstgeborenen, der nach der Sitte jener Zeiten den Vater hätte beerben dürfen. Das Erstgeburtsrecht sicherte ihm dies zu. Wir wissen, was Sara tat. Im Kern war es eine Entbrüderung der Kinder und eine Entmachtung des Vaters: Sie forderte von Avraham, dass „mein Sohn“ erben möge, nicht „unser Sohn“. Die Stimme der Mutter gesellte sich neben den Willen Gottes, des Grossen Vaters. Widersprüche waren hier wie dort nicht geduldet.

Avraham gab nach. Wie sehr Sara bei dieser Weisung auch von weiblichem oder mütterlichem Instinkt gelenkt gewesen sein mag, sie hatte doch auch ihre eigene Verheissung, der sie treu bleiben musste. Auch ihr, ihrem Samen, war Erbe und Land verkündet worden, die Zukunft lag also auch in ihrer Verantwortung. So stellen sie die Vätergeschichten als durchaus eigenständige, starke Frau vor, die auch zu unbequemen Entscheiden stehen konnte wie einst Chawa – eine Frau, die in diesem Moment den Lauf der Menschheitsgeschichte entschied.

Diese weibliche Kraftlinie zog sich auch in die nächste Generation weiter. Auch Rivka beeinflusst die Geschichte mit ihrer willkürlichen Umkehr des Erstgeburtsrechts und führt damit Gottes Willen aus, so sagen die Schriften. Was Sara jedoch offen tat, war bei Rivka schon eine List. Am Ende verliert der Vater seinen Erstgeborenen, Geliebten, Esaw wie einst Avraham den Jischmael.

Diese Präsenz, diese zeitweise Dominanz der Mütter bringt eine neue Dynamik in die Väterzeit. Als gleichgestelltes Gegenüber der Männer war die Mutter-Frau eine ebensolche Verheissungsträgerin wie die Männer. Rivka, deren Unfruchtbarkeit durch die Gebete Jizchaks beendet wurde, trug nun den Zukunftstraum Gottes in sich: Die Zwillinge in ihrem Bauch. Sie spürte deren Gewicht, deren Bedeutung und deren Dynamik bereits im Mutterleib: Sie kämpften. Ihre Sorge brachte sie vor Gott. Er sprach zu ihr (25, 23):

Zwei Völker sind in deinem Leib
Zwei Stämme scheiden sich in deinem Schoss
Ein Stamm wird stärker als der andere sein
Der Ältere wird dem Jüngeren dienen.

Bald darauf gebar sie die Zwillinge. Der ältere, rothaarige wurde Esaw genannt, ein hebräisches Wortspiel mit seiner Haarfarbe. Der jüngere hielt, schon als der dem Mutterleib entschlüpfte, die Ferse seines Bruders; so nannten sie ihn Jaakov, ein Wortspiel um das hebräische Wort für Ferse. Esaw wurde zum geschickten Jäger und Mann des Waldes. Jaakov hingegen blieb meist im Lager und war eher zart. Jizchak zog Esaw vor, denn er liebte das Wildbret, das der ältere oft nach Hause brachte. Rivka wiederum favorisierte Jaakov, von dem sie bereits wusste, dass er über seinen älteren Bruder herrschen würde (25, 24–29).

Es gibt keine reine Wahrheit in Beziehungen, noch weniger in engen familiären. Wahrheiten bleiben dort oft unausgesprochen, oftmals zum Teil bewusst, durch die jeweiligen Blickwinkel und Lebensgeschichten gefärbt und verändert. Mehr noch: Man muss diese teilweise verborgenen Wahrheiten, vermuteten Bündnisse und schmerzhaften Frontstellungen sogar teilen, man muss mitspielen, um dabei zu sein. Psychodrama und in seiner Nachfolge auch der Bibliolog können die verschiedenen Stimmen in ihrer Polyphonie zu Gehör bringen, können uns das System als Ganzes betrachten lassen. Der Text gibt uns wie immer die Blaupause für eine solche Spielszene.

Einst richtete Jaakov ein Gericht an, da kam Esaw vom Feld, und war ermattet. Da sprach Esaw zu Jaakov: „Lass mich doch schlingen von dem

> *Roten (Adom), denn ich bin ermattet." (...) Jaakov aber sprach: „Verkaufe mir zuvor deine Erstgeburt." Da sprach Esaw: „Ich gehe ja doch dem Tod entgegen; was soll mir da die Erstgeburt!" Und Jaakov sprach: „Schwöre es mir denn zu." Da schwor es ihm Esaw zu und verkaufte sein Erstgeburtsrecht Jaakov. Jaakov aber gab Esaw Brot und Linsengericht. Und er ass und trank und stand auf und ging von dannen. So verachtete Esaw die Erstgeburt. (25, 29–34)*

In dieser Geschichte werden mehr als in anderen Geschichten wirklich die eigenen biografischen Teile sichtbar. Wir stellten in Bibliologen die Familie auf und betrachteten mit Interesse und Erschrecken, wie jeder der Vier ein gebrochener Spiegel des Ganzen wurde.

Jaakov, von seiner Mutter beeinflusst, wurde verwöhnt und intellektualistisch. Esaw, vom Vater begeistert, wurde zum Kampfhund Jizchaks, dessen blosse Präsenz den Alten schon beruhigte. Beide Jungen lebten die unterdrückte Seite des jeweilig zugewandten Elternteils: Der eigentlich stille Jizchak lebte seinen verdrängten Jäger und Wilderer im rothaarigen Liebling. „Durch ihn werde ich wie mein eigener, verlorener, wilder Bruder Jischmael", sagte einer der Mitspieler, „und indem ich ihn bevorzuge, kann ich etwas von jener Schuld abtragen, die ich gegenüber Jischmael immer empfunden habe, dessen Erstgeburtsrecht auf mich überging."

Rivka, stolz und stark, spürt, in in welche Familientradition sie eingeheiratet hat: Die Kraft der Verheissung. Schliesslich war in der aktuellen Generation sie es, die die Verheissung von Gott erhalten hatte, nicht ihr Mann. Während Jizchak Brunnen gräbt, träumt Rivka vom Königsein in Kenaan. Sie lebt innerlich seit langem mit dem Wissen, dass einer ihrer Söhne über den anderen herrschen wird: „Ich muss damit leben, dass einer meiner Söhne auf Kosten des anderen herrschen wird. Ich sehe keinen Ausweg für Esaw: Er musste verletzt werden, damit Gottes Wille erfüllt werden konnte." Jaakov wird ihr Instrument: Sie nimmt seine Schlagfertigkeit und Geistesgegenwart auf und füllt sie mit ihren Träumen.

Die Fronten und Bündnisse innerhalb der Familie verfestigen sich. Esaw lebt die unterdrückte Virilität seines Vaters, Jaakov den stillen Willen zur Macht der Mutter. Die Brüder werden sozusagen zu Extrembeispielen für unter- bzw. übermaskulinisierte Männer. Und jeder wünscht sich im geheimen, mehr von der Energie das anderen zu haben.

Jaakov spricht in einem unserer Spiele:

Als ich zu merken begann, wie sich mein Vater an meines Bruders Fähigkeiten und besonders an seinem Wildbret zu freuen begann, wurde ich eifersüchtig, doch liess mir nichts anmerken, sondern drückte es durch Verachtung und Hohn aus. Mein Bruder war für mich nur dreckig, tierisch und unzivilisiert. Ich sah auf ihn herunter und mit der Zeit auch auf meinen Vater. Papa war mitleiderregend und Esaw war unterwürfig. Meine Mutter gab meiner Überheblichkeit kräftig Futter. Wir karikierten die beiden in ihrer Vertraulichkeit miteinander.

Doch bei aller Verachtung und bei allem Hohn: Ich merkte – ungern –, dass ich weit mehr von meinem Vater hatte als Esaw. Verrückt, was …? Ich spürte, zwischen uns hätte … was sein können. Wenn der Vater seine Geschichten erzählte, vom Grossvater und weiter zurück, dann hörte und verstand ich. Esaw fand sie einfach nur komisch oder schlief dabei ein.

Ach ja, eines noch: Ich wollte immer jagen, aber meine Mutter liess mich nie. Ich wollte es Esaw gleichtun, zumindest probieren. Ich bewunderte seine Stärke und Tatkraft. Ich fühlte mich fast plump neben ihm, fast wie ein Mädchen, um ehrlich zu sein. Manchmal brachte mich das Geschwätz meiner Mutter vollkommen durcheinander und dann blickte ich sehnsüchtig auf Esaw und Vater, wie sie einträchtig und schweigend nebeneinander sassen. Nach dieser Art Ruhe sehnte ich mich.

Esaw seinerseits spürte die Ablehnung der Mutter deutlich:

Immer schon bekam ich zu spüren, dass etwas mit mir nicht stimmte. Meine Haare, meine ganze Erscheinung, alles … ach, ich weiss nicht … einfach alles schien falsch zu sein. Mama war verrückt nach ihrem ach so süssen kleinen Jaakov, schob ihm die besten Stücke beim Essen zu, mir, was übrig blieb. Jaakov lernte Kochen von ihr, er war immer schon geschickt mit den Händen, sogar mit Bändern und mit Ton. Er kümmerte sich um trächtige Schafe und die neugeborenen Lämmer. Und reden konnte er auch immer gut.

Also zog ich allein los. Wie Jäger eben sind. Liess mir n'n Bart wachsen; freundete mich sogar mit den Kenaanitern an, besonders ihre wilden Mädchen hatten es mir angetan. Wow, ziemliche Reisser waren das …

Dann kam ich heim zu Papa. Warf ihm was von meinem Wild auf den Grill, er liebte das. Er strich mir dann immer durch die Haare, und erzählte mir von seinem Halbbruder Jischmael, wie sehr er ihn gemocht hatte, und wie sehr ich ihm doch gleiche, als Jäger und so. Dann wurde er immer traurig und still. Manchmal träumte ich sogar von Onkel Jischmael und fühlte ihn dann ganz nah. Er wurde zu dem Bruder, den ich nie hatte.

Diese Selbstgespräche stammen aus unseren Bibliologen. Sie geben den Charakteren Tiefenschärfe. Sie stammen zu einem Teil aus den mythischen Texten, zum anderen aus den Biografien der Menschen, die spielten und lasen. Am Rande der Selbstgespräche der Brüder stehen die Eltern und hören. Wie viel von dem, was die Jungen tun, wissen sie und können sie abschätzen, wo das hinführt? Oder sind sie nur kleine, unbewusste Rädchen im Getriebe der Verheissung? Das sind die psychologischen Spannungen im Text. Die Antworten sind unsere Midraschim.

Eine Szene schliesst die Jugend der Brüder ab. Jaakov, der sich bereits das Erstgeburtsrecht erkauft hatte, braucht jetzt noch den Segen des Vaters, damit dieses Recht in Wirkung tritt. Den Segen auch, weil das Erbe vor allem auch ein spirituelles ist. Obwohl sie wusste, dass die Natur es anders vorgesehen hat, musste Rivka – um der an sie ergangenen Verheissung willen – dafür sorgen, dass der Segen auf ihren Favoriten übergeht.

Genau da setzt die Verschwörung von Mutter und Sohn an. Wir blenden ein, als der fast blinde Jizchak seinen Sohn Esaw zu sich ruft:

Und es war, als Jizchak alt geworden war, und seine Augen trübe wurden, dass er nichts mehr sah, da rief er seinen älteren Sohn Esaw zu sich und sprach zu ihm: „Mein Sohn!“ Und der sprach zu ihm: „Hier bin ich!“ Und er sprach: „Sieh, ich bin alt geworden, weiss nicht, ist's der Tag meines Todes. Nun denn, nimm dein Gerät, dein Wehrgehänge und deinen Bogen und geh aufs Feld hinaus und jage mir Beute und bereite mir daraus ein schmackhaftes Gericht, wie ich es liebe, und bring es mir, damit ich es esse, damit meine Seele dich segne, bevor ich sterbe.“ (27, 1–4)

Als Rivka dies mithört, weiss sie sofort, dass sie nun handeln muss, sonst ist der Segen für Jaakov in Gefahr. Sie improvisiert eine Scharade, in der Jaakov der unwissende Narr, Esaw jedoch das tragische Opfer ist.

Sie instruiert Jaakov, wie er sich verhalten müsse, um zu wirken wie sein Bruder, hängt ihm sogar ein haariges Ziegenfell um, damit er auch haptisch seinem Bruder gleicht, was für den fast blinden Vater wichtig ist.

Esaw ist in dieser Zeit auf der Jagd. Rivka kocht derweil in aller Eile Jizchaks Lieblingsessen, damit Jaakov es seinem Vater servieren kann. Die Szene wird in der üblichen holzschnittartigen Kantigkeit der Genesis erzählt. Zwischen den Strichen und Schnitten sehen und hören wir die Gefühle und Gedanken des jungen Mannes, der den Platz seines Bruders einnimmt, den Segen stiehlt und genau weiss, dass sein Vater diesen für seinen Bruder bestimmt hat.

> *So kam er zu seinem Vater uns sprach: „Vater!“ Und der sprach „Hier bin ich. Wer bist du, mein Sohn?“ Da sprach Jaakov zu seinem Vater: „Ich bin Esaw, dein Erstgeborener; ich habe getan, wie du zu mir gesprochen hast. So richte dich nun auf, setze dich und iss von meiner Jagdbeute, damit deine Seele mich segne.“ Jizchak aber sprach zu seinem Sohn: „Wie hast du das so schnell gefunden, mein Sohn?“ Und der sprach: „Weil der Ewige, dein Gott, es für mich gefügt hat.“ Da sprach Jizchak zu Jaakov: „Tritt doch heran, mein Sohn, dass ich dich betaste, ob du mein Sohn Esaw bist, oder nicht.“ Da trat Jaakov zu seinem Vater Jizchak hin und der betastete ihn und sprach: „Die Stimme ist die Stimme Jaakovs, aber die Hände sind die Hände Esaws.“ Und er erkannte ihn nicht, weil seine Hände wie die seines Bruders Esaw behaart waren, und so segnete er ihn. Und er sprach: „Bist du es, mein Sohn Esaw?“ Und er sprach: „Ich bin es.“ Da sprach er: „Reiche es mir denn her, ich will von meines Sohnes Jagdbeute essen, auf dass meine Seele dich segne.“ Da reichte er es ihm hin und er ass; auch brachte er ihm Wein, und er trank. Dann sprach sein Vater zu ihm: „Tritt doch heran und küsse mich, mein Sohn.“ Als er nun herantrat und ihn küsste, da roch er den Duft seiner Kleider, und er segnete ihn und sprach:*
> *„Sieh, meines Sohnes Duft ist wie der Duft eines Feldes, das der Ewige gesegnet hat.“ (27, 18–27)*

Diese Szene ist voller Elemente, die wir nun bereits bestens kennen, ja eigentlich ist sie fast eine Parodie. Auch Hewel schlachtete das beste seiner Tiere zum Opfer. Und Kajin ist beleidigt. Ein Widder kommt für Jizchak auf den Altar des Vaters. All diese Opfer werden karikiert von dem Wildbretschwindel, den eine Ehefrau und ihr Sohn gegen den halbblinden Vater anzetteln. Jizchak droht zum mitleiderregenden Narren zu werden, Jaakov zum verschlagenen Opportunisten. Und Rivka zum verschlagenen, herzlosen Weib. Wir erleben fast eine komische Volkserzählung.

Doch immer wieder erscheint Jizchak nicht nur als Narr: Er ist nicht vollkommen blind, ja, einer, der ihn darstellte, meinte zu spüren, dass er wusste, was vor sich geht und die List geschehen liess. Er scheint ja etwas zu merken, als er den Sohn erneut fragt: „Bist du wirklich mein Sohn Esaw?“ Dann bittet er sogar noch um einen Kuss, um den „Duft der Felder“ zur Sicherheit zu riechen.

So gebe Dir der Ewige
Vom Tau des Himmels
Und vom Fett der Erde
Und Korn die Fülle und Most
Dir dienen Völker,
Dir beugen sich Nationen;
Herr werde deinen Brüdern,
Dir beugen sich die Söhne deiner Mutter.
Wer dir flucht, ist verflucht,
wer dich segnet, ist gesegnet. (27, 28–29)

Wenn wir genau hinhören, hören wir Elohims ersten Segen über der Kreatur, das Versprechen grosszügiger Ernte. Es klingt auch der Segen für Avraham an: Jene, die ihn segnen, werden gesegnet sein, und jene, die ihm fluchen, sollen verflucht sein. Jizchak ist jedoch der erste der Väter, der selbst segnet, denn seine Worte haben Kraft, wie wir von der Fruchtbarmachung Rivkas wissen. Selbst jetzt, altersschwach und getäuscht, ist er noch immer der Poet, der Mann der Eide, dessen Worte die Zukunft ins Recht setzen. Seine Worte gelten und können nie zurückgenommen werden.

Und Jaakov geht mit dem Segen. Und Esaw kommt mit dem Wildbret. Als Jizchak den Betrug bemerkt, „erschrak er über die Massen“. Esaw seinerseits „schrie laut und bitterlich“. Aber: Zu spät! Esaw kann nur um – sozusagen – einen „Rest-Segen“ bitten und Jizchak kann nur noch zusammensuchen, was an Verheissung nun für den eigentlich Erstgeborenen noch übrig bleibt (27, 30–39). Angesichts dieses zweiten Betruges schwört Esaw seinem Bruder den Tod! Der Geist des Ahnvaters Kajin steht im Raum. Rivka zittert um ihren Kleinen, schickt ihn fort.

Er flieht nach Haran, die Heimat Rivkas und des Grossvaters Avraham, wo alles begann, von wo jede neue Generation scheinbar ihren eigenen Neuanfang machen muss.

Aber: Rivka hat es geschafft, sie hat den Lauf der Vorsehung geändert. Der Ältere muss nun dem Jüngeren dienen, das Erbe hat Esaw übergangen, wie es Jischmael übergangen hatte. Diese Umkehr in der Erbfolge wurde erreicht durch ein Doppelspiel. Jaakov erweist sich nun als der mindere auf viele Arten: Als zweiter geboren, von niedriger Gesinnung (Erbrecht gegen Essen!), und dann als widerspruchsloser Akteur in der Schmierenkomödie der Mutter; gewissenlos und skrupellos, rücksichtslos gegenüber Bruder und Vater, und sofort bereit, auch die Mutter zurückzulassen, die ihn fortschickt, damit der Zorn nicht ihn trifft. Ein Soziopath mit gefährlichem bis widerwärtigem Verhalten. Solch ein Charakter als wichtige Figur in des grossen Gottes Mythos und Glaube? Das stellt unsere traditionelle Vorstellung der Allianz Gottes nur mit den Guten schwer auf die Probe.

Dieser Mythos zwingt uns, einfache moralische Zuordnungen fallen zu lassen. Vielleicht hat dieses Niedrige ja sogar in Gott eine Entsprechung? Jedenfalls scheint der Gott von Bereschit her uns zeigen zu wollen, dass er bereit ist, die Verheissung durchzusetzen, koste es, was es wolle. Selbst mit zweifelhaftem Personal. Das Grosse Geheimnis, Schöpfer und Gebärer, Fülle und Vollkommenheit, scheint eine niedrige Seite zu haben, etwas Düsteres und Verunsicherndes. Hat auch Gott also eine Doppelgesichtigkeit? Und wie sind Schatten und Licht verbunden? Sind sie blosse zwei Seiten der einen Medaille, wie C.G. Jung oder die Manichäer behaupteten? Oder sind die beiden Teile getrennt, als Gott und Teufel unverbunden?

Die dunkle Seite der Wahrnehmung ist die Täuschung. Auch Täuschung aber bezieht ihre Energie aus dem Zentrum der Vorstellungskraft. Jaakov ist dabei nur das jüngste Beispiel der heimlichen Seite Gottes. Die Täuschung, die List, sie waren immer ein Teil des Plans und Wesens, des Vaters eben, von Anbeginn an. Wir kennen dies seit Schlange im Garten. Durch solche List schien fast der Ewige Thron selbst zu wackeln.

Schlange und Jaakov: Sie gleichen sich irgendwie, sie stellen beide die andere Seite von Geheimnis dar. Schlange wurde verflucht, unter den Fersen von Chawas Kindern, die sie sticht, zertreten zu werden.

Jaakov wird schon geboren mit der Hand auf der Ferse. Beide wissen etwas über die Lebenskraft der Niedrigkeit, der Unterwelt, und beide nutzen die Kraft der Schatten, der Rede und Überredung, um die Ahnungslosen zu täuschen. Und selbst Täuscher und Getäuschter sind noch Zwillinge: Welch Ironie in diesen Figuren und Konstellationen.

Eine weitere Ironie liegt in der Geschichte. Wohl hat Jaakov einen Segen erhalten, aber dieser erfüllt ihn nicht. Wohl wurde er vom Vater geküsst, doch galt der Kuss einem anderen. Der Segen kam nicht auf ihn wegen seiner Verdienste oder seiner Liebe. Welch nie endender Schmerz, die Liebe des Vaters für den Bruder am eigenen Leib zu erfahren und dieser im eigenen kalten Herzen keine Entsprechung geben zu können. Jizchaks reicher Segen füllt den Betrüger über und über – mit Scham und Schande.

Und noch wichtiger: Jaakov ist gar nicht bereit für diesen Segen. Er wurde von der Mutter erzogen, er ist der Sanfte, der immer im Lager blieb. Was konnte er schon wissen vom gefährlichen und entbehrungsreichen Leben von Avraham und auch noch von Jizchak?

Das Spiel zwischen Vater und Sohn war eine missglückte Initiation. Doch Jaakov bleibt der Unmündige, Selbstbezogene, der er war. Der Vater über seinem Vater hat ihn nicht berührt mit Seiner Kraft. Jaakovs Potential schlummert noch, er ist spirituell unbevatert, seine wirkliche Initiation liegt noch weit in der Zukunft. Zuerst muss er den Weg all seiner Väter gehen: Sein Land verlassen und wandern, ein Fremder werden und Gott in Wüste und Wildnis antreffen. Dort wird er Vision und Annahme erleben. In seinem langen Exil wird er nach Haran wandern. Vieles wird ihm passieren, und immer wird er mit dem einen konfrontiert: seinem Betrug. Endlich wird er es nicht mehr aushalten und sich seiner Scham und Angst stellen und ins verheissene Land zurückkehren – und sich seinem Bruder stellen, am Fluss der Entscheidung.

13

Der Mythos vom Streiter

Jaakov ist auf der Flucht. Er gelangt nach Haran, sucht Obdach in seiner Familie alter Heimat. Die Flucht reisst ihn aus seinem Geburtsland und aus seines Vaters Haus. Er hat keinen „Ruf, der ihn vorwärtstreibt", er hat einen Fluch. Die Welt seiner Eltern, die Welt, aus der er stammt, sie ist ihm fremd. Fremd un d einsam sind vor allem die Nächte.

> *Jaakov traf auf eine Stätte und nachtete daselbst, denn die Sonne war untergegangen. Und er nahm von den Steinen des Ortes und setzte sich's zu Häupten und legte sich hin an jener Stätte. Da träumte er: Sieh, eine Leiter war auf die Erde gestellt und ihre Spitze reichte an den Himmel, und sieh, Sendboten Gottes stiegen an ihr auf und nieder. Und sieh, der Ewige stand bei ihm und sprach: „Ich bin der Ewige, der Gott deines Vaters Avraham und der Gott Jizchaks; das Land, auf dem du liegst, will ich dir und deinem Samen geben. Und dein Same soll werden wie der Staub der Erde, du wirst dich ausbreiten nach Westen und nach Osten, nach Norden und nach Süden; und segnen werden sich mit dir alle Geschlechter der Erde und mit deinem Samen. So sieh, ich bin mit dir, und ich werde dich behüten überall, wohin du gehst, und dich in dieses Land zurückführen; denn ich werde dich nicht verlassen, bis dass ich vollbracht, was ich dir verheissen. Da erwachte Jaakov aus seinem Schlaf und sprach: „Wahrlich, der Ewige ist an dieser Stätte, und ich wusste es nicht." Und er erschauerte und sprach: „Wie schaurig ist diese Stätte! – Nein, das ist ein Haus Gottes, und dies die Pforte des Himmels."*

Und des Morgens stand Jaakov früh auf und nahm den Stein, den er sich zu Häupten gesetzt hatte, und setzte ihn zum Standmal und goss Öl auf seine Spitze; und er nannte jenen Ort Bet-El (Haus Gottes), vorher aber war Lus der Name der Stadt. Und Jaakov tat ein Gelübde und sprach: „Wenn Gott mit mir sein und mich behüten wird auf diesem Weg, den ich gehe, und mir Brot zu essen und Kleidung anzuziehen gibt, und wenn ich in Frieden heimkehre in meines Vaters Haus, so soll der Ewige mir Gott sein und dieser Stein, den ich zum Standmal gesetzt habe, soll ein Gotteshaus werden und alles, was du mir gegeben hast, will ich dir verzehnten." (28, 10–21)

Hier beginnt Jaakovs wirkliche Initiation. Der Grosse Vater erscheint ihm im Traum und übermittelt ihm das Versprechen. Viel könnte das bei ihm bewirken, doch bleibt die Erfahrung seltsam distanziert. Irgendetwas ist im Traum zu ihm gekommen, und er erschauert („*Wahrlich, der Ewige ist an dieser Stätte, und ich wusste es nicht.*"). Doch beschäftigt er sich nicht mit dieser Wirklichkeit. Einzig den Ort heiligt er, indem er ihn mit Öl salbt. Mir diesen jungen Mann vorzustellen, wie er aus den Steinen, auf denen er ruhte, ein Heiligtum baut, und dieses für angemessen empfindet, um den Grossen Vater zu ehren: Ich gebe zu, das hat etwas Possierliches, ja Rührendes. Er weigert sich, sich ganz der Wirklichkeit dieser Kraft auszusetzen, doch legt er wenigstens ein Gelübde ab:

„Wenn Gott mit mir sein und mich behüten wird auf diesem Weg, den ich gehe, und mir Brot zu essen und Kleidung anzuziehen gibt, und wenn ich in Frieden heimkehre in meines Vaters Haus, so soll der Ewige mir Gott sein."

Jaakov schliesst einen Handel, seine Art des Bundes, selbst-bezogen, konkret, wasserdicht.

Zu glauben oder zu vertrauen ist er nicht bereit, aber er will Gott eine Chance geben. Es beginnt ein erstes Kräftemessen. Sich dem Grossen Vater ganz hinzugeben, ist er nicht bereit, doch in jenem Traum wurde ein widerständiger Samen gesät, eine Wirklichkeit, die er sich selbst nie hätte träumen lassen. In einem Augenblick verändert ein solcher Traum ihn und die Welt, und fast möchte man meinen, dass das für immer so bleiben müsste. Doch verdunkeln den Traum ganz alltägliche Bedenken und so sinkt dieser wieder ins Unterbewusste zurück, aus dem er kam, wie ein wildes Fabeltier, das in seine Höhle verschwindet. Der „Ruf" zieht vorbei, das Leben geht weiter. Jaakov braucht eine deutlichere Erfahrung, bevor er wirklich weiss, dass der Ewige Gott ist.

Jaakov reist gen Osten und trifft in Haran ein, dem Ort, wo seines Grossvaters Vater, Terah, auf dem Weg nach Kenaan siedelte; dem Ort, wo Eliezer, der Diener Avrahams, für Jaakovs Vater Jizchak eine Frau gesucht und in Gestalt von Rivka am Brunnen auch gefunden hat. Nun kehrt die dritte Generation in die Heimat der Ahnen zurück. Auch er begegnet an einem Brunnen einem Mädchen. Bei ihrem ersten Treffen bereits „küsste er sie und weinte laut" (29, 11). Ist er überwältigt von der ersten Liebe, erleichtert, zu Hause zu sein, oder spürt er ein erstes Mal, dass der Gott-seines-Traumes wirklich sein Leben bewacht? Der Augenblick, er verweilt nicht. Jaakov erfährt Rachels Namen. Sie ist seine Cousine. Ihr Vater Laban begrüsst den Neffen Jaakov und nimmt sich seiner an. Im doppelten Sinn: Er nimmt ihn in seinem Haushalt auf, und führt ihn gleichzeitig hinters Licht. Er weiss um die Liebe Jaakovs zu Rachel, und lässt ihn sieben Jahre vermeintlich um deren Hand arbeiten, nur um ihm in der Hochzeitsnacht die ältere Schwester Lea zuzuführen (29, 25). Laban weist die Schuld von sich: Er habe nur entsprechend der geltenden Sitten zuerst die ältere Tochter unter die Haube bringen müssen. Zornig, aber hilflos willigt Jaakov ein, um Rachel sieben weitere Jahre zu arbeiten. Der Betrüger ward betrogen.

Dieser listenreiche, stille Kampf ist im Grunde nur wieder eine Variation des alten Themas des Bruderkampfes. Lavan ist dieses Mal der Hütchenspieler, der sich vierzehn Jahre Knechtschaft von Jaakov ergaunert. Jaakov erlebt sein eigenes Spiel mit vertauschten Rollen, als Unterlegener dieses Mal, als Leichtgläubiger, der sich dem Älteren, Arglistigeren ergeben muss. Jaakov muss jetzt zwar nicht seinen Segen oder Geburtsrecht, so doch seine Freiheit geben, als verdungener Knecht schuften. Und Lavan streicht den Gewinn der „Methode Jaakov" ein.

Als er dann doch endlich beider Bräute Hand hält, gründet er eine eigene Familie. Doch ist auch Rachel wieder – wie Rivka und Sara – kinderlos. Und wieder gebiert die andere, Ältere (vor der eigentlich gewünschten). Sie schenkt Jaakov vier Söhne in Folge, und hofft jedesmal, sich damit einen Platz im Herzen Jaakovs zu erobern. Die Namen der Söhne erzählen lautmalerisch und lebhaft vom Seelenleben ihrer Mutter:

„Ruben" bedeutet „Der Herr hat meinen Kummer gesehen; jetzt wird mein Mann mich lieben." (29, 32)

„Simeon" meint „Der Herr hat mir auch noch diesen gegeben, weil er gehört hat, dass mein Mann mich zurückgesetzt hat." (29, 33)

Mit „Levi“ hofft sie: „Jetzt habe ich meinem Mann drei Söhne geboren, nun wird er doch an mir hängen.“ (29, 34)

Und Judah bekräftigt „Jetzt will ich dem Herrn danken“. (29, 35)

In diesen Namen und ihren Aussagen liegt ein ganzes Kapitel der Familiensaga Im Anfang verborgen. Leas Einsamkeit, ihr ständiges Buhlen um Jaakovs Liebe, ihre Enttäuschung und ihre Eifersucht: Alles ist in die Namen der Söhne eingeschrieben. Inzwischen wurde Rachel von Jaakov und seinem Gott zurückgewiesen, in ihrem Wunsch, schwanger zu werden. Ihre Eifersucht und ihre Beunruhigung wachsen mit jedem neuen Sohn Leas. Die Erblinie wird auf Lea übergehen, da ihr kein Sohn geschenkt wurde. Die ältere hat scheinbar gewonnen.

Beide Frauen haben ihre Dienerinnen. So führt Rachel Jaakov Bilha zu als Ersatz. Mit ihr wird Jaakov zwei Söhne haben.

Rachel nennt den ersten „Dan“ („Er hat Recht gesprochen“), denn „Gott hat mir Recht verschafft und mich erhört und mir einen Sohn gegeben“ (30, 6). „Naphtali“ heisst der zweite: „Über alle Massen habe ich gekämpft mit meiner Schwester und ich habe gesiegt“ (30, 7).

Mit diesen beiden Söhnen festigt sich Rachels Stellung innerhalb der Familie. Mit Naphtali will sie sich am Sieg über ihre Schwester freuen. Doch ist ihr Kampf noch nicht zu Ende.

Lea schlägt in Gestalt ihrer Dienerin Silpah zurück. Jaakov erhält durch sie zwei Söhne: „Gad“ der erste, der schlicht „Glück“ heisst. „Asher“ der zweite, mit dem Lea sagt: „Wohl mir, denn mich werden selig preisen die Frauen“ (30, 12). Und als ob das noch nicht genug wäre, beginnt Lea nun noch einmal selbst damit, Söhne zu gebären: „Isachar“ und behauptet mit diesem „Gott hat mir gelohnt, dass ich meine Dienerin meinem Mann gegeben habe“ (30, 17). Und Zebulon schliesslich steht für die Schlussfolgerung „Gott hat mich reich beschenkt; nun wird mein Mann doch bei mir bleiben; denn ich habe ihm sechs Söhne geboren“ (30, 20). Lea hat niemals aufgehört, das Herz Jaakovs zu gewinnen, doch muss sie nun aufgeben, die bevorzugte zu sein. Sie streicht ihre Waffen angesichts des Aufmarsches von Leas Söhnen. Der Gnadenstoss ist dann noch eine Tochter, die Lea dem Jaakov gebiert: Dina. Ihr Schicksal mit ihren Brüdern wird im folgenden Kapitel zu erzählen sein (30, 21).

Wollen wir hier erneut innehalten, die Namen der Söhne nochmals lesen, die Dynamik dieser Familie uns nochmals vergegenwärtigen, die Beziehung der Schwestern nochmals spüren.

Wir erleben das alte Motiv des Bruderkampfes in seiner weiblichen Form; der gemeinsame Gatte wird nur benutzt, um den Mutterschaftsstreit der Frauen zu befruchten.

Es ist unklar, wie diese Geschichte gelesen werden sollte: Sie überzeichnet einerseits den patriarchalen Grundkonflikt, dass Frauen nur dann wertvoll sind, wenn sie Männern Söhne gebären. Mutterschaft ist nur positiv, wenn sie Erben und Stammhalter produziert. Frauen sind Gebärmaschinen, ihre Seelen, ihr Empfinden, ihr Denken wiegen nichts im dynastisch-ökonomischen Wirtschaftssystem. Jaakov hat Söhne, die gültige Währung aller Reiche der damaligen Zeit. Frauen erhalten Stand und Würde durch ihre Söhne. Ihr Siegesgeheul „Naphtali" ist der Grundton des ganzen Kapitels. Sie ist nun die Streiterin. In diesem Sinn gelesen wird das Kapitel die Begründung jeder feministischen Anklage gegen das Patriarchat.

Andererseits birgt diese Geschichte auch die Kritik an den oben beklagten patriarchalen Werten. Wir betrachten Jaakov kritisch: Er erscheint als unreifer, selbstbezogener Mann, ein tumber Bauer zwischen zwei listigen Frauen, deren Kraft er sich ergeben muss. Mit dem Blick auf Jaakov und seine Familie müssen wir auch die dunkle Seite der Väterherrschaft betrachten, die gemeinen, doch starken Gewalten zwischen Geschwistern. Im Kampf zwischen Lea und Rachel fühlt sich jede abwechselnd dominant und unterlegen: Rachel als Mutter und Lea als Frau. Zwei Frauen korrumpiert durch das „System Sohn".

Und obwohl die Schwestern beide als Opfer des Systems erscheinen, werden sie als starke Figuren gezeichnet. Sie erinnern uns daran, dass Mütter, wenn es um entscheidende Angelegenheiten in der Familie geht, die Sache noch immer am liebsten in die eigenen Hände genommen haben. Durch den klaren Willen dieser beiden Frauen hat dann letztlich doch der Grosse Vater wieder gewirkt. Obwohl Frauen auf den ersten Blick als Befehlsempfänger patriarchaler Pläne erscheinen, ist ihre Rolle darin nicht zu unterschätzen. Im Gegenteil: Alle Männer dieser Periode der Vätererzählung wirken wie der leicht blinde Jizchak: Geblendet von einem grossen Licht, sehen sie ihre Söhne nicht wirklich klar.

Doch ist dieses Familiendrama noch nicht auf dem Höhepunkt. Diesen erreichen wir erst, als „Gott sich an Rachel erinnert".

„Gott gedachte aber an Rahel und erhörte sie und machte sie fruchtbar. Da ward sie schwanger und gebar einen Sohn und sprach: Gott hat meine Schmach von mir genommen; und sie nannte ihn Josef und sprach: Der Ewige wolle mir noch einen Sohn dazugeben!“

Auf Hebräisch meint die Wurzel des Namens Josef beides: wegnehmen und dazugeben. Wie geschickt: Mit einem Zug wird Rachel die Schande genommen und die Würde geschenkt, wird ihr Grund zur Annahme geschenkt, dass ihre Unfruchtbarkeit beendet sein möge. Dieser Sohn verschafft der jüngeren Schwester zum ersten Mal wirklich die Vorherrschaft, denn Josef wird der Sohn sein, in dem die Verheissung und die Geschichte sich fortschreibt. Zum Mann geworden, wird er erfüllen, begnadigen, erlösen. Alles ist bereits geheimnisvoll enthalten in seinem Namen und in den (zumindest für seine Eltern geheimnisvollen) Umständen seiner Geburt. Hier nun schlagen wir eine weitere Seite dieser Geschichte auf. Wir verlassen Haran.

Jaakovs Entscheidung wird durch einen Traum herbeigeführt, in dem er ermutigt wird, seinen eigenen Weg zu gehen und von Laban zu fordern, was sein ist. In diesem Traum wird er an seinen ersten Traum erinnert:

> *„Ich habe alles gesehen, was Laban dir antut. Ich bin der Gott, der dir zu Beth-El erschienen ist, wo du ein Standmal gesalbt, wo du mir ein Gelübde getan hast; nun mach dich auf und zieh hinweg aus diesem Lande und kehre zurück in dein Geburtsland.“ (31, 12 und 13)*

Jaakov wird erinnert: Halte dein Wort, der Grosse Vater besteht auf dem Bund, auf dem Handel. Jaakov muss aus jenem Land, das ihm Heimat geworden war, ausziehen und in seines Vaters Haus zurückkehren, zu seiner Verwandtschaft, und zu Esaw. Jaakov beginnt mit den Vorbereitungen: Frauen, Kinder und der Haushalt mit Knechten und Mägden werden gesammelt, der Mehrwert, den er für Laban erwirtschaftet hat, wird eingefordert. Es geht los nach Kenaan.

In all den Jahren hatte er nichts mehr von Esaw gehört. Mit ahnungsvoller Sicherheit weiss er, dass seine Heimkehr auch ein Sich-Stellen sein wird: dem betrogenen Bruder, vor dem er geflohen war, von Angesicht zu Angesicht.

„Und Jaakov sandte Boten vor sich her an seinen Bruder Esaw ins Land Seïr, ins Gefild Edom, gebot ihnen und sprach: So sollt ihr sprechen zu meinem Herrn, zu Esaw: Dein Knecht Jaakov lässt dir sagen: Bei Laban habe ich mich aufgehalten und bis jetzt verweilt. Da wurden mir Rinder und Esel, Schafe, Knechte und Mägde, nun sende ich hin, es meinem Herrn zu melden, damit ich Gunst in deinen Augen finde. Die Boten kehrten zu Jaakov zurück und sprachen: Wir sind zu deinem Bruder, zu Esaw gekommen; er zieht dir auch entgegen und vierhundert Mann mit ihm. Da fürchtete sich Jaakov sehr und es war ihm bange." (32, 4–8)

In seiner Furcht teilt Jakob Besitz und Familien in zwei Gruppen, in der Hoffnung, wenn eine überwältigt würde, entkäme wenigstens die andere. Dann betet Jaakov: Er erinnert Gott an dessen Versprechen von sicherem Geleit. Er gesteht seine Angst. Und erhält keine Antwort.

Verzweifelt schickt er nun „zweihundert Ziegen, zwanzig Böcke, zweihundert Schafe, zwanzig Widder und dreissig säugende Kamele mit ihren Füllen, vierzig Kühe und zehn junge Stiere, zwanzig Eselinnen und zehn Esel" seinem Bruder in drei Horden als Geschenk entgegen. Die Diener sind angehalten, bei der Begegnung mit Esaw zu sagen, diese Herden gehörten „deinem Knechte Jakob, der sendet sie als Geschenk seinem Herrn Esau und zieht hinter uns her." (32, 19) Jaakov wartet mit dem Hinterherziehen in Wirklichkeit, um dem Bruder eine Chance zu geben, sich zu beruhigen. Aus der gleichen Vorsicht bildet er mit Frauen und Kindern eine weitere Gruppe, die er an einer Furt über den Jordan schickt.

Und hier nun, so sagt der alte Mythos, bleibt „Jaakov allein zurück" (32, 24). Allein, wie damals als er die Himmelsleiter sah und seinen Kopf auf einem Stein bettete. Allein fällt alles von ihm ab.

Nicht zum ersten Mal hat der Ewige, die göttliche Vorsehung, die Figuren der Geschichte in die spirituelle Landschaft des Alleinseins gestellt. Kajin war allein auf seiner Wanderschaft, Noach war allein in seiner Arche, Avraham war ein einsamer Fremder, und Jizchak war allein auf dem Feld, bevor er Rivka traf. Durch die stete Wiederholung dieses Motivs macht uns die Genesis auf einen Grundzustand der Seele aufmerksam: In den wesentlichen Momenten sind wir allein, wenn wir den Urkräften und der Innenwelt begegnen. Diese Einsamkeit ist – bei aller Vornehmheit – ein tragischer Zustand.

Jaakov allein am Jabbok gehört zu den Archetypen westlicher Geisteswelt. Einen solchen Mann finden wir weder bei Homer noch in allen Heldensagen. Ja, Achill ist manchmal allein im Zelt, doch immer umgeben von Schlachtenlärm und bewacht von einem besorgten Pantheon. Auch Odysseus, wiewohl all seiner Kameraden beraubt, ist immer noch unter dem Schutz von Athene. Wenn er es auch manchmal nicht merkt, wir Lesende wissen es.

Wir lesen bei Jaakov von einer Einsamkeit, die später zu dem wird, was die Mystiker die „dunkle Nacht der Seele" nennen werden. Wir sprechen hier von einer prophetischen und geistlichen Einsamkeit, Symbol für Menschen, die sich selbst verloren haben, an die Grenze ihrer Hoffnung gekommen sind, und nun eine tiefe, innere Erbarmungswürdigkeit empfinden. Dieses Paradigma wird in Texten und Motiven abendländischer Literatur später immer wieder aufgenommen.

Besonders eindrücklich scheint mir, habe das T.S. Elliot im zweiten seiner „Vier Quartette" eingefangen:

> *Zu meiner Seele sagte ich: Sei ruhig,*
> *Und lass das Dunkel kommen über dich.*
> *Lass es das Dunkel Gottes sein … und warte ohne Hoffnung …*
> *Lass, was du nicht weisst, alles sein, was du weißt*
>
> *Und was dir ist, soll nicht dein sein.*
> *Und wo du bist, sollst du nicht sein.**

Dreissig Jahrhunderte nach der Genesis klingt Jaakovs Nacht in Elliots Sprachbildern nach. Die Seele, zu der Elliot spricht, ist ein Bild für jenen Mann damals: allein am Fluss, alles – Frauen und Kinder und Besitz – auf der anderen Seite, er allein hier. Der Welt und aller Weltlichkeit entäussert, der Nacht überantwortet. Dialog der Seele mit sich selbst. Der Kampf, ruhig zu bleiben, leer, zu warten. Wir sind am ehrlichsten, grimmigsten, einsamsten, wildesten Punkt der Vätergeschichten, und auch beim stillsten aller Kämpfe: Seele im Nahtod, Ausharren in Leere, Verstand ohne Möglichkeit, Weiteres zu denken. Hier ist das dunkle Todesschattental: Eine Senke, in der Seele zur Ganzheit wird, durch die Andersheit und die Fremdheit ihre wahre Grösse erhält; ein Ort, das Schwerste zu lernen: Niedrigkeit und Demut. Für den listig-opportunistischen Jakob, den Gottesfeilscher, den Lügner und Schönredner, ist diese

* Übersetzung von F.L.

Demut, diese Niedrigkeit Erlösung. Im Todesschattental wird die Seele niedrig und gering; sie spürt ihre Irdischkeit, ihre Verletzlichkeit, ihr letztgültige Abhängigkeit vom Ausserhalb-ihrer-Selbst, von jemandem oder etwas, das sie vor Wahnsinn, Auflösung oder Tod bewahrt. Sie weiss nun um die Sehnsucht nach dem Bruder.

Diese dunkle Nacht der Seele erinnert mich an die allererste Dunkelheit vor der Schaffung der Welt, die aus der Leere kam, die aller Schöpfung voraus war. In diese Nacht steigt die Seele wieder hinab, bevor Neues geschaffen werden kann. In Jaakovs Seelennacht wird der Kreislauf der Welt erneut vollführt.

Das hebräische Wort, das im Deutschen mit „schlecht" übersetzt wird, heisst eigentlich „allein": „Es ist nicht gut", sinnt Geheimnis über Adam in Eden, „dass Mensch allein sei." „Allein" steht also für einen menschlichen Grundzustand und für den einsamen Gott steht „allein" ebenso.

Wenn Seele durch dieses Absterben wächst, mag Jaakov dies vielleicht rückblickend gemerkt haben. Hier wendete sich – Ja, ... Was? Er selbst nicht; etwas, ja, ihm Unbewusstes, ganz tiefgreifend in Körper und Seele; dadurch gesegnet, neu geboren, neu genannt. Eine Umkehrung – das ist die Natur dieses Vorgangs –, in der er zum Gegenstand wird, nicht mehr Initiant ist. In der Jordansenke ist er ganz unten. Nur Eines hält ihn jetzt noch von dem Abgrund zurück, in den er blickt. Ein Ort des Neubeginns. Das Licht dieses Morgens ist das Licht von der Genesis im Anfang: Ein neuer Lauf des ewigen Kreises im uralten Rhythmus beginnt.

Jaakov war allein. (32, 24)

Dort unten können wir uns Jaakov nur im Midrasch annähern. Ein Midrasch, der aus allem wächst, was wir von solchen Zuständen wissen. Für mich selbst kenne ich diese Einsamkeit, diesen stummen Schrei, dieses Sehnen, von dem ich weiss, es darf nicht getröstet werden. Ich kenne dieses Tal als Ort meines Lebens, tief, beängstigend, endlos, unbekannt und nie ermessen. Wenn mich dort etwas erfasste und wegholte von dort, war das selbst schon fast eine Gnade. So wie Jaakov, nach dem etwas griff, in jener dunklen Nacht. Wie sollte er wissen, wer oder was? Wie es beschreiben? Engel? Mensch? Gott? Bruder? Wahnsinn? Aus dem Nichts wurde es ihm, aus seiner Seele und ihm doch unbekannt. Oder aus Gott, weit über der Seele, um sie, ihr unmöglich zu erkennen? In jedem Fall: Etwas griff nach ihm, fiel ihn an, traf ihn, forderte ihn, verwundete, veränderte ihn.

Und Jaakov aber blieb allein zurück. Da rang ein Mann mit ihm, bis die Morgendämmerung sich hob. Als der sah, dass er ihm nicht beikommen konnte, schlug er ihm auf die Hüfte, sodass das Hüftgelenk verrenkt war durch den Kampf. Und er sprach: „Lass mich ziehen, denn die Morgendämmerung hat sich gehoben."

Er aber sprach: „Ich lass dich nicht ziehen, du segnest mich denn." Der Mann sprach: „Wie ist dein Name?" Er antwortete „Jaakov". Er sagte: „Nicht Jaakov soll fortan dein Name sein, sondern Jisrael, denn du hast mit Göttern und mit Menschen gekämpft und hast gesiegt."

Jaakov fragte: „Tu mir doch deinen Namen kund." Doch er sprach: „Frag nicht meinen Namen". Und er segnete ihn dort.

Und Jaakov nannte diesen Ort Peni-El (Gottes Angesicht). Denn er sprach: „Ich habe einen Gott gesehen von Angesicht zu Angesicht, und mein Leben ward gerettet". Und die Sonne ging auf über ihm. (32, 24–31)

Das Wort, das wir in unserem Text – je nach Übersetzung – als Kämpfen, Streiten oder Ringen lesen, heisst im Hebräischen *abaq*, was so viel heisst wie Staub. Das Verb meint im Kern also „zu Staub machen", „mit Staub bedecken" und „wie Staub vom Wind fortgetragen werden". Staub wird in anderen Kontexten mit Auflösung, Tod, Bedeutungslosigkeit verbunden. Bei *abaq* scheint im Hebräischen weniger eine Handlung, vielmehr ein Bild auf: Jaakov erscheint uns seltsam fern, in einer Wolke aus Staub. Wir sehen nicht, was wirklich geschieht, wir sehen nur die Bewegung. Wir können nicht sagen, was wirklich ist, wir sehen nur am Staub, dass etwas ist. Jaakov wird endlich aus diesem Staub auftauchen, hinkend; gefragt, was war, wird er sagen, er kämpfte. Mit wem? Oder was? Er weiss es nicht. Kann's nicht benennen. Wie ein Mensch, doch ein Mensch war es nicht. Ein Geist? Ja, wie ein Geist, wird er sagen, am ehesten. Vielleicht Gott selbst, murmeln wir? Und Jaakov wird schweigen, mit leuchtenden Augen, heller als das Morgenlicht. So könnten wir einen Mann befragen, der durch die dunkle Nacht der Seele gegangen ist. So könnte er antworten. Aus dem Staub kam der gleiche Mann vollkommen anders wieder heraus. Wir nennen Jaakov nun Jisrael: Eine heilige Wunde hat er und einen neuen Namen.

Die Wunde wird ihm zugefügt an einem Ort, der auf Hebräisch *jarech* heisst. Zum ersten bezeichnet dies den Ort, wo der Mann das Schwert trug, also die Hüfte. Es bezeichnet aber auch den Ort der Manneskraft und Zeugungsfähigkeit, mit anderen Worten seine phallische Energie, seine Fähigkeit, in dieser Welt mit einem gewissen Selbstbewusstsein sich zu behaupten. Etwas, das wir vielleicht am ehesten und der Körperregion am nächsten mit der „Kraft der Lenden" wiedergeben würden.

„Gürte deine Lenden" war also die Aufforderung, ein bestimmtes Kleidungsstück so anzuziehen, dass die Hüft- und Lendenregion geschützt ist. Wir verstehen das heute im Sinn von „Mach dich bereit". Wirklich aber sprechen wir dabei vom heiligen Ort aller Männlichkeit. Die Beschneidung erinnert noch ein wenig daran, dass dieser Sitz der Männlichkeit rituell verletzt werden muss, um zu einer neuen Macht aufzusteigen.

Avram wurde zu Avraham durch diese Verwundung seiner Manneskraft. Jaakov wurde zu Jisrael. Wahrscheinlich treffen wir hierbei sogar auf eine noch ältere, möglicherweise schamanische Initiations-Tradition: Der Mann wird verletzt, er bleibt derselbe, wird aber ein Neuer. Seine Wunde bezeichnet ihn als von der göttlichen Kraft Berührten; der Mythos vom Kampf wird zum Grundmythos eines ganzen Volkes. Auf diesen Moment führt sich die Geburt eines Volkes zurück. Jisrael ist der Gottes-Streiter, der Selbst-Ringer, der Bruder-Kämpfer, der weiss, was es heisst, auf sich gestellt, allein zu sein, und dessen Seele gebildet wird im Todesschattental. Jisrael wird zum Urbild aller Seelen, die jenen einsamen Kampf jedes Lebens kämpfen und einen Segen daraus verlangen und mit einer Wunde daraus treten, gebrochen von höchster Schwäche.

Dieser Segen bezeichnet die Annahme durch den Grossen Vater. Er ist endlich sein. Er will ihn. Nun hat er ihn. Nun weiss er, was dies heisst. Dieser Segen bindet *ihn* nun in den Bund, wie seines Vaters Segen und seines Grossvaters Segen diese in den Bund beschlossen, in die Beziehung mit dem Ewigen. Als Junger stahl er sich einen Segen, ohne jede Bedeutung für ihn. Jetzt ist er bereit. Viele Jahre Einsamkeit und Ferne haben in ihm den Mann geformt, der er nie ganz werden wird, den ich aber von Herzen liebe.

Über diese Stelle entstand der stärkste Bibliolog, den ich je leiten durfte: Unsere Gruppe kannte sich seit vielen Treffen, war vertraut mit der Anwendung der alten Mythen und Geschichten auf ihr alltägliches Leben. Die Aussicht, sich diesem Ringen zu widmen, kostete uns Wochen der inneren Vorbereitung, beispielsweise über die physische, ja intime Dimension solch eines Kampfes. Ein Ringen, das ausserhalb eines sportlichen Settings stattfindet, ist herausfordernd und faszinierend. Wir formulierten also unser Setting so, dass jede und jeder zu jeder Zeit sich aus dem Ringen nehmen konnte, ohne das Spiel verlassen zu müssen, also beispielsweise die Rolle eines zufälligen Wanderers in der Nacht übernehmen konnte. Jedes Nein in diesem Setting wollten wir akzeptieren.

Wir waren gegen zwanzig Leute. Weil wir ahnten, dass wir handgreiflich werden könnten, hatten wir für einmal nicht einen Gruppenraum, sondern den Ringer-Raum der Universität reserviert, mit Bodenmatten gut ausgelegt. Wir begannen mit ausgedehnten Aufwärmübungen. Dann lasen wir den Text laut und gemeinsam, ohne ihn zu kommentieren. Jede und jeder hatte den Text im Vorfeld für sich studiert.

Dann dimmten wir die Lichter im Raum bis fast zu Dunkelheit. Drei Männer schlugen die Trommel in monotonem Rhythmus. In der Dämmerung bildeten wir langsam einen Kreis. Leise bat ich alle, sich eine vorläufige Rolle im Text zu suchen. Dafür stand ganz Bereschit bis hierher zur Verfügung, alles Personal, jeder Mythos.

„Ich bin Kajin“
„Ich Hewel“
„Ich Avraham“
„Lot“
„Lots Frau“
„Ich will Jischmael sein“
„Ich Hagar“
„Ich bin Jizchak“
„Ich will als Sara zusehen und weinen“
„Ich spiele den Gegner“
„Ich bin Jaakov“
„Ich Esaw“
„Lasst mich Rivka sein“
„Schlange!“, „Gott!“ „Ein Engel?!“

Nicht alle meldeten sich, manche wollte ihre Rolle aus dem Moment des Spiels erschliessen.

Ich fragte eingangs alle: „Was bringt dich hierher?“

„Hab gehört, hier gibt’s einen Kampf. Ich hab viel loszuwerden.“ „Auch ich bin verwundet. Es sieht nur niemand, weil ich nicht hinke.“ „Ich will endlich den Segen meines Vaters." „Ich will an die Liebe in mir zu meiner Schwester rankommen." „Ich will meinem Bruder zeigen, wie sehr ich ihn beneide." „Will rausfinden, ob sich Männer segnen können." „Weiss echt nicht, wieso ich hier bin."

Wir lösten den Kreis auf meine Anweisung hin und gingen in unserer Rolle im Raum herum, suchten und fanden in uns eine körperliche Entsprechung für die Rolle, die wir uns gesucht hatten.

„OK", sagte ich, „Runde eins!"

Kajin trat in den Ring. Er forderte „Gott". Sein leidenschaftliches Ringen war gespeist von all der Ungerechtigkeit, die ihm widerfahren war. Dazu der Herzschlag von den Trommlern. Kajins Gegner stellte sich ihm schweigend. „Gott" zuerst nicht, obwohl Kajin begann, ihn anzuklagen, seine Wut ins Gesicht zu sagen. Irgendwann aber antwortete er: „Kajin: Mit was kämpfst du eigentlich? Du hattest doch die Wahl. Du hast dich dafür entschieden. Damit solltest du kämpfen." Damit trat „Gott" aus dem Ring.

Ein anderer Mann trat Kajin entgegen und gab ihm die Möglichkeit mit „sich selbst" zu ringen; eine ruhigere Begegnung. Manche Stimme kam aus dem Dunkel, den Kampf mit zu deuten: „Ich kämpfe mit meinem Stolz … meinem Ego … meiner Trauer … meiner Scham …"

Hewel trat vor: „Jetzt bin ich dran" und griff seinen Bruder an und warf ihn zu Boden. Auf seinem Brustkasten sitzend schrie er: „Du Arschloch!" wieder und wieder. Kajin schaffte es schliesslich, sich zu befreien, nur um gleich wieder niedergerungen zu werden. Endlich liess er vom Widerstand ab und schien bereit, seines „Bruders" Schmerz zu hören. Sie lagen nebeneinander, Zorn wurde mit der Zeit zu Trauer. Beide zitterten. Kajin bat um Vergebung. Wortlos umarmte Hewel ihn.

Avraham trat vor. Auch er wollte mit „Gott" ringen. „Ich bin wohl alt", sagte er, „aber einmal will ich dich nun körperlich spüren, unmittelbar." Ein anderer Mann stellt sich ihm und liess ihn spüren. Einige Augenblicke lang standen sie einfach so da, bewegungslos, und „Gott" nahm Avrahams Arm, doch als dieser losliess, bewegte sich die Hand „Gottes" an dessen Stirn, wie in einer Segensgeste, und Avraham liess seinen Kopf auf „Gottes" Brust sinken.

Jaakov war endlich dran. Doch er suchte noch nicht nach „Gott", sondern zuerst nach einem jüngeren Avraham, um mit diesem zu kämpfen: „Mit einem Avraham will ich kämpfen, ihm die Last seines Erbes um die Ohren schlagen. Ich hab nie darum gebeten, hab's nie gewollt." Ein Avraham zeigte sich bereit. Sie rangen und umarmten sich immer wieder dabei; sie lagen keuchend auf der Matte. „Ich wollte es auch nicht", sagte Avraham, „aber es war das Grösste in meinem Leben. Und endlich glaubte ich wirklich, dass ich es wollte."

Jizchak war dran, der gebrochene Vater; gebrochen lang, bevor er überhaupt Vater wurde. Jaakov sprang ihn voller Wut an: „Nun segne mich schon!" schrie er, „segne *mich!*"

Auch Hagar wollte kämpfen. „Und wer soll dein Gegner sein?" fragte ich. Sie wählte eine Sara. Zwei Wildkatzen kämpften mit Zähnen und Klauen. Alle Eifersucht, alle Angst, ihr Ausgesetztsein, ihr Hass! Schreie! Anklagen! Bis sie endlich merkten, dass sie einen gemeinsamen Feind hatten und schliesslich auch wieder mit „Gott" kämpfen wollten. Sie jagten „Gott" durch den Raum und irgendwann merkten wir die Komik dieses Bildes und hielten uns die Bäuche vor Lachen. „Gott" musste, irgendwann auf dem Boden liegend, zugeben, dass er ein Frauenhasser sei.

„Ich bin Jischmael! Ich will mit Esaw ringen. Wir sind beide stark, wir wurden beide übergangen und zurückgewiesen. Wir werden uns an unserer Derbheit erfreuen." Esaw trat denn auch vor und sie prallten aufeinander, feuerten einander an, rollten, griffen und balgten, und ihre Kraft schaukelte sich gegenseitig hoch.

Ringen als Berührungstanz, Trommler als Rhythmusgeber. Das regte auch andere an, sich einzubringen in das Gewühl. Man griff, umarmte, hielt und stiess sich, klammerte und drückte, und rang sich endlich wieder frei. Aus den alten Turnmatten stieg der Staub auf, während wir drauf fielen und rollten. Irgendwann beruhigte sich alles, man liess voneinander ab, lag keuchend auf dem Boden. Die Trommeln klangen bald wie ein sanfter Herzschlag. Nur noch Atmen und Stille hörte man. Endlich gab ich jedem und jeder, wer wollte, eine Augenbinde.

„Mit wem oder was in deinem wirklichen Leben hast du heute gekämpft?" fragte ich. „Erkämpfe dir nun einen Segen."

Ein letztes Mal hoben die Trommeln zu ihrem Rhythmus an. Ein blindes Ringen erhob sich. Zweiergruppen in ihrer jeweiligen Dunkelheit fanden sich. *„Nun nimm die Binde ab und nenn deinem Gegenüber deinen Namen und mit was du gerungen hast."* Auf diese Weise konnten wir aus den Rollen zurück in unsere Gegenwart finden. Alle waren jetzt von Geschichten erfüllt, die wir nun teilten. Wir spürten in uns eine neue Kraft. Als Gruppe hatten wir uns sogar neu gefunden und miteinander durch unsichtbare Bande verbunden. Wir spürten diese Bibelstelle nun körperlich. Wir hatten auch im Kampf den innigen Bezug von Energie und Materie be-griffen, Vorstellungskraft zu Schaffenskraft gemacht, Gefühle zu Form. Geist wurde auf direkte Art zu Körper.

Nach dieser Begegnung merkte ich deutlicher als je zuvor, wie weit wir in den uralten Text eingedrungen waren. Es schien mir nun, als könne dieses Ringen, Streiten, Kämpfen jeden und jede von uns in seinem und ihrem Inneren formen, bestärken, ein Leben als Ehepartner oder Mutter, als Vater oder Frau, Bruder, Schwester, Tochter, Sohn neu begreifen, im Bund mit dem Leben, mit Der Kraft selbst, Der Vorstellung, mit Dem Geheimnis, mit Dem Geschenk, das in und um sich enthüllt und erwächst. Ringen, Kämpfen oder Streiten sind männliche und doch sehr persönliche Metaphern für das Leben selbst. Seele wird gebildet durch Auseinandersetzung mit den letzten Dingen, mit seinem eigenen Wesen, mit Seinesgleichen und mit Gott. Dieser tiefenpoetische Ausdruck, dieses Paradigma scheinen mir, auch in ihrer Überhöhung, der Hauptzweck der Vätergeschichten zu sein. Andere spirituelle Traditionen scheinen mir dagegen in Vergleichen zu erschlaffen. Sie erzeugen eine insbesondere geschlechtslose Spiritualität, die jeglichem Körperlichen, Unmittelbaren, Primitiven und Sterblichem entsagt.

Ich hatte mich in meinen Dreissigern stark mit den geistlichen Traditionen des Ostens beschäftigt: Sie alle wollen nicht ringen, sondern Mantras singen, nicht kämpfen, sondern meditieren, statt Kampfgriffe Yogapositionen. Am Ende der östlichen Wege steht die Verschmelzung vom Ich und dem Anderen.

Wie ich den christlichen Weg kennengelernt habe, spricht dieser von Liebe und dem Logos. Den Christus beschreiben sie als erlösenden Sohn und begeisterndes Wort. Er hat von der Energie der Väter, denn er ist teilweise Mensch, und viele können gut nachvollziehen, wie er mit all dem rang, was von ihm gefordert wurde. Aber mit Gott ringen wie Jaakov? Solch Menschlich-Sterbliches wird nie von ihm berichtet. Andererseits kann er – in guter östlicher Verschmelzungstradition – sagen: „Der Vater und ich sind eins." Viele Männer und Frauen unterschiedlichster Traditionen haben Gott auf mannigfache Weise wahrgenommen. Alle Wege und Sichtweisen wollten anderen den Weg öffnen und die Quelle erschliessen.

Ich kenne aber tatsächlich keine andere Tradition, die den Kampf mit Gott als Weg zu Gott erkannte; übrigens kein Schaukampf, sondern ein Kampf, der alles einschliesst, was der Mensch ist, nichts aussen vor lässt, kein Funken unseres freien Willens unterdrückt wird. Wir dürfen Gott nichts von uns ersparen, sagen uns die Vätergeschichten, nicht unseren Zorn, nicht unsere Sexualität, nicht unsere Aggression, nicht unsere Leidenschaft, Gott selbst gleich zu sein, ja besiegen zu wollen. Soll Gott für immer entfernt und unnahbar bleiben? Ja, sagen die Väter, Gott ist Geheimnis, unermesslich, abgründig, unerklärlich, unbegreifbar und ewig Anderer. Und, fügen die Väter ohne Furcht vor Paradoxie oder Logik an, mit Gott könne auch gerungen werden, leidenschaftlich, innig, wie mit einem Bruder.

Ich als Kämpfer, Streiter und Ringer bin gewachsen an diesen Geschichten, denn man bekommt sie nie in den Griff. Ich würde sogar sagen: Ich bin immer wieder und immer noch verstört durch die Geschichten im Anfang. Wahrscheinlich werde ich es auch nie wirklich schaffen, genügend auf die blutigen, dunklen, unbezähmbaren Traditionen hinzuweisen, die unserer eigenen Tradition vorausstehen. Die dunkle Seite Gottes, der Väter und ihrer Geschichten verfolgen mich weit grimmiger, als meine Nacherzählung derselben vermuten lässt. Es ist Wunschdenken, durch genaue Untersuchung die gewalttätigen oder bösen Seiten wegerklären zu wollen oder sie durch unsere abendländische Auslegung als überwunden und transzendiert zu deklarieren. Das Tierische, Primitive in unserer Seele, das Ekstatische und das Wilde, Licht und Schatten sträuben sich gegen alle Korrekturprogramme. Die Welt, die wir schufen, mag uns lehren, wie wir alles seit Jaakov und Kajin übertroffen haben.

Ich habe mit all diesen Texten gerungen und gekämpft. Sie erwiesen sich als unsicherer Grund, als sperrig, intensiv und unermüdend widerspenstig. Sie haben mich ergriffen und ich liess mich packen. Meine Vorstellungskraft wurde durch diese Mythen erweckt und geformt. Die Rollen und Figuren widerstanden einfacher Zeichnung, die Worte changierten in vielen Bedeutungsfarben, und die Ideen dahinter entzogen in ihrer Subtilität sich linearer, monokausaler Deutung. Der Ringer fragte, rang mit Fragen, Antworten suchend, und wurde endlich zurückgewiesen. Wieder und wieder fühle ich, dass die Mythen mich besiegt haben.

Ich bin aber nicht nur Leser der Worte, sondern auch Schreiber. Hinter der Fassade dieses Buches gibt es zahllose andere Versionen, mit denen ich es nochmal versucht habe, und wieder versucht habe, anders zu sagen. Oft habe ich auch probiert, mein Ego aus dem Weg zu rollen, damit das, was gesagt werden wollte, trotz meines Egos durch mich sprechen konnte. Ein solches Ringen mit Worten und Bedeutungen hat mich manchmal müde zurückgelassen, manchmal euphorisch.

Dieses Ringen, Kämpfen, Streiten: Es ist ein inneres Bild für mich. Eine Weise über mich, meine Seele, meine Gedanken, meine Beziehung, meine Eltern, meine Kinder, meine Lebenserfahrungen, meine Freundschaften meine Lebensträume, meine Brüche und meine Unversöhntheiten, meine Lüste und meine Dämonen zu reden.

In der Tradition von Jisrael stehen manchmal auch moderne Poeten. Zuweilen kommen sie dem tiefen Sinn sehr nahe. Wie Rilke in seinem Gedicht *„Der Schauende"*:

Ich sehe den Bäumen die Stürme an,
die aus laugewordenen Tagen
an meine ängstlichen Fenster schlagen,
und höre die Fernen Dinge sagen,
die ich nicht ohne Freund ertragen,
nicht ohne Schwester lieben kann.

Da geht der Sturm, ein Umgestalter,
geht durch den Wald und durch die Zeit,
und alles ist wie ohne Alter:
die Landschaft, wie ein Vers im Psalter,
ist Ernst und Wucht und Ewigkeit.

Wie ist das klein, womit wir ringen,
was mit uns ringt, wie ist das groß;
ließen wir, ähnlicher den Dingen,
uns so vom großen Sturm bezwingen,
– wir würden weit und namenlos.

Was wir besiegen, ist das Kleine,
und der Erfolg selbst macht uns klein.
Das Ewige und Ungemeine
will nicht von uns gebogen sein.
Das ist der Engel, der den Ringern
des Alten Testaments erschien:
wenn seiner Widersacher Sehnen
im Kampfe sich metallen dehnen,
fühlt er sie unter seinen Fingern
wie Saiten tiefer Melodien.

Wen dieser Engel überwand,
welcher so oft auf Kampf verzichtet,
der geht gerecht und aufgerichtet
und gross aus jener harten Hand,
die sich, wie formend, an ihn schmiegte.
Die Siege laden ihn nicht ein.
Sein Wachstum ist: der Tiefbesiegte
von immer Größerem zu sein.[8]

Und Jaakov hob seinen Blick und sah Esaw kommen. (33,1)

Dass Esaw nun wirklich kommt, scheint überholt, meint man doch, der Kampf liege schon hinter Jaakov. Bereschit schweigt über den Kampf Esaws mit sich selbst, wiewohl es ihn gegeben haben muss, denn die erwähnten Streitkräfte tauchen nicht mehr auf, er muss sie zurückgezogen haben. Vierhundert Männer sind eine Streitmacht, die von grosser Wut zeugt. Doch Esaw scheint zu vergeben, obwohl er am meisten zu vergeben hätte. Er ist es, der sich weit mehr verändert hat, als Jaakov. Vornehm, fast höfisch wirkt die Szene:

Und Esaw eilte, ihn zu treffen, umarmte ihn, fiel ihm um den Hals, küsste ihn und sie weinten. (33, 4)

Diese Versöhnung sollte nie wieder gestört werden. Die Bruderschaft der beiden Männer entspricht nun ihrer Lebenserfahrung und Reife. Jaakov erfährt nun in Esaws Gesicht eine Art Offenbarung: „Ich sah dein Angesicht, als sähe ich Gottes Angesicht" (33, 10). In diesem Moment wird Jaakov gewahr, dass Gottes Angesicht wenn überhaupt irgendwo erkannt werden könne, dann im Angesicht des Bruders. Esaw wurde für Jaakov zum Engel. Er legt seinem Bruder ein Geschenk – hebräisch *mincha* – zu Füssen. Die Tora nutzt das gleiche Wort, dass jenes „Opfer" beschreibt, das das erste Brüderpaar Kajin und Hewel auseinanderbrachte. Nun geschieht *mincha* auf gleicher Ebene, nicht von einem Menschen zu Gott. Esaw nimmt das Zeichen der Versöhnung an. Esaw bietet Jaakov die Felder neben seinen als Weidegrund an und zieht vor Jaakov her, der folgen soll. Doch Jaakov schlägt höflich aus, wohl wissend um die Notwendigkeit gebotener Distanz, damit die Brüder in Frieden leben.

---

8 Nach: Rilke, Rainer Maria: „Das Buch der Bilder", Berlin/Leipzig/Stuttgart 1902.

Gemäss der Thora trafen sich die Brüder einmal noch wieder, am Grab des Vaters, in der Höhle Machpelah. Sie standen dort, wie zwei andere Brüder vor ihnen, Jizchak und Jischmael, zum selben Zweck. Die Brüderpaare in ihrem jeweiligen Schatten legen nach den Jahrtausenden Zeugnis ab davon, dass Versöhnung auch zwischen Brüdern möglich ist.

14

Devora: Ein Midrasch

Debora, die Amme Rivkas, starb und wurde begraben unterhalb von Beth-El, unter der Eiche; und man nannte sie Allon-Bachut, Klageeiche. (35, 8)

Als ich einmal vor einigen Jahren Rabbinerinnen und Rabbiner in meiner Methode des psychodramatischen Midrasch ausbildete, beschäftigten wir uns mit dem Leben Esaws. Ich lernte von diesen belesenen und erfahrenen Frauen und Männern die vielen kleinen Hinweise lesen und zu einem Gesamtbild verbinden. Aus dieser Gruppe gab mir eine Frau jenen Hinweis, der zu diesem Midrasch führt: Devora. Sie wird nur am Rande erwähnt und die wenigen Zeilen oben sind der einzige Hinweis auf ihr Leben. Sie stehen nach der Wiedervereinigung der Brüder, nachdem Jaakov sich wieder in Kenaan angesiedelt hatte, nachdem Rachel auf dem Kindbett starb, als sie Jaakov den letzten Sohn gebar, nachdem ... Aber das soll euch alles Devora selbst sagen.

Ich starb, weil es nichts mehr für mich gab, wofür ich leben musste. Ich hab die Welt, für die ich lebte, einstürzen und verschwinden sehen. Ich habe die Werke Des Vaters gesehen, und wollte nie mehr etwas mit ihm zu tun haben.

Was ich wusste, nahm ich mit: Geheimnisse, die niemand mehr hören wird, nicht nur aus dem Hause Jaakovs, und vor ihm Labans, und vor ihm Bethuels. Nein, auch Geheimnisse der Göttin, ihrer Wunder und Wege. Von ihr werde ich hier nicht reden. Aber das Wenige, das ich sagen werde, soll einige Dinge klären. Hier, unter der grossen Eiche, will ich reden über Dina.

Zu mir einige Worte: Ich wurde benannt nach der Biene „deburah", ein uralter Name, nach meiner Grossmutter, die schon in Nahors Haus diente, als Amme von Terah. Sie erzählte mir von ihm und seinen Söhnen. Sie war dabei, als Avram fortzog. Sie wusste, warum Haran starb und nahm mir den Eid ab, es niemandem zu sagen. Lang ist das her, lang.

Meine Mutter, Devora, diente Nahors Sohn Bethuel. Bethuel heiratete Milka, die gebar ihm Zwillinge, Rivka und Laban, er älter um einen Augenblick, als Mann dann doppelt ihr Herr. Als dritte Devora in der Reihe war ich Rivkas Säugamme. Später war es meine Pflicht, Laban über sie zu berichten. Er konnte nach seinem Vater über mich bestimmen.

Rivka war nicht wirklich auf mich bezogen, hatte ihren eigenen Kopf, wie ihr Bruder war sie, ja wirklich. Es ist etwas sehr Seltsames in dieser Familie, vom alten Terah an bis zu Laban und Rivka; würde keinen von beiden unbeobachtet den Rücken zudrehen. Laban hielt sie wie ein Tyrann, klar, dass sie die Chance ergriff, als Eliezer kam, um wegzukommen. Ein eigensinniges Ding, das war sie.

Laban, Herr Laban, befahl mir, ein Auge auf sie zu haben, als sie sein Haus verliess. Er wollte dem Gesandten Avrahams nicht glauben, dass er nur eine Frau für seinen Sohn Jizchak suche. Ein Kind war sie fast noch, als sie wegzog aus Haran.

Ich diente ihr, als sie Jizchak heiratete, hätte ihr Vater sein können. Ruhig war er und behandelte mich gut und liebte meinen kleinen Esaw. Jaakov, recht gehört, *meinen.* Als die beiden Knaben geboren wurden, nahm sie Jaakov zu sich und liess mir Esaw. Ich säugte ihn, lehrte ihn das alte Wissen. Mein Herz brach jedesmal, wenn ich sah, wie sie ihn behandelte, und wie Jaakov. Als er in die Hettiter einheiratete, wollte sie ihn enterben, machte dem Jizchak das Leben schwer mit ihrem Gejammer. Aber Esaw liebte seinen Vater, auch nachdem Jizchak ihn betrogen hatte. Er kam zu mir und gestand mir gar, er würde ihm vergeben, um des Friedens willen. Rivka hat dann die Mär erfunden, Esaw habe Jaakov aus Wut töten wollen, um Jaakov eine Entschuldigung zu geben, nach Haran zurückzukehren, um dort, unter ihren Verwandten, eine Frau zu finden. Sie drehte einem das Wort im Munde um, die Frau, wenn man nicht aufpasste.

Ich sagte Esaw: „Geh und suche, wo der Bruder deines Vaters wohnt, Jischmael, mit dem du so viel gemein hast." Er ging und es ging ihm gut dort, er gedieh. Man nannte ihn Edom dort, doch für mich blieb er immer Esaw.

Rivka hörte dann, Jaakov werde Labans Tochter Rachel heiraten. So sandte sie mich zurück zu Laban, um Rachel zu dienen, als Geschenk ihrer Hochzeit. Es hatte sich nichts geändert seit damals. Und Jaakov zappelte in Labans Netz, warb blind um Rachel. Laban machte ihn so betrunken, dass er nicht einmal merkte, wer ihm in jener Nacht zugeführt wurde. Lea war erniedrigt und Rachel verbittert, beide vom Vater. Laban wollte einen Knecht auf Lebenszeit – verheiratet mit zwei Schwestern! Cousins heiraten Cousinen, ständig; das ist eines der vielen Geheimnisse dieses Clans.

Ich muss nicht mehr weitererzählen, nicht wahr? Ihr kennt den Rest. Kein Augenblick Frieden in diesem Haus. Die Ungeliebte wurde über die Geliebte gestellt, weil sie Söhne gebar. Jaakovs und Labans Rivalität wurde als Fluch auf die Töchter übertragen. Und die Söhne, selbst die der Nebenfrauen, waren wie Hunde: jeder an eines anderen Hals.

Ich beobachtete. Ich unterrichtete die Mägde. Unter den Söhnen fand ich keinen mit Ehrfurcht vor der Göttin, mit Esaws offenem Herzen. Keiner war, dem ich die Wunder und Geheimnisse lehren würde, die ich von meiner Mutter gelernt hatte, und die von ihrer, seit Generationen zurück. Eine nur war, das Mädchen Dina. Ich war ihr Gross-Mutter, und sie nahm die Geschichten auf, und bewahrte sie in ihrem Herzen. Oft sagte ich ihr von Esaw, von seiner Art, und warnte sie vor ihren Brüdern und ihresgleichen. So trag ich etwas Schuld daran, was geschah, als wir gingen, besser flohen vor Laban und nach Kenaan uns wandten.

Es geschah später, nachdem Jaakov den Namen Jisrael erhielt, nachdem die beiden Brüder sich fanden, und weinten. Sie schieden, nicht ohne eine weitere Lüge Jaakovs, er werde sich hinter Esaw ansiedeln. Doch als Esaw ausser Sicht war, zog Jaakov blitzschnell gen Norden und siedelte ausserhalb von Schechem, kaufte dort gar Land von Hamor, dem Haupt des Ortes.

Wollt ihr die Lügen hören, was die Schreiber später in das schändliche Buch Des Vaters geschrieben haben:

> *„Und Dina, die Tochter Leas, die sie Jaakov geboren hatte, ging aus, um sich unter den Töchtern des Landes umzusehen. Da erblickte sie Schechen, den Sohn des Hiwwiters Hamor, des Landesfürsten, und er nahm sie, lag bei ihr und tat ihr Gewalt an.“*

Habt ihr gehört: „Gewalt“? Das heisst einfach, er habe sie vergewaltigt. Die Geschichte war ganz anders, als Dinas Brüder – ganz Jaakovs Söhne! – sie hinbogen: Dina liebte Schechem und fragte ihren Vater wiederholt um die Erlaubnis, ihn heiraten zu dürfen. Stammesfürst und Sohn seiner Mutter, der er war, verbat er es. Doch was können schon väterliche Verbote gegen eine junge Liebe ausrichten? Nichts. Ach, die kleine Dina, sie teilte alles mit mir: Sie liebte Schechem wegen seiner Zärtlichkeit. Und sie schätzte die hiwwitischen Frauen wegen ihrer Selbständigkeit und ihres Wissens um den alten Weg. Sie, die nur von ruppigen Brüdern und unreifen Frauen umgeben war, fand Schwestern unter den fremden Frauen.

Schechem war ein Königssohn und nahm sie, um mit ihr zu leben. Es war sein Vorrecht und seine Freude. Das nannten die Brüder dann „Gewalt antun“. Und daraus leiteten sie die teuflische List ab, die Hiwiter zuerst zur Verbrüderung durch gegenseitige Heiraten einzuladen, unter der Voraussetzung, dass die Männer beschnitten seien. Und als die erwachsenen Männer unter dem „Wundfieber“ nach der Beschneidung litten (34, 25), schlachteten sie Schechem und seine Männer ab und raubten alles, was sie bei ihnen fanden. Und dann geschahen wirklich Vergewaltigungen, erst dann! Die Gerüchte zogen übers Land, wie der Rauch über die Trümmer. Eine Landplage habe Einzug gehalten, ein dunkler Stamm aus dem Osten, Jisrael genannt. Sie vergelten Freundlichkeit mit Feindschaft und Unfreundlichkeit mit Schrecken. Seht euch vor und mischt euch nie mit diesem Volk. Sie sind eifersüchtig und beten diesen schrecklichen und übermächtigen Gott an. Sie ziehen mit ihrer Beute und ihren Sklaven und Herden durch die Lande. Schechem liegt in Trümmern hinter ihnen. Seht nur den Rauch über den Bergen dort.

Ich sage euch: Das brachte Dina um. Als wir schliesslich Beth-El erreichten, war sie nur noch ein Schatten ihrer selbst, hatte gefastet bis zum Umfallen. Sie hatte mitansehen müssen, wie ihre Brüder ihren Geliebten vor ihren Augen abschlachteten und ihre ‚Schwestern‘ aus seinem Stamm von den Männern Jisraels vergewaltigt wurden. Ich sah sie vergehen, sah das letzte Leuchten in ihren Augen verglühen. Ich fürchtete um sie, sie war doch so schwach. Leah hatte Jaakovs Bett und Gunst, und ihre Söhne taten, was ihnen gefiel; sie machten den Bund zu einem Gespött und wurden statt Segen zu Wölfen dem Land.

Dann, auf dem Weg nach Beth-El, verlor Jaakov seinen Verstand. Kreischend und rasend fluchte er uns an: „Schafft die Götter der Fremden weg, die unter euch sind, und reinigt euch und wechselt eure Kleider.“ Und so mussten wir alles Vertraute hergeben. Jaakov selbst kam in mein Zelt und nahm meine Amulette, meine Medizinsäckchen, mein Ammenkräuter und alle heiligen Zeichen der Grossen Mutter und verbrannte sie eigenhändig.

In dieser Nacht des Rasens starb auch Dina. Leah weinte, und Rachel tröstete sie. Bis tief in die Nacht hielten sie sich fest und begriffen, welch Fluch durch Jaakov über sie beide gekommen war. Sie erbaten Vergebung beieinander und schämten sich, für das, was geschehen war. Ich war zu schwach, mich um sie kümmern. Ich sah in die Zukunft, und sah nur endlosen Krieg unter den Menschen, aus Eifer für ihren Gott. Mit wurde übel beim Anblick dieser Macht.

Ich flüchtete hinunter nach Beth-El zu der grossen Eiche, die das Tal überblickte, um die Totenklage für das Mädchen zu erheben. Und alle Frauen von Schechem kamen und stimmten mit ein, denn sie wussten, Dina war eine von ihnen. Unsere Klage füllte die Täler und es schien mir, die Grosse Mutter selbst schloss sich uns an in dieser Nacht. Kein Mann wagte sich uns zu nähern.

Dinas Tod und die Klage kosteten mich die letzten Kräfte. Ich bat Rachel und Leah, mich zur Ruhe zu betten zu Füssen der Eiche.

Grabt tief, sprach ich, entblösst die Wurzeln, legt mich hinein in die Wiege der Erde. Sie schworen's zu tun.

Ich will euch sagen über den Gott Jaakovs, der nie meiner war: Er zeigt, wie man sein Knecht sein kann, in seiner Gunst stehen und trotzdem ein gemeiner, brutaler Mann sein. Seht euch Jaakov an und ihr wisst, dieser Gott verlangt von seinen auserwählten Söhnen nicht Güte. Grausamkeit in seinem Namen verkündet er zu seinem Wohlgefallen, so grausam wie er selbst ist. Und dieser primitive Gott auf ihren Altären, für den sie sich und ihre Söhne verstümmeln: Wie kümmert er sich um sie? Er, der Gott, der keine Schönheit und Sanftheit kennt, er kann nicht zufrieden gestellt werden. Er senkt die Heuschrecken über die Felder und führt die Flut über die Welt. Seht euch seinen Jaakov an, der seinen Bruder betrog und eine Höllenbrut von Söhnen in die Welt zeugte, die, ohne Ausnahme, einer gieriger, gewalttätiger und hinterlistiger sind als der andere. Seht ihn euch an, den mächtigen Stammvater von El! Diese Brut soll das Land erben? Sagt mir, wie! Ein Stamm, dessen Führer seine Söhne nach dem Gemetzel an den Hiwitern lauwarm tadelte und sprach: „Ihr habt Sorge über mich gebracht", wohl weil er um die eigene Haut fürchtete. Was für ein Vater ist das?

Und noch eines weiss ich, hörte es durch die Wurzeln und Zweige, sollte es aber nicht mehr erleben: Derselbe Jaakov änderte den Namen des jüngsten Sohnes, den ihm die sterbende Rachel gab, von Bin-Oni, dem ‚Sohn meiner Trauer' zu Bin-Jamin, dem ‚Sohn der Stärke'. Er sagte, er habe Rachel geliebt. Warum dann begrub er sie am Wegesrand. Lea liegt mit ihm in Machpelah. Dafür hat sie schon gesorgt. Aber Rachel? Wer wird um sie trauern? Sie liebte ihn, doch lebte sie im Schatten der fruchtbaren Schwester, zuerst ohne Söhne, dann doch noch mit Josef, dem schönen, dem zarten, verzogen und mühsam, von Stunde an. Als dann endlich ihre Zeit gekommen zu sein schien, Mutter zu werden, starb sie. Alles hat sie verloren. Jaakov schluchzte, zog sich in sich selbst zurück; überliess den Stamm den Söhnen, nie mehr Vater von da an. Dann nahm Ruben, der Wolf, Rachels Nebenfrau Bilha zu sich, schlief mit ihr, machte sie zu seiner Hure. Hör zu, ja, hör nur genau zu, und erfasse die Widerwärtigkeit der Kinder von Jisrael.

Von diesem Gaunergott und seinen elenden Söhnen gibt's tausend Geschichten zu erzählen. Der Baum über mir hat sie alle gesehen, hat sie mir alle erzählt. Viele Geschichten fanden nie ihren Weg in das Buch der Bücher. Überhaupt: Was wissen denn schon die Bücher? So viele Geschichten wurden erzählt entlang der Karawanenpfade, auf und ab, und wie viele blieben? Nur die wenigen in ihrem harten Buch, Geschichten wie von der Wüstensonne gebleichte Knochen, abgenagt von Geiern.

Die Grosse Mutter kannte keine Bücher. Wer sollte da schon diesen Buch-Gott verstehen. Er, der seine Männer in die Berge ruft, und dann kommen sie zurück mit glasigem Blick und ausgehungert, aber glühend von einer Vision. Und dann gehen sie hin und rauben und morden und plündern, tun einander Gewalt an und ihren Frauen und Kindern im Namen eines Gottes ohne jeden Funken Anstand. Dann erzählen sie markerschütternde Geschichten von El, oder Adonaj oder Elohim oder El Schaddai und wie sie alle heissen, wer kann sie schon auseinanderhalten? Diese Welt zerstören, das tun sie. Würde die Grosse Mutter das tun? Ich frage dich: Würde sie? Und dann diese Geschichte von Eden und von Schlange, nach der dann alle Frauen als weich und formbar dastehen. Sie sei's gewesen, wegen ihr haben wir alles verloren: Eine Männergeschichte. Schuld ist die Frau, sie ist schuld. Sogar bei Dina haben sie das noch gesagt, sie habe Schechem versucht und brachte so Tod über sich. Mir wird schlecht, wenn ich an das alles denke.

Wo wir schon über Frauen reden: Zeig mir eine, nur eine in ihrem Buch, die man sich als Freundin, als Schwester suchen würde. Hagar, ja, vielleicht, aber auch nur sie. Und sie wurde als einzige verstossen. Lea und Rachel liebten einander, bis Laban sie für seine hinterlistigen Zwecke missbrauchte. Dann Jaakovs unstillbarer Durst nach Söhnen, und immer wieder Söhnen, der hetzte sie gegeneinander auf. So wahnsinnig wurden sie, würdelos, dass sie wie Zwillinge waren, die der Grosse Vater entzweit hat, wie er entzweit hat die Herzen aller, die er berührte: Ihren Geist füllte er mit Träumen und Versprechen, ihr Herz blieb leer und einsam.

Warum wohl sind alle Frauen unfruchtbar, bis ihr selbstgefälliger Gott sie fruchtbar macht? Ist ein Fruchtbarkeitssegen wirklich die Aufgabe eines männlichen Gottes? Lächerlich! Ich würde vor Lachen brüllen, wäre es nicht so grausam. Denn sie alle glauben das, mit all ihrer Kraft, und haben die Grosse Mutter zerstört und all ihre Dienerinnen versklavt. Oh, ich habe die Geschichten alle gehört. Ich kenne sie gut. Lest sie, sie stehen alle in ihrem Heiligen Buch: Männer, die ihre Frauen verkaufen oder sie als Schwestern ausgeben, wie Huren, die sie reich machen sollen. Genug davon, genug!

Sie mögen ihren Gott haben und seine Geschichten. Sie haben's einander verdient. Sie mögen auch die Geschichte neu erzählen. Vergessen all die Götter der kleinen Leute und einfachen Dörfer. Sie mögen sie alle unterdrücken. Wir, die wir kennen die Grosse Mutter, wissen, dass sie Myriaden Formen annehmen kann, immer neu wie der Frühling. Sie ist nicht eifersüchtig auf andere Götter und Göttinnen. Sie weiss, sie ist die Mutter von allem.

Nicht wie dieser Gott von Jaakov, der neidisch ist und unvorhersehbar, rachsüchtig und ohne Güte oder Gerechtigkeit. Ich bedaure seine Propheten und Priester; ich fürchte jene, die ihn anbeten und den Glauben an ihn weitertragen.

Jaakov ging zu weit, als er unsere alten Zeichen verbrannte. Viel zu weit. Die Mutter wird sich rächen und zurückkehren, wenn es Zeit ist, denn sie wird den Vater überleben, der – am Ende – doch nur einer ihrer Söhne ist.

Ich schau zurück und würde die Brüder bedauern, wenn ich sie nicht fürchtete. Was willst du erwarten von jemandem, in dem nie Leben heranwachsen wird. Die Kraft, die Leben gibt, das in dir wächst, ist eine ganz andere als die Macht über Leben, die sie zu haben meinen. Welcher Mann kann die Bindung ermessen, die ein Kind zu seiner Mutter hat? Das Wissen der Amme ist meine Weisheit. Ich brauche keinen Gott in Gedanken, den Weltenlenker. Ich verstehe, dass das Wesen einer Frau grösser ist als ihr Bauch; auch wir haben Seele, und alles in uns sehnt sich nach Gemeinschaft und Sinn. Ich war meinem Volk Lehrerin, nach meinen Tagen als Amme; ich brachte den Frauen die Gesänge bei und die Tänze und die Riten um Geburt und Tod. Ich war meinem Volk Heilerin. Wir sind nicht *nur* Mütter; wenn unsere Kinder uns verlassen, dann ist da noch viel anderes Leben, inneres und äusseres, zu leben.

Doch scheinen wir zu wissen, nicht wie Männer, dass Leben etwas Kleines und Sterbliches ist. Wahre Kraft, wahre Macht beginnt im Herzen. Macht ohne Liebe gibt es nicht. Nenn micht ruhig eine sentimentale Alte! Aber über all ihrer Geschäftigkeit und all ihren Plänen und Träumen und Bünden verpassen sie das wahre Leben. Die Welt wartet – noch – immer auf jemanden, der sie in ein Land führt, wo diese einfache Wahrheit gilt.

Aber eben, ich … ich erlebe das nicht mehr. Ich liege unter der Eiche, wo ich einst weinte. Rachel und Leah beweinten mich, und wenn dann irgendwann ihr Buch geschrieben wird, wird nur mein Grabstein dort berichten:

> *Debora, die Amme Rivkas, starb und wurde begraben*
> *unterhalb von Beth-El, unter der Eiche; und man nannte sie*
> *Allon-Bachut, Klageeiche.*

Lasst mich nun ruhn, in Frieden.

15

Der Mythos von der Macht

Die Schärfe von Devoras Kritik gleitet durch alle Überheblichkeiten der Väterherrschaft wie ein Messer durch Butter. Alle wissen jetzt bereits, dass es eigentlich meine eigene, kaum verhohlene Kritik ist. Ich drücke in Devora meine eigene postpatriarchale Sicht auf die Väter aus. Sie ist Ausdruck meines eigenen Ringens mit den Vätern. Ihr Widerspruch ist mein Widerspruch gegen den Mann in mir, dem eine gewisse geheime Kumpanei mit den Brüdern naheliegt. Nach Chawa und Jischmael ist sie die dritte Figur in diesem Zyklus, die den Blick von unten, vom Ausgestossenen einbringt. Alle drei entrechtet, alle drei keine Auserwählten Gottes, sondern Übersehene.

Besonders Devora erlaubte es mir, das Hauptthema der Geschichte des letzten Vatersohnes anklingen zu lassen: Josef. Sein Thema ist die Macht. Josef ist der elfte Sohn von Jaakov und der erste mit Rachel. Josefs Geschichte steht in den letzten dreizehn Kapiteln der Genesis und füllt doch ein Viertel des gesamten Volumens. Wie seine Vorfahren gerät Josef aus seinem Heimatland in die Fremde, doch hat er – wie jene – keinen göttlichen Ruf oder nomadische Lebensweise, als Hirte oder Stammesführer. Zwar lebt Josef sein Leben als Fremder, doch am Hofe eines Königs, in dessen Hierarchie er den zweithöchsten Platz erringt, nach dem Pharao selbst.

Man könnte nun einwenden, dass alle Vätergeschichten das gemeinsame Thema der Mytheologisierung von Macht haben. Die Väterherrschaft trägt diesen Anspruch ja schon im Namen: Patri-archat. Sie trägt ihren Namen übrigens zu Recht, wegen ihres doppelten Fokus auf die menschliche und die göttliche Dimension des Wortes. Es geht dem Buch tatsächlich um Macht. Die Idee einer männlichen Gottheit, des Grossen Vaters, in die alle Macht – Allmacht – projiziert wird, entspricht der männlichen Fixiertheit auf ihre Potenz. Diese Gottheit schafft eine Welt von Männern, in der es um Macht und Gehorsam geht, um Herr und Knecht, um Dominanz und Unterwerfung, Einfluss und Status. Gemäss der Mytheologie der Genesis war Er es, der – vor allem anderen – die Welt schuf und dem Mann einen Platz als Herrscher über die Natur bereitete. Er schuf die Geschlechterrollen. Er schuf und verwarf und zerstörte seine Schöpfung, Flut und Neuschöpfung: Alles Er. Er beruft, verspricht, verbindet und äschert ein und gibt allem seinen Namen. Entweder ist Er die edelste aller Kreaturen Des Buchs oder dessen Höchster Schöpfer; entweder Einbildung oder Abbildung von Allem; immer aber wird der Grosse Vater seine Welt bestimmen, durch Schweigen oder Reden, durch Offenbarung oder Verhüllung. Sein Schatten liegt über Allem und alle Geschichten haben nicht seine Liebe zum Thema, sondern nur seine Macht.

Macht ist das Thema von Bereschit und ist sein Geheimnis. Die physikalischen Kraftfelder, die die Welt ordneten, sind Entsprechungen zu den Kraftfeldern in der menschlichen Seele, geformt aus Verschmelzung und Abstossung, aus Imagination und Naturgesetzen. Josef lebt wie schon seine Vorfahren Avraham, Jizchak und Jaakov in beiden Welten, und wie ihre Seele, wird sie geformt durch ein Wechselspiel von beiden Seiten.

Josef gehört zu den wenigen Figuren aus Thora und christlicher Bibel, die mit der Versuchung der Macht wirklich rangen. Zu seinen guten Zeiten ist Josef fast gottgleich, und seine Macht drückte sich verschieden aus: Er schuf neue Strukturen für Zivilisation im politischen und wirtschaftlichen Bereich, hiess Leute siedeln und aufbrechen, leben und sterben; er hatte sogar Macht, dass Menschen ihm in Liebe verfielen oder sich verzehrten, unendliche spirituelle Macht, ein überirdisches Karma. Josefs Seele wird in den Gebrauch dieser Macht initiiert, und wird erst dadurch zum Mann.

In der letzten Phase von Josefs Reife geht Bereschit sogar noch eine Stufe weiter. Josef bemerkt – und wir mit ihm – den Höhepunkt und den Wendepunkt von Macht. Die letzte Initiation seiner Seele geschieht in einem neuen Bezugsrahmen, der hiermit geschaffen wird, und von nun an gilt: Er wird zum Bruder unter Brüdern.

Josefs Lebensgeschichte zerfällt in drei Teile: seine Jugend, sein Aufstieg zur Macht und seine Wiederbegegnung mit den Brüdern und dem Vater.

Als er 17 war, hören wir in Bereschit zum ersten Mal von ihm. Wir lernen ihn beim Schafehüten kennen, umgeben von seinen Halbbrüdern und Mägden; wir hören weiter, dass er über die Halbbrüder seinem Vater nichts Gutes zu berichten wusste (37,2) und dass diese ihn verständlicherweise hassten. Vielleicht auch fürchteten, denn Jaakov bevorzugte Josef und stattete ihn mit einem ornamentalen Gewand aus, dem Mantel aller Farben.

Wir wissen aus all den anderen Geschwister-Geschichten nun, dass das Konfliktpotenzial aufs beste verteilt ist. In Josef, dem Verpetzer, erkennen wir den verkannten Favoriten, den Verbündeten des Vaters – Lügner oder Spion? Jaakov ist der Alte; blind für die offenbaren Gefahren, die auf seinen Sohn lauern, verhätschelt und bevorzugt er ihn. Der jüngste Sohn bekommt den Platz des Ältesten.

Gleich danach erfahren wir von Josefs zwei Träumen: Beide bringen Bewegung in sein Leben, deuten auf ein zukünftige hohe Bestimmung. Im ersten Traum war er auf dem Feld mit den Brüdern und alle banden Garben, als sich seine Garbe erhob und die von seinen Brüdern gebundenen sich verneigten vor seiner. Josef berichtet seinen Brüdern den Traum, und sie hassen ihn noch mehr als vorher: „Du willst König sein und herrschen über uns" (37, 8) halten sie ihm entgegen. Im zweiten Traum kommt es noch dicker: Sonne, Mond und Sterne beugen sich vor ihm. Wieder erzählt er den Brüdern, dieses Mal auch dem Vater. Seine Brüder „beneideten" ihn, sein Vater war verwirrt und beunruhigt (37,11).

Solche Träume von der Macht deuten auch für den Leser ein erstes Mal auf die aussergewöhnliche Zukunft Josefs hin. Obwohl der junge Mann bereits vom Vater und Stammesführer bevorzugt wird, träumt er immer noch gewaltiger: Die Welt, der Kosmos neigt sich vor ihm. Josef wird zum Zentrum seines eigenen Mandalas, zur Nabe, um die sich das Schicksalsrad dreht. Seine Brüder sagen zwar nichts zum zweiten Traum, aber erkennen klar, dass er sich mit politischer Macht befasst, damit, dass Josef herrschen wird – über sie. Sie erkennen nicht, dass der Traum auch ihre Verbindung mit dem Ganzen zeigt, wie sie ein dienender Teil sind, und gemeinsam im Kreis stehen.

Josefs Träume zeigen dies, doch der Träumer hat noch keine Vorstellung davon, welche Mühen ihm dieser Zweck abverlangen wird. Diese Träume stellen das Gesamtbild von Josefs grosser Vision dar. Sie sind Produkte seiner Einbildung, Gaben der Grossen Vorstellung, die er zum Leben erwecken wird. Bemerkenswert: Keiner der Träume enthält einen direkten oder indirekten Bezug auf Gott. Noch Jaakov, sein Vater, sah Gott in seinem Engelstraum neben sich. Und Avrahams Träume waren Verheissungen von Land und Zukunft; Josefs Träume nicht mehr. Zwar kreisen und zielen sie um Macht, doch ist ihre Bildsprache doppeldeutig und vielschichtig. Man braucht Mut, ihnen zu folgen, Mut auch, dabei einsam zu werden.

Wenn ich mit Gruppen über die Josefs-Träume arbeite, höre ich immer wieder Männer und Frauen, die von ihren Träumen und Visionen erzählen, wie diese sie beleben. Daraus und auch aus meinem eigenen Leben leite ich ab, dass Lebenssinn für uns genauso wichtig ist wie Familie oder Liebe, vielleicht sogar wichtiger. Ein Mann sagte: „Ich trau es mich gar nicht zuzugeben, aber dass mein Leben Sinn macht, bedeutet mir alles. Ohne Sinn kann ich nicht lieben und selbst meine Kinder können mir diesen Sinn nicht geben. Sie können mir vermitteln, dass ich emotional gebraucht werde, aber das ist etwas anderes. Wenn es um den Sinn meines Lebens geht, dann ist immer etwas involviert, das über mich hinausgeht. Es geht auch nicht darum, mich wichtig zu machen oder zu fühlen, jedenfalls nicht auf diese bekannte Ego-Art, sondern wirklich nötig zu sein."

In der Welt nötig zu sein, bedeutungsvoll, wichtig zu sein, das scheint für Männer besonders entscheidend zu sein. Ihre Träume davon sind wie Babys, die im Reich der Seele und der Vorstellungskraft geboren werden, im Unbewussten. Sie wachsen in unsere bewusste Welt hinein. Solche Träume sind eng mit unserer Kreativität und unserem Schicksal verbunden und letztlich auch mit unserem Tod. Wir haben alle den epochemachenden Satz von Martin Luther King in den Ohren: „Ich habe einen Traum." Sein Leben und sein Tod waren mit diesem Satz verbunden. Er liess sich von ihnen führen und fand seine Bestimmung durch sie. Und solche Träume haben die Kraft, uns zu träumen.

Yeats schrieb einst die Sentenz „In Träumen beginnt Verantwortung". Nicht nur Künstler wissen um die Bedeutung der Träume. Jede und jeder von uns hatte bereits solche Träume, von denen wir wach wussten, dass sie wichtig waren. Sie haben die Kraft, uns darauf aufmerksam zu machen, wo ein Lebenswendepunkt sein könnte, uns hinzuweisen auf die Wahlmöglichkeiten. Die Träume in Josephs Jugend waren genau dies und noch etwas mehr: eine Initiation.

Nicht eine, wie sie seine Vorfahren erlebt hatten: Gott hat ihn nicht als der ganz Andere besucht, der sein Leben durcheinanderbrachte und neu zusammensetzte. Er wurde nicht von Geheimnis herausgerufen, nicht vom Grossen Vater in die Wildnis gesandt. Auch träumte er nicht von Gott und rang schon gar nicht mit ihm, wurde nicht verwundet, nicht gesegnet und nicht neu benannt. Obwohl Gott ihn treibt und durchdringt, hat Josef niemals eine direkte Begegnung oder Vision von ihm. Kein Versprechen hatte er. Keine Stimme, auf die er hörte, ausser der eigenen. In den Momenten der Einsamkeit hatte er nur seinen Glauben. Es liegt an ihm selbst, die Macht seiner Träume zu begreifen und was diese in seinem Leben bewirken werden. Seine Wahrheiten sind Destillate seiner Selbst-Erfahrung und seines Glaubens.

Josef erzählt beide Träume ja seinen Brüdern. Auf den ersten Blick scheint das dumm. Denkt er wirklich, die Brüder könnten ihm mit Gleichmut zuhören? Glaubt er wirklich, die Brüder würden seine Wahnideen wertschätzen? Erzählt er es, um sie zu ärgern oder zu aufzuhetzen? Kommen seine Träume aus dem kindlichen Gefühl, „der Kleine" zu sein, „der Unterlegene"? Sind sie pure Aufschneiderei? Wahrscheinlich stimmt alles. In dem Midrasch, den ich hier höre, erzählt er, dass er seine Träume offenbaren *musste,* weil es notwendig war: Sie enthielten seinen Lebenszweck. Sie werden ihn auf einen Weg führen, der ihm Lebenssinn gibt. Er teilt sie mit, weil sie nicht nur ihn alleine angehen. Er sagte sie, weil sie ihn und seinen Stamm angehen und darum politisch sind. Wie der Traum von Martin Luther King richtet dieser Traum Josef auf seine Bestimmung hin aus, und die Folgen daraus sind bereits im Traum selbst enthalten. Josef muss sich seinen Träumen ergeben; er muss ihr Entfalten erdulden.

Diese Träume von der Macht gehen der Macht voraus. Sie initiieren Josefs Weg in die Welt *hinter* seiner Türschwelle. „Nach oben geht es nach unten": Josefs Aufstieg zur Macht geht über den Weg des Abstiegs und der Entfremdung. In drei aufeinander folgenden Szenen wird er zuerst entkleidet, dann in das Loch geworfen und nachher verraten und verkauft.

In einer Episode spricht ihn sein Vater auf seine Träume an und deutet die gewichtige Veränderung an, die auf ihn zukommt.

Jaakov ruft „Josef!“ und Josef antwortet mit jenem Satz, der alle Initiation beginnt: „Hier bin ich!“ (37, 13). Auch Avraham sagte „Hier bin ich“, als Gott ihn mit seinem Sohn nach Moriah sandte. „Hier bin ich“ sagte auch Esaw, als ihn sein Vater zum Segen rief.

„Hier bin ich“ sagte Jaakov, als er den Platz seines Bruders einnahm, und später sagte er es, als ihn der Engel ansprach, um ihn in Haran nach Kenaan zu wenden, seinen Bruder zu treffen. Josefs „Hier bin ich“ ist die Antwort eines Mannes, der bereit ist, eine Aufgabe zu übernehmen, deren Folgen noch nicht absehbar sind. Es ist das *Ja* einer Seele, die in den grossen Raum einzutreten bereit ist, das Reich des Über-Natürlichen, das zum Un-Bekannten führt. Mit „Hier bin ich“ fängt alles an.

„Geh, suche deine Brüder, die Herden hüten bei Schechem, und bring mir Bericht von ihnen.“ (37, 14)

Zwei Dinge sollten den Vatersohn Josef alarmieren: Zuerst, dass er aus dem Schutzraum seines Vaters weggeschickt wird, allein, zu seinen Brüdern, von denen er weiss, dass sie ihn hassen und beneiden. Zweitens: Er wird nach Schechem gesandt, an jenen Ort also, an dem seine Brüder schon einmal „um Dinas Willen“ einen ganzen Stamm hingemetzelt und geplündert haben.

Doch er geht. Er findet sie nicht am erwarteten Ort. Auf den Feldern begegnet ihm ein Mann, der ihn fragt „Was suchst du?“. „Meine Brüder suche ich“, antwortet Josef und der Mann zeigt ihm den Weg (37, 15). Josef geht nach Norden und so sehen ihn seine Brüder bereits von Weitem kommen und fassen zornig und von Neid zerfressen den Plan, ihn zu töten. Nur Judahs und Rubens Einwände retten ihn vor dem direkten Mord; sie können die Meute überzeugen, den ungeliebten Halbbruder „nur“ in einen ausgetrockneten Brunnen zu werfen. Sie entkleiden ihn von dem gehassten Bevorzugungsgewand und beflecken es mit dem Blut einer geschlachteten Ziege. Dann verkaufen sie ihn an eine vorbeiziehende Karawane von Jischmaeliten, die den Jungen als Ware nach Ägypten führen. Heingekehrt, heucheln die Brüdern dem Vater einen Unfall vor, ein wildes Tier müsse Josef gerissen haben, das blutige Gewand dient als Beweis. Jaakov versinkt in Trauer.

Der Mythos von der Sohnesopferung wird hier erneut und in aller Kürze rekapituliert. Die geschlachtete Ziege erinnert von fern an den „Ersatz“ für Jizchak und an das Ziegenfell und -fleisch, mit dem Jaakov seinen Bruder imitierte, um des Vaters Segen zu erschleichen. Josef geht in die Knechtschaft als Fremder, wie Avraham, der nach Ägypten ins Exil zog, wie Jaakov, der von Laban geknechtet wurde im fremden Land. Bei den Jischmaeliten lernt er die bittere Lektion des verstossenen Bruders. Josef wird herausgerissen aus seinem Herkunftsland und seinem Vaterhaus, nicht nur in die Knechtschaft, sondern in die Sklaverei.

Die Besonderheit bei Josef ist jedoch, dass seine Brüder dafür verantwortlich waren. Josef wird der Tod erspart, nicht aber der Blick in die Herzen seiner Sippe. In der Tiefe des Brunnenloches hört er mit, wie seine Brüder sich gegen ihn verschwören.

Er kennt ihre Herzen und fühlt ihren Sadismus. Ihr Hass ist unverhohlen und absolut tödlich. Er ist der Hewel für ihren Kajin. Er wird nicht nur seiner Kleider, sondern auch aller seiner Illusionen beraubt. Er ist ganz unten, im Loch, in der Tiefe, und wird dies nicht zum letzten Mal sein.

Doch sein Geschick soll sich wenden: Der Sklave wird zum Hausverwalter des Potiphar, eines ägyptischen Edelmanns, erhoben. Es soll nur eine kurze Periode von Ruhe, Respekt und Komfort werden. Denn so schnell, wie er „oben“ ist, ist er schon wieder unten: Die Frau seines Herrn hat es auf ihn abgesehen. Er widersteht, bis die Frau eines Tages – satt der Zurückweisungen – die falsche Behauptung erhebt, er habe sich mir ihr „vergnügen“ wollen (39, 15). Und Josef wird wieder seiner Würde beraubt, dieses Mal seines Amtes, und ins Gefängnis geworfen und angeklagt. Zum zweiten Mal beginnt eine Zeit „im Staub“.

Und zum zweiten Mal erfahren wir von seinem Aufstieg. „Gott war mit Josef“, lesen wir und „brachte ihn zu Gunst“ in den Augen des Gefängnisverwalters (39, 21). Erneut steigt Josef zum Zweit-Höchsten auf. „Was immer Josef tat, Gott liess es gelingen.“ (39, 22) Zum dritten Male auf und ab: Im Gefängnis trifft Josef auf den Mundschenk und den Hofbäcker des Par’o. Die Träume von beiden deutet er richtig: Der Bäcker wird hingerichtet, der Mundschenk aufs Neue erhoben. Josef bittet diesen, sich an ihn zu erinnern, wenn er wieder in Amt und Würden ist, doch jener vergisst sein Versprechen. Zwei lange Jahre müssen ins Land gehen, zwei Jahre eingesperrt und vergessen.

Viele Bibliodramen haben wir über diese Situation gespielt, vielmals wurden die gleichen Fragen gestellt:

Wer bin ich? Warum bin ich hier? Um was geht es in meinem Leben? Letztlich sind diese Fragen nicht beantwortbar, unlösbare Rätsel eine undurchschaubaren Schicksals oder unserer Seele. All die Spieler haben sich als Josef vorgestellt, und fanden im Sohn Jaakovs einen weiteren Gottesringer, jedoch dieses Mal mit mehr Selbstzweifeln, Selbstmitleid, Ärger und Resignation. Wir suchten herauszufinden, was er selbst für eine Geschichte erzählen würde, wie er seine Haltung, seine Seele, bewahren konnte in all den Missgeschicken. Wie hatte er es geschafft, nicht zu verzweifeln. Denn: Kein Gott hat ihn je angesprochen, einen Bund mit ihm geschlossen, eine blühende Zukunft versprochen. Keine Offenbarung hält ihn aufrecht. Kein Engel fügte ihm sichtbare Wunden bei. Diese sind alle innerlich, verborgen, ungesegnet. Bis jetzt haben sie ihn nur an einen Ort geführt: In den Kerker.

Mitten in seiner Trostlosigkeit scheint aber immer wieder ein Ort des Friedens zu sein. Wie Josef suchen auch wir mitten im Leid, in der Verletzung, das was uns trägt. Benennen können wir's nicht, aber teilen. Erkennen können wir's nicht, aber erklären, retrospektiv. Dann bekräftigen wir, dass das, was uns beschützt hat, eine höhere Macht war, verborgen in einer Art verstecktem, innerlichem Gott.

Und dieser innerliche Gott wird bei Josef bald von aussen bestätigt: Nach zwei Jahren wird Par'o von Alpträumen heimgesucht, die seine Hofmagier nicht deuten können. Erst dann erinnert sich der Mundschenk des hebräischen Häftlings und lässt ihn vor den Herrscher holen.

Und der deutet nicht sofort, sondern betont zuerst, dass es „nicht ich bin, der deine Träume deutet, sondern Gott selbst". (41, 16) Dadurch ergibt er sich ganz dem Gott der Träume, seiner Träume. Da steht der Gefangene, geblendet vom Licht ausserhalb seines Verlieses, um Atem ringend angesichts des Herrschers und des Prunks seines Hofes, und muss eine Entscheidung treffen. Wie Noach, als er die Arche baute, und wie Avram, als er Haran verliess. Glaube und Vertrauen sind in diesem Moment eine Entscheidung.

Ein Hof blickt auf ihn, ein König hört und Josef steht allein, ganz für sich, ganz bei sich, und lauscht auf seine Eingebung: Imagination. Er ist zugleich in Glaube und Narrheit; Ekstase und Wahn treffen sich in solchen Momenten.

Par'o erzählt also seine Träume: Die sieben fetten Kühe, die aus dem Nil stiegen, und gefolgt von sieben mageren, die die fetten verschlangen, ohne selbst fett zu werden. Und dann noch ein Traum: Sieben fette Ähren an einem Stängel, und sieben magere nach ihnen, die mageren verschlangen wieder die fetten: „Sag mir", ruft der Herrscher, „was heissen diese Träume?"

„Diese Träume sind alle einer", sagt ihm Josef. „Sie sagen Par'o, was Gott tun wird." (41, 25) Sieben fette Jahre würden kommen, so der gefangene Hebräer, gefolgt von sieben mageren. Der Herrscher möge Nahrungsdepots anlegen, um mit den Erträgen der fetten die mageren Jahre zu ernähren. Par'o ist wie vom Donner gerührt über diese Antwort und ernennt Josef zu seinem Vizekönig. Sein Respekt vor ihm geht weit über das hinaus, was ihm seine früheren Wohltäter Potiphar und der Gefängnisaufseher haben angedeihen lassen. Fast ehrfurchtsvoll fragt der König seinen Hof: „Wie könnten wir einen Mann finden, in dem der Geist Gottes ist, wie in diesem?" (41, 37) Der Ausdruck „Geist Gottes" wird vorher nur an einer Stelle von Bereschit genutzt: als „Geist über dem Angesicht des Wassers" bei der Schöpfung. Josefs Begabung wird so mit der ursprünglichsten aller Schöpferkräfte verbunden, etwas in Josef ist mit der ältesten aller Kräfte verbunden. Josef der Träumer ist in seinem Element, wenn es um Eingebung, Vorstellung, Ahnung und Wahrheit geht. Er versteht jedes Symbol, er vermittelt zwischen der oberflächlichen Welt der Ursachen und der unterliegenden Welt der Gründe.

In Würdigung seiner Verdienste streift im Par'o den Siegelring über, und bekleidet ihn mit dem königlichen Mantel und der goldenen Kette. Er erhält einen neuen Namen, ägyptisch: Zafenat-Panech, „Gott spricht und schafft" (41, 45). Josef hat die Väter-Gabe der Rede. Zur Rechten des Königs erhält er noch zusätzlich die Hand einer Priestertochter. Bald erscholl die Kunde von ihm über ganz Ägypten. Nun war er angekommen in der Welt der Macht: zwei Söhne schenkt ihm die neue Frau. Eine Entwicklung von solcher Geschwindigkeit und solchem Umfang, dass sie einer Offenbarung gleicht. Eine Entwicklung, die auch eine Machtverschiebung im ganzen Reich Ägypten bedeutet.

Durch Josef und seine Träume dringt das Spirituelle in das Säkulare vor. Josef lässt seinen Gott in Ägypten aufscheinen und trägt ihn damit in die Geschichte. Der Gott, der bisher allein im Herz des Gefangenen lebte, sich ihm nur offenbarte, dieser Gott wird durch Josef nun in aller Öffentlichkeit wirken. Josef wird anerkannt als der, der er immer schon war: Als der Träger einer Geistesbegabung, eines „Charismas".

Charisma ist traditionellerweise eine männliche Eigenschaft, obwohl dem Wort selbst nichts Männliches innewohnt. Der Charismatiker ist Verführer oder Halbgott, führt in mitreissende Höhen, begeistert, und stösst auf harte Abneigung und tiefsitzenden Neid. Ein Mensch dieser Qualität, auf der Grenze zwischen Macht und Sensibilität, ist oft von Männern und Frauen begehrt, ein Wanderer zwischen den Welten, ein Schamane. Dieser Mischung aus Sinnlichkeit und Sinn, aus Wirklichkeit und Wissen, macht Charismatiker zu natürlichen Führerfiguren, zu Superstars.

Charisma ist ein griechisches Wort und hat keine eigentliche hebräische Entsprechung. Ein wichtiger Aspekt wird jedoch im hebräischen Wort *zalach* eingefangen. Das zeigt sich beispielsweise in Richter/Schoftim 14, 5–6, wo der junge Schimschon von einem Löwen angefallen wird:

„Siehe, da kam ein junger Löwe brüllend ihm entgegen. Und der Geist des Ewigen geriet über ihn, und er zerriss ihn, wie man ein Böcklein zerreisst, und hatte doch gar nichts in seiner Hand."

Hier ist *zalach* ein Heldenmut Schimschons, eine enorme physische Kraft, die vom „Geist des Ewigen" beseelt ist. Später bezeichnet dasselbe Wort die Inspiration der Propheten. Der Geist des Ewigen „kommt auf die Nebiim mit *zalach*". Die als Atem verstandene Geistkraft füllt die Propheten und sie geben diese als Worte voller Feuer wieder: Sie kritisieren gnadenlos und vergegenwärtigen kräftig. *Zalach* wird für beide – den unvorstellbaren Mut und die Vollmacht – benutzt.

Das zweite Wort, das auf Joseph zutrifft, wäre *chen. Chen* meint etwas wie Gnade oder Gunst, mit dem Unterton, dass der oder die Gunst Gewährende Anmut und Liebreiz besitzt.

Eine Fusion beider Wörter trifft das Spektrum dessen, was Josefs Aura, Können, Gabe beschreibt, sein Charisma. Josef stellt so den Prototyp männlicher Anmut und männlichen Heldenmuts dar, in körperlicher und geistiger Gestalt. In einer weniger homophoben Zeit als der unseren würde eine solche Kombination gefeiert, ihre Vertreter verehrt. Es ist das erste Mal in Bereschit, dass wir einem solchen Verständnis von Männlichkeit begegnen.

Würden wir hier aufhören die Josefs-Geschichte zu erzählen, blieben wir auf dem Höhepunkt einer Karriere stehen, mit all ihrem Strahlen – und all ihrer Hohlheit. Einerseits sehen wir – mit den Augen der Genesis – den aus dem Nichts zu quasi göttlicher Qualität kometenhaft aufgestiegenen Vizekönig, und sind geblendet von diesem Erfolg. Andererseits hat diese Höhe Josef weiter weg von sich selbst geführt denn je. Er ist nicht mehr Josef, sondern Vizekönig Zafenat-Panech. Das Gold seiner Umgebung wird ihm zum Käfig. Er hat seine Niedrigkeit verloren, sein Selbst-Bewusstsein, und all die Weisheit, die dies bringt. Als Gefangener konnte er – durch seine eigenen Enttäuschungen hindurch – die Schwermut seiner Mitgefangenen erkennen und benennen. Jetzt ist er aller Enttäuschungen und Schwierigkeiten enthoben durch allerhöchste Erwählung.

An diesem Punkt ist Josef in grosser Gefahr: Der Charismatiker, der sich nur noch mit seiner Macht beschäftigt, verliert sein inneres Leben, auch sein Familienleben, seine Wurzeln verdorren und seine Quellen versiegen. Aufgebläht von der Macht, benimmt er sich wie ein Gott und glaubt an seine Unverletzlichkeit. Josef erfüllt dies alles überragend. Er erinnert uns an die Menschen aus Babel, die meinten, mit ihrem Turm den Himmel erreichen zu können. Josefs äusserliche Macht ruht auf verliehener Autorität und letztlich auf Götzendienst. Seine Seele ist in Gefahr.

Während der Hungerjahre kollektiviert Josef die ägyptische Wirtschaft und am Ende werden einstmals freie Bauern zu Sklaven. Josef steht kurz davor, ein totalitäres, zentralistisches Regime zu etablieren. Obwohl wir Josef nicht nach modernen Massstäben beurteilen sollten, können wir zumindest den Umfang seines Tuns begreifen: Er proletarisiert ein Volk, das bereitwillig in Hunger seine Vorrechte aufgibt, ihre Vorräte auch und ihr Land, und endlich auch ihre Freiheit, nur um zu überleben.

Die Genesis erlaubt uns Josef gegenüber kritisch zu sein, obwohl sie seinen Erfolg aufzeichnet. Seine Grösse wird uns gezeigt und seine Leere. In den Namen seiner Söhne erkennen wir – wie so oft zuvor – seinen seelischen Zustand: Manasse heisst „Gott hat mich vergessen lassen mein Unglück und meiner Eltern Haus". Und Ephraim sagt: „Gott hat mich fruchtbar gemacht im Hause meines Elends" (41, 51 und 52). Josef ist zwar bereit, sein Elend, seine Trübsal zu übergehen, doch lässt sich durch seine Söhne jedesmal daran erinnern. Als Leser nehmen wir teil an der Einsamkeit, die mit seinem überragenden gegenwärtigen Erfolg einhergeht. Die sieben fetten Jahre haben auch Josef gemästet.

Als die sieben mageren Jahre beginnen, betteln alle Josef an. Die Hungersnot ergreift auch die Nachbarländer, und von überall her kommen die

Hilfesuchenden nach Ägypten. Der Hunger erreicht auch Kenaan und das Haus und den Stamm Jaakov. Hunger ist seit jeher die verborgene Art Gottes zu handeln. Und Gott bringt die Vergangenheit in die Gegenwart.

Wir folgten der Geschichte des Verstossenen und Erhobenen so weit, dass wir die Geschichte der Herkunftsfamilie ganz ausser Acht liessen. Nebenbei sei erwähnt, dass auch der Errettete niemals nur ein Sterbenswörtchen dem Vater nach Hause sandte und von seinem Wohlergehen berichtete. Die Familiensaga erhält neuen Schwung durch diese unbeendeten Affären.

Als der Hunger also Haus und Familie Jaakov erreicht, schickt der alte Patriarch aus blankem Überlebenswillen seine Söhne „hinunter" nach Ägypten, um Essen zu erbitten (42, 2). Er behält jedoch in weiser Voraussicht und nach der schlechten Erfahrung den jüngsten der Söhne, Binjamin, bei sich. Vielleicht auch, weil die Lieblingsfrau Rachel bei der Geburt dieses letzten verstarb. In aller Unschuld und Unwissenheit machen sich die Brüder auf.

Angekommen, „beugten sie tief vor dem Regenten ihre Angesichter zur Erde nieder" (42, 6). Josef stand weit über ihnen. In Gewandung, Rede und Position hatte er sich inzwischen so weit verändert, dass sie ihn nicht erkennen konnten. Doch er erkennt sie. Was er empfindet, wird – ungewöhnlich – unserer Vorstellungskraft überlassen: Vergangene Erinnerungen an Jahre des Gefangenseins, an tiefe Verliese, an mörderische Absprachen, an frühe Kindheit mir ihren Herabstufungen und Wunden, an väterliche Liebe und ein buntes Gewand, vielleicht sogar an Weizengarben und Planeten, an Mutters Tod vielleicht auch noch ... zucken durch sein Gedächtnis. Josef muss es unheimlich zumute gewesen sein, als er die beiden Welten sich begegnen fühlt. Eine totgeglaubte Vergangenheit aufersteht in die Gegenwart; alte, vergessene Träume brechen in ein geregeltes, gesetztes Leben; vergrabene Leidenschaften, tief und schmerzhaft, ergiessen sich in das Bewusstsein.

Josef scheint noch nicht willens sich zu offenbaren, doch weckt das Erscheinen der Brüder einige Vorahnung. Er „stellte sich fremd gegen sie und redete harsch mit ihnen" (42, 7). Dass er sich „stellte", unterstreicht den theatralischen Auftritt, „fremd" jedoch gehört zu seiner ureigensten

Rolle, denn „fremd“ war er immer. Die Härte, die er heuchelt, korrespondiert seiner inneren Verhärtung. In jenem Moment muss Josef alles auf einmal wahrnehmen: Er war es immer und wird es immer bleiben: ein Fremder, sowohl im Land seiner Geburt als auch im Land seiner Assimilation. In Josef begegnen wir dem Mythos des Fremden, jedoch nicht des von Gott berufenen Nomaden, sondern des Waisen der Geschichte.

Josef erhält seine Maskerade aufrecht, heuchelt Unverständnis. Die Spannung steigt, da wir alle darauf warten, bis er seine Maske senkt und sich als Josef, der Verlorene, der Wiedergefundene zeigt.

Von diesem Moment an ist Josef sowohl Figur als auch Regisseur in einem – wenn man so will – Psychodrama: Er baut Szenen, verteilt Rollen und vergibt Aufgaben an seine unwissenden Brüder. Mit unendlicher Macht versehen, lässt er sie nach seiner Pfeife tanzen. Nur wir Leser wissen um das noch grössere Drama, die grössere Geschichte, die auch den scheinbar allmächtigen Regisseur Josef einschliesst, weit über die Rolle, die er sich selber zugemessen hat. Eine Kraft, grösser als er, handelt durch und mit ihm. Bildlich gesprochen hören wir fast deutlich, wie das Getriebe zu laufen beginnt, das den *deus ex machina* auf die Bühne tragen wird, von dem Josef endlich geläutert, erlöst und versöhnt wird.

Ironischerweise setzt Josef seine eigene Erlösung in Gang, als er die Hebel der Rache zu bewegen meint: Er beschuldigt seine Brüder der Spionage und lässt sie, weil sie leugnen, für drei Tage ins Gefängnis werfen. Dann lässt er sie frei, mit dem Auftrag, Binjamin beizubringen, und behält einen anderen Bruder als Faustpfand bis zur Wiederkehr der Brüderschar. Sie willigen ein und langsam taucht eine Erinnerung in ihrem Gedächtnis auf, uralt und verdrängt, an einen trockenen Brunnen. Sie sagen zueinander: „Wir werden wegen unserem Bruder beschuldigt, weil wir die Angst seiner Seele sahen und ihn nicht hörten, als er zu uns flehte. Darum kommt diese Not nun über uns.“ (42, 21) Josef überhört dies zwar offiziell, aber „wandte sich ab und weinte“. (42, 22)

Die Dramen entwickeln sich auf beiden Seiten. Sie spüren etwas von gerechter Strafe, etwas, das sie verfolgt und das beigelegt werden muss. Und Josef wird von seinem alten Schmerz heimgesucht, von den Wunden und Sehnsüchten.

Schim'on wird als Geisel benannt, war er es doch, der damals vorschlug, Josef zu töten. Schim'on wird „vor den Augen der Brüder gebunden“ (42, 24) und führt damit allen Anwesenden und uns die vielfachen Bindungen und Verwicklungen der ganzen Geschichte vor Augen. Dann lässt Josef ihnen die Vorrätssäcke mit Korn füllen und lässt das Geld, das sie dafür bei sich trugen, ihnen heimlich wieder zurücklegen. Auf dem Heimweg öffnen sie einen Sack, um die Esel zu füttern, und entdecken die Geldbörsen; ihre „Herzen sanken", als sie dies bemerkten (42, 28).

Die Brüder treffen zu Hause ein und berichten dem Vater, doch ist der alte Mann so seinem jüngsten Sohn verbunden, dass er ihn nicht ziehen lassen will; erst als die Hungersnot auch die erneuten Reserven aufgezehrt hat, heisst er die Söhne wieder aufbrechen, mit grösster Angst und Zurückhaltung. Die Brüder kommen zum fremden Vizekönig zurück, mit Binjamin, um Schim'on auszulösen.

Als Josef den geliebten kleinen Bruder sieht, lässt er ein Fest ausrichten. Die Brüder sind verständlicherweise vor den Kopf gestossen und verwundert. Sie fürchten, dass unter dem Deckmantel der Freigiebigkeit ihres Gastgebers eine tiefere Absicht steckt. Im Verlauf des Festes fragt der Vizekönig nach dem Ergehen ihres Vaters und erhält guten Bericht. Als er Binjamin sieht, kann er seine Freude und Berührtheit nur mühevoll verbergen und zieht sich erneut zurück um zu weinen. Noch immer ist er nicht bereit, sein Inkognito zu lüften, darum „wäscht er sein Gesicht und kehrt zurück" und lässt das Mahl auftragen (43, 32). Er lässt die Brüder – zur ihrer grossen Überraschung – dem Alter nach sitzen, sodass Binjamin die grösste Portion bekam. Zum Essen floss der Wein. Josef war jedoch mit seinem Drehbuch noch nicht zu Ende. Als die Brüder sich aufmachen, heim nach Kenaan zu gehen, lässt Josef nicht nur ihre Säcke mit Korn füllen und auch ihre gefüllten Börsen erneut dazulegen, er lässt auch noch in den Sack Binjamins seinen eigenen silbernen Becher verstecken. Kurz nach ihrer Abreise lässt er seinen Diener ihnen hinterherjagen mit der Anschuldigung des gestohlenen Bechers, „denjenigen, aus dem mein Herr trinkt und den er nutzt, um weiszusagen" (44, 5).

Die Brüder sind erschrocken über die Anschuldigung und behaupten ihre Unschuld, schwören, dass derjenige, bei dem der Becher gefunden würde, für seine Tat mit dem Tod bestraft werden soll. Natürlich wird der Becher bei Binjamin gefunden und die Brüder werden wieder vor Josef geführt. Sie werfen sich nieder vor dem geheimnisvollen Herrscher. Binjamins Leben steht auf dem Spiel. Josefs tödliches Netz hat sich zusammengezogen um seine Brüder.

Alles dreht sich um die Kajins-Frage: „Bin ich meines Bruders Hüter?" Josef hört sie nachhallen, als er die Brüder, die ihn einst so hartherzig behandelten, nun seinerseits so harsch behandelte. Welche verborgenen Motive sonst noch in seinem Herzen ringen mögen, vielleicht Gerechtigkeit mit Gnade, Vergeltung mit Vergebung, können wir nur durch Midrasch ermitteln, indem wir dem nachspüren. Der Geist Kajins war erweckt, als die Brüder dem Knaben die Kindheit, die Sohnschaft entrissen, sie beendeten und ihn in das Erwachsenenleben zwangsinitiierten. ‚Bin ich meines Bruders Hüter?' steht auch auf dem Höhepunkt des Dramas zur Debatte. In einem Anflug plötzlicher Süsse wird Josef die Antwort gegeben, gebildet durch eine Geste seines Bruders Juda.

Dieser, der damals bereits vor den anderen Brüdern Josef vor dem Tod bewahrt hat, indem er sie überzeugte, Josef in die Sklaverei zu verkaufen, dieser scheint nun bereit, allen Zorn Josefs auf sich zu nehmen, wenn dieser nur Binjamin ermöglichen würde, zum alten, verzweifelten, bereits seines zweitjüngsten Sohn beraubten Vater heimzukehren. Josef ist zutiefst berührt von der Reue, von dem brüderlichen Respekt und der brüderlichen Fürsorge, die sich in diesem Akt zeigt. Josef scheint nun bereit, seine Maskerade zu beenden. Als Juda aufgehört hatte zu reden, lässt er alle ausser den Brüdern den Raum verlassen. Dann weinte er laut und gab sich schliesslich seinen Brüdern zu erkennen. Für diese Handlung steht im Hebräischen das Verb *jadah.* Dasselbe Wort wird – erstmals – genutzt, als die Adam und Chawa nach dem Genuss des Apfels ihre eigene Nacktheit „erkannten", und nachher immer wieder, wenn Paare sich in Liebe vereinen: „Ich bin Josef! Ist mein Vater noch immer gesund?" Doch die Brüder sind verstört und unfähig, auch nur ein Wort zu sagen.

Es ist der Moment des Höhepunkts, den das griechische Drama *peripetia* nennt: Die komplette Umkehr vorheriger Zustände und Erwartungen. Der, der tot geglaubt war, lebt. Die Vergangenheit wird Gegenwart. Das Unwirkliche wird real. Josef, der in manchen Momenten seiner Karriere aller Habe und aller Vorteile beraubt wird, entäussert sich nun aller Vorurteile und nimmt seinen Platz wieder ein – bei seinen Brüdern.

Eine solche Geste hat eine tief greifende Wirkung auf alle Beteiligten. Für die Brüder scheint es, als habe das Leben eine geheime Absicht, eine verborgene Quelle, die nun – wiewohl lang verschüttet und nun befreit – das Wundersame offenbart. Für Josef, der lange meint, alles kontrollieren zu können und nun merken muss, dass ein wundersames Wissen in ihm aufscheint.

Seine Selbstoffenbarung ist erst der Anfang einer ganzen Reihe von Einsichten, die Josef in der Folge kundtut. Als er sich offenbart, offenbart sich ihm der Sinn seines Lebens; es formt sich ein vollkommen neues Selbstverständnis. All sein Leiden und seine Fehlgeleitetheit sieht er nun im Licht eines Zwecks, der zuvor und notwendigerweise vor ihm verborgen war. Er hat eine Offenbarung:

> *Ich bin Josef, euer Bruder, den ihr nach Mizraim verkauft habt; denn zur Lebenserhaltung hat mich Gott vor euch hergesandt. (...) Gott hat mich hergesandt, um euch Fortbestand auf Erden zu bereiten und euch am Leben zu erhalten zu grosser Errettung. Nun denn: Nicht ihr habt mich hierhergesandt, sondern Gott, und er hat mich zum Vater für Par'o gemacht und zum Herrn für sein ganzes Haus, und zum Herrscher im ganzen Land Mizraim." (45, 4–9)*

Josef verlangt seinen alten Namen zurück. Er versteht nun, dass er nur „vorausgesandt" war, um zu „bewahren". Sein Lebenszweck ist zwar – in seinen Träumen immer sichtbar –, das Leben seiner Brüder zu erhalten „zu grosser Errettung". Doch versteht Josef erst jetzt, dass er selbst und immer das einzige Werkzeug seiner eigenen Errettung war. In diesem Moment tritt Josef aus Traum und Verblendung und Täuschung heraus. Er erkennt und anerkennt in diesem Moment jenen, der dieses komplexe Geschehen erdacht hat. Sein Geist wandelt sich, und Hintergrund und Vordergrund kehren sich um. Der scheinbare Zufall wird zur Absicht und diese „Absicht" trägt bereits Muster und Ziel in sich: *„Nicht ihr habt mich hierher gesandt, sondern Gott"*.

Endlich erkennt Josef Gott. Der machtvolle Fürst Ägyptens, in dessen Schein und Vorsehung alle göttliches Aufscheinen erkannten, wurde ein letztes Mal gebeugt, seine Gaben vermenschlicht, im Wissen um eine Kraft, die über die seine weit hinausgeht. Als er einst – ganz mutige Seele – vor Par'o stand, um zu bekunden, dass es Gott ist, der die Träume des Herrschers deutet, wusste er noch nicht, was er jetzt weiss: Gott war und ist in seinem Leben. Jene schreckliche Unbeständigkeit, Launenhaftigkeit, sein eigenes Ringen mit Macht und Leidenschaft, sein Exil – all diese Opfer kann er nun zusammenschauen zu einer neuen Geschichte. Eine Geschichte, in der seine eigenen Erfahrungen endlich Sinn machen. Gott kommt nicht zu ihm, er bezieht Gott in die Wahrheit seiner Selbsterkenntnis ein, vielleicht aus der Sehnsucht seines eigenen Glaubens. Wir ahnen seine Ekstase, seine Erlösung und die Dankbarkeit eines sich verloren geglaubten Sohnes, der am Ende erkennt, er war doch immer des Grossen Vaters geliebtes Kind. Und er wusste schliesslich, wo all seine Kraft eigentlich herstammt. Denn was Josef in seiner Selbstoffenbarung erschlossen wird, ist nichts weniger als die Fürsorglichkeit der Macht, eine Ahnung der Sinnhaftigkeit seines Lebens, ein Muster in seinen Erfahrungen, das einen göttlichen Plan erkennen lässt. All seine persönliche Kraft floss aus einer tieferen Quelle.

Eine Macht, die für-sorgt und vor-sorgt: Das ist Josefs Vermächtnis, das letzte Geschenk der Väter an uns. Eine solche Für-Vor-Sorge hilft uns glauben, dass es einen Sinn im Leben gibt, einen Gott, der in dem allgegenwärtigen Bösen immer wieder ersteht, eine mögliche Heilung für viele Wunden. Eine solche Kraft der Gegenwart, die die Vergangenheit einbezieht, legt die Grundlage für alles rettende, erlösende, versöhnende Handeln aller in dieser Tradition stehenden Mythen und Glaubensrichtungen. Es ist wohl auch kein Zufall, dass der Vater des christlichen Messias auch Josef heisst.

Josef bestätigt dies, indem er sich und den Brüdern erklärt, dass er vorherbestimmt war durch göttliche Vorsehung und Fürsorge:

„*Gott hat mich hergesandt, um euch Fortbestand auf Erden zu bereiten und euch am Leben zu erhalten zu grosser Errettung.*"

Er ist nicht selbst-mächtig, sondern er-mächtigt. Er steht vor seinen Brüdern: Nach allen Maskeraden und Rollen, befreit aus seinem letzten Gefängnis – seinem Wunsch, alles zu kontrollieren –, befreit von seiner Angst und seinem Rachebedürfnis. Er akzeptiert das Leiden, das ihm diesen Augenblick gebar. Nicht mehr im Wahn der Selbstbestimmtheit kann er seine Niedrigkeit einsehen und als seinen eigentlichen Segen erkennen.

Was uns die Väter hier erzählen, ist eine tiefe Wahrheit: Die Hingabe an eine höhere Macht korrigiert das Bedürfnis des Ego nach Aufblähung und grösstmöglicher Autonomie. Josef steht stellvertretend für jede Seele, die erkennt, dass sie (nur) ein Teil der ganzen Schöpfung ist. Erst mit dieser Einsicht, diesem Einfügen in ein Ganzes, kann Josef wirklich dienen. Er wird Mit-Arbeiter Gottes. Er ist ein Weiser geworden.

Solche Weisheit finden wir nur, wenn wir unseren ureigenen Ruf hören und unsere Be-Rufung erkennen. Wenn wir diese gefunden haben, fühlen wir, dass es so sein muss. Oft bildet sie sich erst nach vielen Versuchen und Irrtümern heraus, oft nach notwendigem Leiden, oft als Aufbruch in ein Unerwartetes, oft nach Ringen, Kämpfen und Dunkelheit. Unsere wahre Berufung gibt uns Weg und Quelle und Grund und fügt uns ein in den ewigen Kreislauf alles Lebens.

Die Väter wollen uns sagen: Am Ende erkennen wir, dass wir eigentlich nur dazu hier waren, um zu dienen, zu ermöglichen, und unsere Brüder zu finden und mit ihnen Brüderlichkeit zu leben. Das ist unsere eigentliche Aufgabe auf dieser Welt, unsere Art hier zu leben, ohne alles zu zerstören. Unsere wahre Existenz besteht darin zu nähren, zu retten, zu schaffen und den Bund aufrechtzuerhalten; und auch, Zeugnis abzulegen für die fürsorgende Vorsehung.

Josef lehrt uns, dass wir oft Figuren im göttlichen Spiel sind. Josef hatte Träume von Macht und erfüllte sie erst am Ende. Er lebte seine Träume, auch trotzdem er nicht um ihren geheimen Sinn wusste. Josef ist auf diese Art einer, der uns allen vorausgeht, der nicht nur seinen Brüdern vorausgesandt wurde. Er zeigt uns den jüngsten und stärksten und geheimnisvollsten aller Väter-Mythen: Unser Leben macht erst Sinn, wenn wir erkennen, dass wir nicht nur ein Teil der materiellen und alltäglichen Welt sind, sondern gleichzeitig in eine übergeordnete, tieferliegende, allumfassende Wirklichkeit gehören. Von Josefs Weisheit und seine Worten ist uns nichts überliefert. Aber wir dürfen mit ihm wissen, dass wir gleichzeitig in zwei Welten leben, und dass durch diese aus jener und durch jene in dieser etwas von der je anderen schimmert und uns erinnert.

Zu Josefs Zeiten sahen die Menschen in solchen Momenten die Hand Gottes am Werk. Die Menschen jener Zeit, die uns diese Sagen aus uralter Zeit überlieferten, übergaben uns damit ein Erbe. Manchmal können wir durch dieses Leben das andere sehen und manchmal, fast zufällig und beiläufig erkennen wir einen grossen Plan. In solchen Momenten treten wir ein in die Welt unserer Ahnen. Dann ist Traumzeit. Wie in Trance steht vor uns plötzlich die Weisheit der Väter und Mütter. In solcher Zeit wissen wir, dass wir nicht wissen, doch spüren aus Zufall und Gnade das Geheimnis um uns und in uns. Wenn wir die unvollkommene und vorläufige Natur unserer Erkenntnis begreifen, stehen wir an den Brunnen unserer Väter (und Mütter) und blicken gelassen in ihre Tiefen. Dann hören wir ihre Geschichten, als wären es unsere eigenen.

In der Folge dieser Einsichten und Offenbarungen fallen sämtliche emotionalen Barrieren zwischen den Brüdern:

> *Josef fiel seinem Bruder Binjamin um den Hals und Binjamin weinte an seinem Hals. Dann küsste er alle seine Brüder und weinte über ihnen. Hernach erst redeten seine Brüder mit ihm. (45, 14 und 15)*

Ein anderes Brüderpaar kommt in den Sinn, das an des anderen Schulter weinte: Jaakov nach seiner Nacht des Ringens, nachdem sein Name geändert war, als er Esaw traf zu Versöhnung und Vergebung. Auch Josef hat nun einen anderen Namen, seinen alten, den er immer trug. In seinen Anfängen war sein Ende vorentworfen.

Von Josefs Geschichte bleibt mir die Lösung: Wie viele lose Fäden sich verweben, wie seine Familie sich in Ägypten niederlässt, wie er den Segen seines Vaters erhält und diesen dann in Kenaan in der Machpelah-Höhle beisetzt. Nur wenig nach Jaakovs Tod beginnen die Brüder erneut, Josef anzulügen, jedoch nur in Angst, nach des Vaters Tod der Willkür des möglicherweise immer noch wütenden Bruders ausgesetzt zu sein. Sei lügen ihm vor, den letzten Wunsch des Vaters gehört zu haben, der heisse: Josef möge den Brüdern vergeben. Noch immer leben die Männer im Schatten ihrer Schuld. Doch Josef weint nur und spricht:

> *„Fürchtet euch nicht! Bin ich denn an Gottes Statt? Ihr habt Böses gegen mich ersonnen, Gott aber hat es zu Gutem ersonnen, um geschehen zu lassen, wie heute geschieht, um viel Volk am Leben zu erhalten. Ich will für euch und eure Kinder sorgen."* (50, 19–21)

Noch einmal bestätigt Josef die fürsorgende Vorsehung. Er will die Angst seiner Brüder wenden in eine Einsicht hinter aller Einsicht. Er „tröstete sie so und redete zu ihren Herzen" (50, 21). Es war das Beste, was er tun konnte. Ihre erneute Lüge legt Zeugnis ab von ihrem fragilen Glauben an Josef. Selbst die Tränen können die alten Ängste nicht wegwaschen. Diese gründen viel tiefer.

Alles in diesem Schlussspiel der Vätergeschichten fliesst aus dem neuen Selbstbewusstsein Josefs, nur eine Figur im göttlichen Spiel zu sein. Josefs eigene Geschichte geht damit zu Ende.

Auf seinem Sterbebett richtet er sein Wort ein letztes Mal an sie:

> *„Ich sterbe, aber Gott wird euch einst wieder bedenken und euch hinaufführen aus diesem Land in das Land, das er Avraham, Jizchak und Jaakov zugeschworen hat."* (50, 24)

Er konnte sie noch bitten, wenn sie heimziehen, seine Gebeine mitzunehmen, und verschied. Die Worte eines alten Versprechens erfüllen den

Raum, als der Vorhang fällt. Josef wird mit seinen Vätern eins und schickt die nächste Generation auf deren alte Wege: Einen Traum vom gelobten Land in dem eine Gesellschaft aus Geschwistern in Frieden miteinander leben.

Mit seinem Tod bleiben zwölf Erben. Mit Josefs Tod wurden sie zu den Vätern der zwölf Stämme, der Kinder Jisraels. Diese Bruderschaft aus Stämmen ist die Art der Vätergeschichten auszudrücken, dass Welt aus Menschen besteht, die in Verbünden leben. Zwölf ist Zahl der Vollkommenheit, ein Tierkreis von Verschiedenheiten, die in kosmischer Beziehung zueinander stehen. Der Zweck ist immer derselbe: Brüder zu finden und mit ihnen in Frieden zu leben. Am Sterbebett Josefs standen die Zwölf, getröstet durch seine Worte, denn er „sprach zu ihren Herzen".

In Josef erwächst den Vätergeschichten ein neues, letztes Verständnis von Macht, was sie ist und wozu sie dient. Nur der hat sie, der seinen Platz findet und akzeptiert, der sich ihr hingibt und ihr Wirken in, mit und durch sein Leben geschehen lässt. Mit dieser Neuformulierung verstehen wir, dass Macht immer zu Bruderschaft führen muss. Dies ist die letztgültige und tiefgreifendste Aufgabe für jede Seele. Mit Josefs Beziehung zu seinen Brüdern mytheologisiert Bereschit Bruderschaft und Brüderlichkeit – Geschwisterlichkeit würden wir heute ergänzen – über alles Persönliche hinaus. In Jizchak und Jischmael, in Jaakov und Esaw mag dieser Bruderzwist noch eine familiäre Streitigkeit gewesen sein. Doch in den Söhnen Jisraels, zwölf an der Zahl und jeder der Kopf eines Stammes, der zwölf Stämme Jisraels, der Vorbilder aller kommenden Nationen und Länder – in ihnen bekommt Bruderschaft und Brüderlichkeit eine globale Bedeutung. Die Beziehung von Josef zu den Brüdern wird zum Paradigma für die Art und Weise, wie Menschen miteinander umgehen, für ein Verständnis von Macht, die zum Frieden untereinander führt.

Wir erleben den Übergang von endlicher zu unendlicher Macht, von Sinnlosigkeit zu Sinn, vom Gott von aussen zum Gott von innen, vom Gott der Väter zum Gott einer brüderlichen Welt.

Bereschit lehrt Brüderlichkeit als Ende der menschlichen Entwicklung. Ohne Josef keine Kultur und kein Überleben. So einfach. Erreichen wir keine Brüderlichkeit, werden wir – am Ende – uns selbst und alles Leben zerstören. Dies war und ist die schreckliche Folge aller gemordeten Brüder; der Weg des Kajin.

Doch Genesis, die Anfänge, wollen zu ihrem Ende nur eine Idee weitergeben: Das Wissen um Brüderlichkeit, Geschwisterlichkeit, damit alle Menschen wählen und ihren Weg in Frieden miteinander gehen können.

Ein letzter Midrasch: Josefs letzte Worte. So sage ich, als Josef: „Lasst mich euch meine eigene Geschichte nochmal erzählen.“ Setzt euch und hört:

Einst wurde ich von meinen Vater gesandt, meine Brüder zu suchen. Ich ging, doch war mein Herz voller Widerstand. Ich wusste, sie hassten mich. Nur hatte ich keine Vorstellung, wie sehr.

Ich ging nach Schechem, wo sie sein sollten, fand sie aber nicht. Fühlte mich entbunden von meinem Auftrag, doch traf ich auf jenen Mann, der mir den Weg wies, wo sie wirklich waren: Dothan. Drei Tage lief ich dorthin, fand die Brüder … und sie mich. Den Rest kennt ihr.

Ich musste oft an diesen Mann denken, der wie aus dem Nichts vor mir stand und mir den Weg wies. Unten in der Grube, wohin mich die Brüder warfen, dachte ich an den Mann und verfluchte unsere Begegnung. Hätte ich nicht auf ihn gehört, müsste ich jetzt nicht um mein Leben fürchten. Und als ich in Potiphars Haus war, dachte ich auch manchmal an diese Begegnung: Hätte ich nicht auf ihn gehört, würde ich noch immer Schafe in Kenaan hüten. Als mich Potiphars Frau anklagte und ich ins Gefängnis wanderte, dachte ich an diese Begegnung. Und irgendwann, je häufiger ich an ihn dachte, wurde er zu einer geheimnisvollen Präsenz, einer geheimen Wirklichkeit und einer warmen Erinnerung. Manchmal hörte ich ihn so deutlich und er schien immer nur die eine, die gleiche Frage zu stellen: „Nach was suchst du?“ Im Kerker kamen mir tausende Antworten auf diese Frage.

Als ich dann, an der Seite des Herrschers sitzend, oftmals gefragt wurde, wie denn ein Fremdling und ein so junger noch dazu, so weit nach oben hatte kommen können, war ich manchmal drauf und dran, von diesem Mann zu erzählen. Allein, ich tat es nie. Wer würde es denn schon verstehen. Umso mehr, als er noch gar nicht mit mir fertig zu sein schien, denn seine Frage kam doch immer wieder. Und obwohl ich alles zu haben schien, wovon ein Mensch träumen kann, hallt diese Frage als eine

Sehnsucht in mir wider, als ein Hinweis auf meine bleibende Unvollständigkeit.

Dann kamen meine Brüder. Ja, gut, ich liess sie leiden. Mein Hass und meine Wut auf den mörderischen Betrug, den sie mir antaten, liessen zuerst keinen Raum für Versöhnung. Doch dann sah ich Binjamin, wollte ihn aus ihrem Griff befreien, bevor sie ihm antaten, was sie mir taten. Doch dann sah ich sie und es jammerte mich ihr Anblick. Und ich dachte wieder an den Mann auf den Feldern und merkte, dass noch immer stimmte, was ich ihm damals sagte: Ich suche meine Brüder. Nach all den Jahren – zwar verborgen unter Angst und Schmerz – suchte ich noch immer nach ihnen. Und nun, da sie da waren, war ich unsicher, unfähig zuerst, wie ich sie ansprechen, wie ich mich offenbaren sollte.

Dieser Mann auf dem Feld – mit der Zeit sah ich ihn als Engel. Wenn die Zeit kommt und meine Brüder sich um mich versammeln werden, weil ich sterben muss, werde ich immer noch den Ausdruck von Angst in ihren Gesichtern lesen können. Und zwischen ihnen steht noch jemand, ein anderer Bruder vielleicht, der vom Feld. Wenn dieser dann meine Hand nimmt, zieht er mich in den Traum und in das Grenzenlose. Heisst er Tod? Ich weiss es nicht, doch bringt er mich wohl weit in die Tiefe des Raumes. Und dahinter treffe ich den Träumer selbst. Mein Herz taumelt in plötzlicher Verzückung. Dann rennen wir gemeinsam über die Felder unserer Vergangenheit, nur wird der Boden dann zu Licht und wir beginnen zu fliegen. Die Welt unter uns wird golden und wirbelt in Unendlichkeit. Ich gehe nach Hause.

Erzählt meine Geschichte! Jemand muss es doch tun. Die Kinder müssen wissen, dass es einen Traum gibt und einen Träumer, und dass durch das verworrene Geflecht unseres Lebens ein Licht scheint. Jemand muss den Kindern sagen, sie sollen nach dem Mann auf dem Feld suchen, auch wenn er nur eine Erinnerung ist.

Erzählt unseren Brüdern und Schwestern, dass es eine Macht hinter all dem Kleinen, Zeitlichen und Persönlichen gibt, die uns befreit aus den Gefängnissen unseres Individualismus. Sagt ihnen, dass wahre Macht nie selbst geschaffen sein darf. Macht kommt auf uns zu, kommt durch uns. Wir können sie weder bewahren noch besitzen. Sie werden stets erneuert aus einer Quelle. Wir finden sie wie Wasser in einem Brunnen. Wasser, das wir nicht schufen, trinken wir.

Ich stehe am Ende der Väter, bin Spross und Frucht. In mir ist Schönheit und Stärke, Tat und Wort. Ich bin Sohn und Bruder, Mann und Vater,

Träumer und König. Als mein Vater mich segnete, sagte er, ich sei der fruchtbare Zweig gewesen, neben einem Brunnen, der über die Mauer gereicht habe. Ich habe die Süsse des Wassers in den Brunnen meiner Väter gekannt. Nun bin ich ein Teil davon. Für immer.

Nachwort

Im Ende ist mein Anfang

Es gibt zwei Arten von Erinnerung. Die erste hat jede und jeder über das, was uns wirklich passiert ist, was wir gesehen, gefühlt, getan oder erlitten haben in Träumen oder wach. Unvollständig, von Zeit und Schmerz verändert, unterschiedlich stark in unterschiedlichen Menschen: das ist die persönliche Erinnerung. Sie ist einzigartig und erinnert uns daran, dass wir alle einzigartig sind und besonders und einsam. Aus dem Rohstoff dieser persönlichen Erinnerung können wir einen wesentlichen Teil dessen konstruieren, was uns ausmacht, wer wir sind.

Aber diese ist nicht die ganze Geschichte. Eine zweite Art ist – paradoxerweise – die Erinnerung an Dinge, die uns nicht direkt selbst passiert sind. Man nennt sie Kultur. Sie ist die Erinnerung an Familiengeschichten, die wir vielleicht auf Grossvaters Knien sitzend gehört haben, an Bilder aus Filmen, an Geschichten aus Büchern oder an historische Ereignisse. Unsere Gehirne sind vollgestopft mit Material, aus dem wir jene grössere Geschichte darüber machen können, wer wir sind. Menschen, die aus einer ununterbrochenen familiären oder ethnischen Tradition stammen, besitzen ein Selbst, das auf innigste verbunden ist mit anderen Selbsts als Teil eines Stammbaumes oder einer Stammesgemeinschaft. Solche Leute sind nicht nur mit ihren Vorfahren verbunden, sondern auch mit den Figuren der Traumwelt; solche Leute erkennen den Wert und die Relevanz jener Erfahrungen für sich selbst, die anderen weit weg, ja sogar im Mythos oder in der Vergangenheit passiert sind. Die Vergangenheit ist die „ihre“ in einem sehr realen Sinn. Für solche Menschen hat Erinnerung eine kohärente, transpersonale Dimension: Der Schmerz eines entfernten Vorfahren oder eines verwundeten Helden mag ihnen dieselben Tränen in die Augen treiben, wie jene über eine selbsterlebte Kindheitswunde.

Ein Teil dessen, was es für mich heisst, Jude zu sein, ist es, diese zweite Erinnerung zu entwickeln und dies in Beziehung zu Geschichte und Mytheologie der jüdischen Tradition. Die Entwicklung solch jüdischer Erinnerung geschieht relativ spät in meinem Leben. Sie ist erworben, und als solche – zumindest in Teilen – absichtlich unternommen.

Sie ist Kultivierung und Auswahl dessen, was ich mir an Zeit nehme, zu lernen, zu lesen, wohin ich gehe, mit wem ich rede und über was, wie ich über mein spirituelles Leben nachdenke und wie ich bete. Für mich heisst Jude zu sein, die Tradition des Judentums nicht als ein akademisches Feld zu betrachten, nicht als eine intellektuelle Übung, sondern als Lebensweise. Diese Tradition ist gross und weitverzweigt über mehr als dreitausend Jahre durchgehender Geschichte. Für jede einzelne Person ist sie unerschöpflich nicht nur in der Ausdehnung, sondern auch in ihrer Tiefe. Unterschiedliche mystische Schulen des Denkens haben den Geschichten und Praktiken der jüdischen Tradition eine spirituelle Dimension gegeben, so reich und komplex wie alle mystischen Traditionen, die ich kenne. Man kann jüdische Spiritualität leben so gut wie man buddhistische Meditation machen kann: ein Leben lang. Und während eines solchen langen Lebens kann das eigene Gottesbewusstsein, oder Selbstbewusstsein, oder Bewusstsein um eine Seele – von Imagination – sich stetig vertiefen.

Was auch immer dieses Buch in der Öffentlichkeit sein mag: Für mich war es der intime Akt, meine jüdische Seele zu kultivieren, eine geistliche Übung also. Ich habe damit die Quellen gefunden und mit den Paradoxen patriarchaler Mytheologie zu ringen gelernt.

Beim Schreiben dieses Buches habe ich mich dem Engen und Restriktiven dieser Tradition gestellt und habe gekämpft, die Restriktionen zu tolerieren, ihre verborgenen Wahrheiten zu verstehen und sie mit meinem Leben zu verbinden. Ich habe auch genossen, was gross und schön war an diesem patriarchalen Erbe.

Als Literaturwissenschaftler bin ich der Genesis, bin ich Bereschit mit Respekt gegenüber den Werten und Kräften grosser Literatur begegnet, und ich weiss, dass dieses Werk ein solches Stück grosse Literatur ist. Eine Art, das Erhabene in einem Text wahrzunehmen, ist, wenn das Unerschöpfliche zu spüren ist. Das habe ich gespürt, als ich über Bereschit schrieb. Mein Zugang, meine Schlussfolgerungen und meine Perspektiven erinnern mich am Ende einzig daran, wie viel mehr es noch zu sagen gibt, zu sehen gibt dort „im Anfang“: ein grosser und unerschöpflicher Lehrer. Was ich gelernt habe, habe ich in diesem Buch zusammengeführt. Und dies ist erst ein Anfang.

Dieser Anfang hatte seine Genese vor vielen Jahren. Mit Kollegen im Four-Winds-Hospital trafen wir uns einmal die Woche bei einem Mittagessen und lasen gemeinsam Bereschit langsam von Anfang bis Schluss. Mein Interesse wuchs mit jedem Mal, vertiefte sich und ging über die Gruppe hinaus. Ich begann mit der psychodramatischen Erforschung. Dann kam dieses Schreiben und dieses Ringen, das mich weiter und weiter trug in Richtung Verpflichtung und Lernen.

Vieles von dem, was ich hier zu sagen hatte, entdeckte ich erst, während ich es sagte, und ich bin nicht mehr der Gleiche, der ich zu Beginn war. Das Schreiben selbst hat meine Verbindung zu meinen eigenen verborgenen jüdischen Wurzeln gestärkt. Meine Seele hat Bilder und Figuren gefunden in diesen Geschichten der Väter, in denen die Weisheit der alten Mythen ruht.

Ich bin in die schöpferische Traumzeit meiner Ahnen eingetreten, denn in vielen Bezügen habe ich meine Heimat und meines Vaters Haus hinter mir gelassen um die Landschaft der Schrift zu bereisen. Und ich wurde irgendwie mir selbst ein Fremder, indem ich dem Ruf folgte, dieses Buch zu schreiben.

Die Geschichten und Interpretationen in diesem Buch sind nicht nur meine eigenen. Obwohl ich keine direkten Danksagungen mache, stammen viele der Einsichten und Ideen in diesem Buch aus meiner Arbeit mit Menschen, die diese Mythen in psychodramatischer Form gespielt haben.

Als ich begann, wollte ich hinter die gegenwärtigen Verirrungen des Patriarchats blicken und die Quellen der Seelen-Weisheit und Spiritualität entdecken, die ich hinter den alten biblischen Mythen vermutete. „Im Anfang“ gibt es viele Quellen; Rebekka und Rachel werden beide entdeckt durch Quellen und Brunnen, und Isaak – mit dem ich mich von allen Figuren am meisten identifiziere – grub erneut seines Vaters Brunnen und gab ihnen alter Väter Namen. Am Ende dann: Jakob, der Ringende, beschwört das Bild des Brunnens wenn er von seinem Sohn Josef als „fruchtbaren Zweig am Quell“ spricht.

Und die Quellen, die Brunnen im Anfang sind tief. Sie sprechen zu mir von einer Fruchtbarkeit der Seele; sie sind ein Bild für das Leben der Imagination – dafür dass Leben auf geheimnisvolle Weise tief ist und von einem verborgenen Grundwasser gespeist wird. Quellen sind lebenswichtig; die Brunnen der Väter nähren uns und sind so wichtig auf unseren Wegen wie es die Nahrung für den Körper ist. Quellen in der Wildnis sind wundersam; lebendiges Wasser aus einem Felsen stillt den grössten Durst; Trinkwasser an trockenen Orten geht über menschliche Vorstellung hinaus. Von uns wird nur verlangt, dieses Wasser frisch zu halten; wir sind Verwalter des Geschenks.

Während wir kopfüber in ein postliterarisches Jahrhundert geeilt sind, haben wir jene Landkarten verloren, die uns zu den Quellen führen, zu jenen Liedzeilen, die uns zu den lebendigen Wassern führen, jenen Sagen, die uns mit unseren Ahnen verbinden. Unsere Erinnerung an die Vergangenheit verkümmert, je mehr unsere Schreib- und Lesefähigkeit zurückgeht. Wir plündern und beuten unser Vergangenheit aus zugunsten unserer zum Narren gewordenen Kultur und verlieren eine alte Tiefe und Kontinuität. Wir durchwühlen unsere Mythen und unsere Geschichte nach Bildern und marktfähigen Ideen, wir brauchen sie auf, so wie wir andere wertvolle Ressourcen aufbrauchen.

Wichtige Teile unserer Vergangenheit überleben nicht in unserer Zukunft. Die Schrift selbst, Tanach und Bibel, überleben nicht als reiches und komplexes Seelen-Poem. Ich fürchte, es wird aus ihnen ein Buch der Dogmen für die Fundamentalisten oder ein Exponat im Museum der Gedanken, zur Analyse für die Studierenden, oder ein Haufen verstreuter Steine, in denen wissenschaftlich trainierte Spürhunde nach Anzeichen einer bloss noch historischen Vergangenheit suchen. Ich fürchte, dass der ununterbrochene Fluss von Bildern und Ideen aus Tanach und christlicher Bibel, der die Felder der Literatur, Poesie und Theologie, des moralischen Diskurses seit Tausenden von Jahren gewässert hat, zerstäubt und verdampft in der Hitze unseres Ehrgeizes. Wo sich traditionelle Gebetsräume leeren, wo die Grosseltern sterben, die diese Geschichten von ihren Grosseltern gehört haben, dort steigen die Geschichten die erste Stufe der Leiter hinab, die im Vergessen endet. Als Gedichte verlieren sie alles in der Übersetzung in ein anderes Medium.

Für mich wäre der Verlust von Tora und Bibel als Buch der Weisheit und als Seelentext tragisch. Denn wenn Mythen ein Fenster sind zur Seele, dann brauchen unsere Seelen grossartige Instrumente der Spekulation. Es war meine tiefste Absicht, in diese spekulativen Dimensionen unserer Mythen zu blicken. Meine Arbeit war es, die Weisheit der Ahnen zu ehren und mein Geburtsrecht einzufordern. Dadurch, wie ich „im Anfang" gelesen habe, wurde ich Verwalter und auch Neuschöpfer meiner Identität.